westermann

Seydlitz
GEOGRAPHIE 3

Gymnasium
Nordrhein-Westfalen

Moderator:
Prof. Dr. Karl-Heinz Otto

Autorin und Autoren:
Dr. Franziska Früh
Dr. Klaus Jägersküpper
Dennis Kempf
Frank Morgeneyer
Dr. Hannes Schmalor
Sandro Strebe

unter Mitwirkung
der Verlagsredaktion

Coverfotos:
Satellitenbild von Washington D.C., USA (oben),
Pavillon von Prinz Teng in Nanchang, Südchina (unten)

Mit Beiträgen von:
Jürgen Alber, Stefanie Bacigalupo, Marcus Bösch, Joachim Dietz, Dr. Volker Dorsch, Andreas Eberth, Katrin Endl, Luisa Fleischfresser, Prof. Dr. Ulrike Gerhard, Dr. Andreas Greis, Sigrun Hallermann, Lydia Hellmann, Karl-Heinz Hoenig, Wilfried D. John, Felix Kietz, Stephanie Kracher, Philipp Kraft, Jochen Laske, Susanne Lebert, Stefan Müller, Dr. Birgit Neuer, Brigitte Ochsenwadel, Prof. Dr. Martin Pries, Hartmut Rupprecht, Andreas Schatz, Ilona Schramm, Rainer Starke, Irmgard Werb, Jens Willhardt, Melanie Ziob

Ernst von Seydlitz-Kurzbach lebte von 1784 bis 1849. Mit der Herausgabe des Lehrbuches „Leitfaden der Geographie" im Jahre 1824 begründete er das traditionsreiche Unterrichtswerk „Seydlitz".

westermann GRUPPE

© 2022 Westermann Bildungsmedien Verlag GmbH, Georg-Westermann-Allee 66, 38104 Braunschweig
www.westermann.de

Druck A[1] / Jahr 2022
Alle Drucke der Serie A sind im Unterricht parallel verwendbar.

Redaktion: Lektoratsbüro Eck, Berlin: Philipp Schulze
Umschlaggestaltung: Visuelle Lebensfreude (Hannover)
Druck und Bindung: Westermann Druck GmbH, Georg-Westermann-Allee 66, 38104 Braunschweig

ISBN 978-3-14-**113202**-1

1 Weltbevölkerung

Wo Menschen leben 8
Die Entwicklung der Weltbevölkerungszahl 10
Ein Modell der Bevölkerungsentwicklung 12
Altersstruktur der Bevölkerung 14
METHODE Wir werten Altersstrukturdiagramme aus 15
Deutschland – immer mehr Ältere 16
Pakistan – immer mehr Jüngere 18
Bevölkerungswachstum stoppen – Frauen stärken 20
Weltweite Unterschiede bei der Ernährungssicherung 22
Bevölkerungswachstum und Tragfähigkeit 24
METHODE Wir recherchieren Informationen über ein Land ... 25
ALLES KLAR? Üben und Anwenden 26

2 Globale Disparitäten

Disparitäten 30
Reichtum und Armut 32
Disparitäten messen 34
METHODE Wir arbeiten mit einem Geographischen
            Informationssystem 36
Länder des Globalen Südens? 38
São Paulo – Leben in zwei Welten 40
Stereotype und Vorurteile 42
Raumkonzepte am Beispiel Südafrika 44
Kinderarbeit – schwere Last auf kleinen Schultern 50
Handelsabkommen zum Abbau von Disparitäten? 52
Was können wir tun? Das Beispiel AWA:
 Aktionsgemeinschaft Viersen-West-Afrika 54
ALLES KLAR? Üben und Anwenden 56

3 Migration

Migration – weltweit auf Wanderschaft 60
Ursachen und Folgen von Migration 62
METHODE Wir erstellen ein Lebensliniendiagramm 64
Flucht nach Europa 66
Deutschland – ein Einwanderungsland? 68
METHODE Wir werten Medien aus und bilden uns eine Meinung 70
Migration auch innerhalb Deutschlands 72
SPANNEND Kanada – Vorbild für die Gestaltung von Zuwanderung? 74
SPANNEND Indien – Fachkräfte für die Welt? 75
Ein Mystery zum Thema Migration: Warum muss Veata
 in die Stadt ziehen, wenn Lina neue Schnuller braucht? ... 76
ALLES KLAR? Üben und Anwenden 78

4 Verstädterung

Wo sind Städte entstanden? 82

METHODE Wir gliedern Städte mithilfe von Modellen 84

Lagos – eine Stadt wächst 86

Verstädterung – ein weltweiter Prozess 88

Warum hat sich Paris zu einer Metropole entwickelt? 90

Megacity? Metropole? Mumbai! 92

Görlitz – schrumpft die historische Stadt? 94

SPANNEND Megacitys: Herausforderungen für die Zukunft 96

ALLES KLAR? Üben und Anwenden 98

5 Stadtentwicklung und aktuelle Probleme

Neue Mobilitätskonzepte: La Paz 102

Der RS 1 – ein Lösungsansatz für Verkehrsprobleme? 104

AKTIV Wir planen einen Fahrradschnellweg 105

Zürich im Wandel 106

Bessere Luft für Stuttgart? 108

Wohnraumprobleme in Amsterdam 110

SPANNEND Masdar City – Ökostadt der Superlative? 112

ALLES KLAR? Üben und Anwenden 114

6 Globalisierung

Globalisierung – vernetzte Welt 118

Global Citys – Schaltstellen der Globalisierung 120

SPANNEND Berlin – (k)eine Global City? 122

Weltweiter Handel durch Globalisierung 124

Volkswagen – Global Player aus Deutschland 126

Das Smartphone – ein weitgereistes Produkt 128

AKTIV Wie global lebe ich? 130

Tourismus – Phänomen der Globalisierung 132

METHODE Wir arbeiten mit dem Wertequadrat – Entwicklungen
kritisch bewerten 133

Probleme und Lösungen werden globaler 134

ALLES KLAR? Üben und Anwenden 136

7 Digitalisierung

Digitalisierung und Raum – Aufbruch in eine bessere Welt? 140
METHODE Wir erstellen eine Mental-Map 141
Die Einkaufwelt in der Hosentasche 142
Digitalisierung im Agrarsektor – Gefahr oder Chance
für die Welternährung? 144
Wandel im sekundären Sektor durch Digitalisierung 146
Arbeitsplatzverlagerung durch Digitalisierung 148
METHODE Wir gewichten Argumente mit einer Argumentationswippe 149
Mobiles Internet in Uganda – ausschließlich eine
Erfolgsgeschichte? 150
SPANNEND Verändertes Reiseverhalten durch soziale Netzwerke 152
Kopenhagen – eine Smart City? 154
ALLES KLAR? Üben und Anwenden 156

8 Räume in Europa

Die EU – in Vielfalt geeint 160
Italien – ein Land, zwei Welten? 162
Programme zur Förderung einer nachhaltigen Entwicklung 164
METHODE Wir bearbeiten kollaborativ Aufgaben 165
EU-Förderung auch in Deutschland? 166
Rumänien – nachhaltige Förderung? 168
EU-geförderter Tourismus in Kroatien 170

9 Raumanalyse China

China – eine neue Weltmacht? 174
METHODE Wir gestalten ein Portfolio.. 176
Bevölkerungssituation in China 178
Nahrung für 1,4 Milliarden Menschen 180
Chinas Städte im Wandel – Beispiel Shanghai 182
Von der Werkbank zum modernen Industriestaat 184
Chinas Strategien zur Stärkung der Wirtschaft 186
Die neuen Seidenstraßen 188
Hongkong – ein historisch-politischer Sonderfall 190

Anhang

Starthilfen 192
Operatoren und Formulierungshilfen 195
Geo-Lexikon 196
AKTIV **METHODE** **SPANNEND** Aktiv- / Methoden- / Spannend-Register 201
Kartenteil 202
Bildnachweis 208

1 Weltbevölkerung

Muktinath (Nepal)

Hongkong (China)

Wenn auf der Welt nur 100 Menschen wohnen würden, dann wären davon: ...

17 aus Afrika,
5 aus Nordamerika,
10 aus Europa,
8 aus Mittel- und Südamerika,
59 aus Asien und
1 aus Australien/Ozeanien.

26 Menschen wären Kinder unter 15 Jahren.
8 Menschen wären älter als 65 Jahre.

© Westermann 14169EX_14

M1 Verteilung der Erdbevölkerung auf den Kontinenten 2020

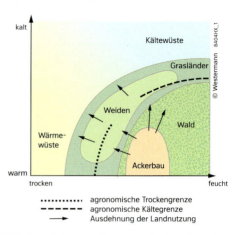

© Westermann 8404HX_1

kalt

Kältewüste

Grasländer

Weiden

Wald

Wärmewüste

Ackerbau

warm

trocken — feucht

··········· agronomische Trockengrenze
‑ ‑ ‑ ‑ ‑ agronomische Kältegrenze
⟶ Ausdehnung der Landnutzung

M3 Ausdehnung der agrarischen Landnutzung

Wo Menschen leben

7,8 Milliarden Menschen lebten Anfang 2021 auf der Erde. Würde sich die gesamte Weltbevölkerung versammeln, hätte sie in diesem Gedankenexperiment auf der Insel Mallorca Platz. In der Realität leben die Menschen überall auf der Welt.

Dabei unterscheidet sich die **Bevölkerungsdichte** auf der Landfläche erheblich. Zwei Drittel der Menschheit leben auf weniger als sechs Prozent der Landfläche in dicht besiedelten Regionen. Zum Beispiel befinden sich zwischen Tokio und Fukuoka zehn Millionenstädte. Und allein im Großraum Tokio leben weit über 37 Millionen Menschen, das sind mehr als in ganz Kanada, dem zweitgrößten Flächenland der Erde.

Die von Menschen bewohnten bzw. bewohnbaren Räume werden **Ökumene** genannt. Diesen stehen Regionen der **Anökumene** gegenüber. Das sind die Landflächen, die aufgrund der natürlichen Bedingungen für eine dauerhafte Besiedlung nicht geeignet sind. Zu ihnen gehören zum Beispiel der antarktische Kontinent, die Trockenwüsten, große Teile der Tundra und viele Hochgebirgsräume.

Die meisten Wissenschaftlerinnen und Wissenschaftler vertreten heute die Out-of-Africa-Theorie, nach der Afrika die Wiege des modernen Menschen (Homo sapiens) ist. Vor etwa 200 000 Jahren besiedelte von dort aus der Mensch die ganze Erde.

Die frühesten Zeugnisse von Ackerbau und Viehzucht und damit von ersten planmäßigen und festen Ansiedlungen reichen etwa 10 000 Jahre zurück. In natürlichen Gunsträumen, wie z.B. dem Fruchtbaren Halbmond im Gebiet der heutigen Länder Syrien, Irak, Iran und Türkei, entwickelten sich erste Hochkulturen und Städte.

Natürliche Grenzen, wie z.B. Kältegrenze, Trockengrenze und Küsten, schränkten eine weitere Ausbreitung des Homo sapiens noch über Jahrhunderte ein. Fortschritte in Wissenschaft und Technik ermöglichten den Menschen, natürliche Hindernisse zu überwinden, z.B. durch Bewässerung in Trockengebieten, Neulandgewinnung an den Küsten oder Transport von Lebensmitteln in lebensfeindliche Räume. Im Laufe der Menschheitsgeschichte kam es immer wieder zu größeren Wanderungsbewegungen, etwa mit der Industrialisierung ab dem 18. Jh. oder der beschleunigten Globalisierung seit dem 20. Jh.

M2 Die lange Besiedlungsgeschichte der Erde

Denali (Alaska)

Vororte von Los Angeles

M4 Ökumene (unten) – Anökumene (oben)

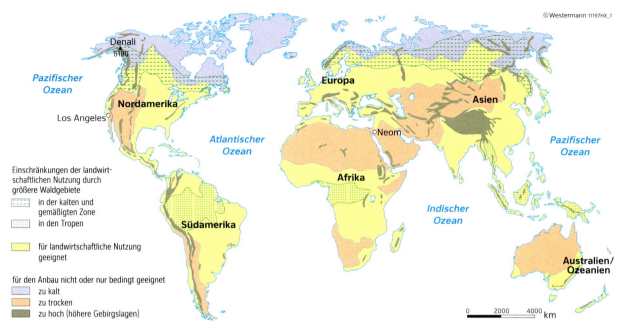

© Westermann 11197HX_1

M 5 Ackerbaulich nutzbare Gebiete der Erde

Einschränkungen der landwirtschaftlichen Nutzung durch größere Waldgebiete
- in der kalten und gemäßigten Zone
- in den Tropen

- für landwirtschaftliche Nutzung geeignet

für den Anbau nicht oder nur bedingt geeignet
- zu kalt
- zu trocken
- zu hoch (höhere Gebirgslagen)

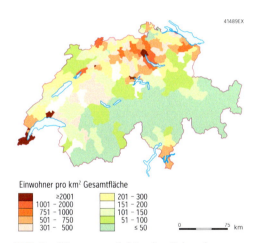

Einwohner pro km² Gesamtfläche

≥2001	201 – 300
1001 – 2000	151 – 200
751 – 1000	101 – 150
501 – 750	51 – 100
301 – 500	≤ 50

M 6 Bevölkerungsdichte der Schweiz

2017 gab der Kronprinz von Saudi-Arabien den Bau einer neuen Stadt in der Wüste bekannt. Das 500 Milliarden US-Dollar teure Projekt „Neom" im Nordwesten des Königreichs soll verschiedene Nachhaltigkeitsstandards erfüllen, z. B. eine Wasserversorgung durch Meerwasserentsalzungsanlagen und Niederschläge aus künstlich erzeugten Regenwolken sowie eine Stromversorgung aus erneuerbaren Energien (vor allem Sonne und Wind). Die Stadt wird als schmales, 170 km langes Band geplant, deren Einzelsiedlungen per U-Bahn verbunden sind. Die seit Jahrhunderten hier lebenden, noch etwa 20 000 Beduinen sollen entschädigt und umgesiedelt werden.

M 7 „Neom" – siedeln in der Anökumene?

AUFGABEN

1 * a) Erkläre die Zuordnung des Denalis und der Vororte von Los Angeles zur Anökumene bzw. Ökumene (M 4).
b) Ordne begründet folgende Regionen als Ökumene oder Anökumene ein: Palmerland, Hispaniola, Ahaggar, das Delta der Lena, den Berg Kailas (Atlas).
c) „Die Anökumene kann zur Ökumene werden." Interpretiere diese Aussage (M 2, M 3).

2 a) Beschreibe die Bevölkerungsverteilung auf der Erde im Jahr 2020 (Atlas).
b) Vergleiche die Bevölkerungsverteilung mit den ackerbaulich nutzbaren Gebieten der Erde (M 5).

3 Erkläre die Bevölkerungsverteilung in der Schweiz (M 6, Atlas).

4 Beurteile das Projekt „Neom" (M 7).

5 * Überprüfe das Gedankenexperiment, dass die gesamte Menschheit auf der Insel Mallorca Platz finden würde.

9

Am 30. Oktober 2011 erblickte kurz vor Mitternacht Danica May Camacho in Manila das Licht der Welt. Das Mädchen wurde von den **Vereinten Nationen** (UN) als siebenmilliardenste Erdenbürgerin festgelegt – denn wie bei den meisten anderen **demographischen** Daten sind auch die Einwohnerzahlen das Ergebnis statistischer Berechnungen. Selbst den aufwendigen und daher nur in größeren Abständen durchführbaren Volkszählungen liegen mathematische Verfahren zugrunde. Nach einer Prognose der UN wird um das Jahr 2023 mit der Geburt des achtmilliardensten Menschen gerechnet.

M 2 Die Siebenmilliardenste – das B im Foto steht für englisch billion (deutsch: Milliarde).

Die Entwicklung der Weltbevölkerungszahl

Um Christi Geburt lebten geschätzt 200 bis 400 Millionen Menschen auf der Erde. Lange Zeit verhinderten Missernten, Hungerkatastrophen, Epidemien oder Kriege ein rasches Ansteigen der Weltbevölkerung. Erst Anfang des 19. Jahrhunderts überstieg die Weltbevölkerungszahl erstmals eine Milliarde.

Mit der von England ausgehenden industriellen Revolution und den damit verbundenen technologischen, wirtschaftlichen und sozialen Veränderungen begann ab der Mitte des 19. Jahrhunderts ein rasantes Bevölkerungswachstum. Es erfasste im 20. Jahrhundert die gesamte Welt. Der Gesamtverlauf der Weltbevölkerungsentwicklung ähnelte lange Zeit einer Exponentialfunktion, was sich in der Verdopplung der Bevölkerungszahl in immer kürzeren Zeitabständen zeigte.

Entgegen der Befürchtungen hat sich der Zuwachs der Weltbevölkerung mit einer jährlichen Wachstumsrate von etwa einem Prozent und einer Verdopplungszeit von etwa 50 Jahren deutlich verlangsamt. Allerdings bedeutet das immer noch einen Zuwachs von über 80 Millionen Menschen pro Jahr, vor allem in Ländern mit geringer wirtschaftlicher Entwicklung.

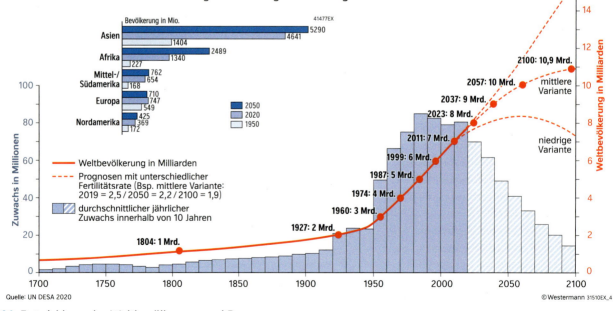

M 1 Entwicklung der Weltbevölkerung und Prognosen

Das **natürliche Bevölkerungswachstum** beschreibt die Veränderung der Gesamtbevölkerungszahl durch Geburten und Sterbefälle. Ist die Anzahl der Geburten höher als die der Sterbefälle, wächst die Einwohnerzahl, anderenfalls sinkt sie.

Um Länder mit verschieden großen Bevölkerungen vergleichen zu können, werden die Kennziffern **Geburtenrate** (Anzahl der Lebendgeborenen pro 1 000 Einwohner) und **Sterberate** (Anzahl der Sterbefälle pro 1 000 Einwohner) ermittelt. Die **Wachstumsrate** berechnet sich aus der Differenz von Geburten- und Sterberate. Sie kann positiv, aber auch negativ sein.

Die Anzahl der Kinder, die eine Frau in einem Land üblicherweise bekommt, wird durch die **Fertilitätsrate** (Fruchtbarkeitsrate) beschrieben. Die Einwohnerzahl bleibt in einem Land konstant, wenn die Fertilitätsrate einen Wert von 2,1 hat. Dieser Wert wird auch als Ersatzniveau bezeichnet.

M 3 Messgrößen zur Bevölkerung

	Japan		Äthiopien	
	Geburtenrate	Sterberate	Geburtenrate	Sterberate
1950 – 1955	23,6	9,1	49,3	29,9
1955 – 1960	18,2	7,8	47,8	26,7
1960 – 1965	17,5	7,2	48,0	23,5
1965 – 1970	17,9	6,8	47,6	21,8
1970 – 1975	18,9	6,5	48,6	21,0
1975 – 1980	15,1	6,1	48,5	20,8
1980 – 1985	12,8	6,1	49,3	21,5
1985 – 1990	11,1	6,3	48,3	19,0
1990 – 1995	9,8	6,9	46,6	17,3
1995 – 2000	9,4	7,4	45,5	15,2
2000 – 2005	8,9	7,9	41,5	12,7
2005 – 2010	8,7	8,8	37,3	9,6
2010 – 2015	8,4	9,8	34,7	7,6
2015 – 2020	7,5	10,4	32,6	6,7

M 5 Entwicklung von Geburten- und Sterberaten im Vergleich

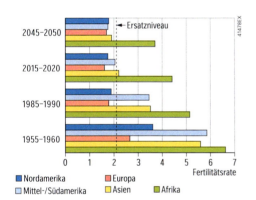

M 4 Die Fertilitätsrate nach Kontinenten

Bevölkerungsprognosen basieren auf mathematischen Modellen, in die Daten über die aktuelle Bevölkerung (z. B. Einwohnerzahl, Lebenserwartung) eingegeben werden. Anschließend werden u. a. Annahmen über künftige Entwicklungen von Geburten-, Sterbe- und Fertilitätsrate sowie über die wirtschaftliche Entwicklung und die politische Situation getroffen. Auf dieser Basis wird errechnet, wie viele Menschen welchen Alters und welchen Geschlechts in einem Land in Zukunft leben werden. Dabei sind verschiedene Szenarien darstellbar.

Für einen Zeitraum von 10 bis 20 Jahren ist die Wahrscheinlichkeit für das Eintreten der Vorhersagen relativ hoch. Weitreichendere Prognosen werden schnell unzuverlässig. Unvorhergesehene Störereignisse, wie z. B. regionale Konflikte oder Seuchen, entziehen sich der Modellierung.

M 6 Bevölkerungsprognosen

AUFGABEN

1 a) Bestimme die Länge der Zeiträume, die zwischen den jeweiligen Milliardengrenzen der Weltbevölkerung lagen.
b) Stelle die Entwicklung der Weltbevölkerungszahl insgesamt dar (M 1). Gehe auch auf die Kontinente ein.

2 a) Stelle die Entwicklung der Geburten- und Sterberate Japans und Äthiopiens in je einem Liniendiagramm dar (M 5).
b) Ermittle die Wachstumsraten und zeichne sie in das Diagramm ein.
c) Vergleiche die beiden Diagramme.

3 a) Beschreibe die Prognosen der Weltbevölkerungsentwicklung bis 2100 (M 1).
b) Beurteile die Aussagekraft der Prognosen (M 6).

4 a) Charakterisiere die Entwicklung und Prognose der Fertilitätsrate (M 4).
b) „Die Entwicklung der Fertilitätsrate ist für die weitere globale Bevölkerungsentwicklung von entscheidender Bedeutung". Beurteile diese Aussage.

M 2 Zwei Familien: um 1910 (links) und heute (rechts)

Ein Modell der Bevölkerungsentwicklung

Ende des 18. Jahrhunderts begann in England ein grundlegender Wandel in der natürlichen Bevölkerungsentwicklung: Beim Übergang von der Agrar- zur Dienstleistungsgesellschaft sanken die Geburten- und Sterberaten von hohen auf niedrigere Werte. Dieser als **demographischer Übergang** bezeichnete Prozess wiederholte sich im 19. und 20. Jahrhundert in allen europäischen Industrieländern.

Bevölkerungswissenschaftler entwickelten daraus das Modell des demographischen Übergangs, das den typischen Verlauf von Geburten- und Sterberate in mehrere Phasen einteilt. Mit dem Modell können die Bevölkerungsentwicklung von Ländern und Regionen eingeordnet sowie Prognosen für die zukünftige Entwicklung getroffen werden.

Phase 1: Mangelnde Hygiene, fehlende medizinische Versorgung, Hunger, Seuchen sind Ursachen für die hohe Sterberate. Gleichzeitig werden aber auch viele Kinder geboren, die als Arbeitskräfte auf den Bauernhöfen sowie zur Absicherung der Eltern im Alter benötigt werden.

Phase 2: Mit dem Wandel von der Agrar- zur Industriegesellschaft sinkt zunächst die Sterberate, da sich medizinische Versorgung, hygienische Bedingungen und Ernährung großer Bevölkerungsteile verbessern. Weil die Geburtenrate auf ihrem bisherigen Niveau verharrt und gleichzeitig die Lebenserwartung ansteigt, wächst die Bevölkerungszahl rasch und kontinuierlich an.

Phase 3: Mit Einführung der Sozialversicherung und mit dem Verbot von Kinderarbeit verlieren Kinder zunehmend an Bedeutung für die Alterssicherung. Gleichzeitig steigen die Aufwendungen für die Ausbildung der Kinder. Die Eigenständigkeit und Selbstbestimmung der Frauen sowie die bewusste Familienplanung führen letztlich zum Absinken der Geburtenrate.

Phase 4: Mitte des 20. Jahrhunderts ist die bewusste Familienplanung weit verbreitet, die Geburtenrate erreicht die Höhe der Sterberate.

Phase 5: In der modernen Informations- und Dienstleistungsgesellschaft zeigt sich ein neuer Trend: Lange Ausbildungszeiten sowie individuelle Lebensstile und eine dadurch später einsetzende (oder fehlende) Familienplanung führen dazu, dass die Geburtenrate erstmals unter die Sterberate sinkt. Daher wird bereits von einem zweiten demographischen Übergang gesprochen.

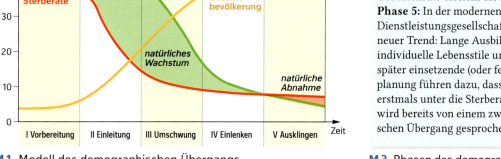

© Westermann 14675EX_12

Geburten- und Sterberate (pro 1000 Einwohner pro Jahr)

Geburtenrate
Sterberate
Gesamtbevölkerung
natürliches Wachstum
natürliche Abnahme

40
30
20
10
0

I Vorbereitung | II Einleitung | III Umschwung | IV Einlenken | V Ausklingen

Zeit

M 1 Modell des demographischen Übergangs

M 3 Phasen des demographischen Übergangs

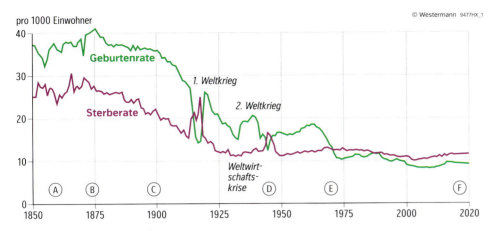

pro 1000 Einwohner

© Westermann 9477HX_1

Geburtenrate

Sterberate

1. Weltkrieg

2. Weltkrieg

Weltwirt-
schafts-
krise

Ⓐ Ⓑ Ⓒ Ⓓ Ⓔ Ⓕ

1850 1875 1900 1925 1950 1975 2000 2020

M 4 Der demographische Übergang in Deutschland

① Marta (23 Jahre) informiert sich nach der Geburt ihres dritten Kindes über Verhütungsmethoden in der neuen Arztpraxis.

② Die Bevölkerung im Ruhrgebiet steigt seit einigen Jahren rasant an.

③ Eine Mutter trauert am Grab ihres achten Kindes, das an Cholera starb.

④ Marie (37 Jahre) und Sven (36 Jahre) verdienen in der IT-Branche sehr gut und freuen sich auf die Geburt ihres ersten Kindes.

⑤ In der Zeitung erscheint eine Anzeige, dass die Impfung gegen die Pockenseuche verpflichtend ist.

⑥ Familie Müller ist im zerstörten Deutschland ständig auf der Suche nach genug Nahrungsmitteln.

M 5 Aussagen für ein lebendiges Diagramm

Kritik am Modell des demographischen Übergangs

- Abweichende Prozesse der Bevölkerungsentwicklung werden nicht berücksichtigt. Der demographische Übergang setzt zu verschiedenen Zeitpunkten ein und erstreckt sich über unterschiedlich lange Zeiträume.
- Da das Modell auf der wirtschaftlichen, historischen und kulturellen Entwicklung westeuropäischer Staaten beruht, kann es die Bedingungen in Ländern mit anderer Entwicklung nicht abbilden.
- Auch die Dimension des Bevölkerungswachstums, zum Beispiel in England, unterscheidet sich deutlich von der in Ländern anderer Regionen und Kontinente. Somit können keine allgemeingültigen Aussagen über Dauer und Ausprägung des Bevölkerungswachstums getroffen werden.
- Für Vorhersagen ist das Modell nur bedingt aussagekräftig, da keine neuen Entwicklungen berücksichtigt werden.

AUFGABEN

1 a) Beschreibe das Modell des demographischen Übergangs (M 1).
b) Stelle Zusammenhänge zwischen dem Verlauf von Sterbe- / Geburtenrate und der Wachstumsrate der Bevölkerung dar (M 1, M 3).

2 Vergleiche die natürliche Bevölkerungsentwicklung Deutschlands mit dem Modell des demographischen Übergangs (M 1, M 4).

3 a) Ordne die Aussagen in M 5 den Zeitpunkten A bis F im Diagramm in M 4 begründet zu.
b) Vergleicht zu zweit eure Zuordnungen.

4 * Beurteile, inwieweit sich das Modell des demographischen Übergangs auf die weitere Entwicklung der Weltbevölkerung anwenden lässt. Beachte dabei auch die verschiedenen Kritikpunkte.

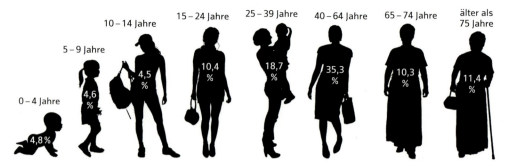

M3 Eine Gesellschaft besteht aus unterschiedlichen Altersgruppen (Prozente: Anteile in Deutschland, 2020).

Altersstruktur der Bevölkerung

Für viele politische Entscheidungen ist es wichtig, Kenntnisse über die aktuelle und zukünftige Alterszusammensetzung zu besitzen. Müssen beispielsweise weitere Schulneubauten geplant, die Beiträge für Versicherungen angepasst, mehr altersgerechte Wohnungen gebaut werden? Der Anteil von Personen an verschiedenen Altersgruppen eines Landes oder einer Region wird durch die **Altersstruktur** beschrie-

ben. Sie ist das Ergebnis der natürlichen Bevölkerungsentwicklung und von Zu- und Abwanderung von Bewohnern eines Landes in den vorausgegangenen Jahren.
Die Altersstruktur lässt sich in Altersstrukturdiagrammen darstellen. Diese variieren in ihrer Gestalt von Land zu Land. Trotzdem lassen sich einige Grundformen unterscheiden.

Die Bevölkerung wird häufig in drei Altersgruppen gegliedert: unter 15 Jahre (Kinder und Jugendliche), 15 bis 65 Jahre (Menschen im arbeitsfähigen Alter) und über 65 Jahre (nicht mehr erwerbsfähig). Die Altersgrenzen unterscheiden sich zwischen einzelnen Statistiken geringfügig. Letztlich geht es darum, dass die Gruppe der Erwerbsfähigen für die Bereitstellung der Mittel für das Aufwachsen und Ausbilden der Jugendlichen sowie die Versorgung der älteren Bevölkerung sorgen muss.

M1 Altersabgrenzung in drei Gruppen

	unter 15	15 bis 65	über 65
Europa	16 %	66 %	18 %
Nordamerika	18 %	66 %	16 %
Lateinamerika	25 %	67 %	8 %
Asien	24 %	67 %	9 %
Afrika	41 %	56 %	3 %

M4 Altersstruktur nach Kontinenten (2019)

unter 15 (Kinder/Jugendliche) 15 bis 65 (erwerbsfähige Bevölkerung) Altersgruppe über 65 (Rentner)

Pyramide — hohe Geburtenrate, geringe Lebenserwartung, hohes Bevölkerungswachstum

Bienenkorb — konstante Geburtenrate, steigende Lebenserwartung, stagnierendes Bevölkerungswachstum

Urne — sinkende Geburtenrate, hohe Lebenserwartung, hoher Bevölkerungsrückgang

Pilz — deutlich sinkende Geburtenrate, starke Überalterung, starker Bevölkerungsrückgang

© Westermann 10717HX_1

M2 Grundformen von Altersstrukturdiagrammen

AUFGABEN

1* a) Nenne Gründe für eine Einteilung der Bevölkerung in Altersgruppen.
b) Ermittle die Bevölkerungsanteile für Deutschland nach der Einteilung in drei Gruppen (M1, M3).

2 Vergleiche die Altersstruktur auf den Kontinenten (M4).

3 a) Beschreibe die Grundformen der Altersstrukturdiagramme (M2).
b) Ordne die Grundformen der Altersstrukturdiagramme den verschiedenen Phasen des Modells des demographischen Übergangs zu (M1, S. 12).

METHODE

Wir werten Altersstrukturdiagramme aus

Altersstrukturdiagramme sind spezielle Balkendiagramme, die Aussagen zu einer Bevölkerung in Bezug auf Alter und Geschlecht ermöglichen.

Die x-Achse erfasst den Anteil der Bevölkerung. Sie kann in absolute oder relative Werte eingeteilt sein. Auf der y-Achse, die meist in Fünfjahresintervalle aufgeteilt ist, sind die verschiedenen Altersgruppen eingetragen. Damit ist für jede Altersgruppe die Bevölkerungsanzahl beziehungsweise der Anteil dieser Gruppen an der Gesamtbevölkerungszahl ablesbar.

Häufig treten auch auffällige Abweichungen von den idealen Grundformen auf. Sie sind die Folge etwa von Kriegen, Wirtschaftskrisen, Hungersnöten oder Seuchen, die einen Rückgang der Geburtenrate beziehungsweise einen Anstieg der Sterberate nach sich zogen. Die Abweichungen können aber auch Folgen von größeren Zu- oder Abwanderungsbewegungen sein.

Darüber hinaus lassen sich auch Aussagen zur **Lebenserwartung** ableiten.

Arbeitsschritte

Schritt 1: Orientieren
- Bestimme das Land bzw. die Region sowie das Jahr bzw. den Zeitraum, worauf sich das Diagramm bezieht.
- Untersuche, ob die Bevölkerungszahlen in absoluten oder relativen Werten angegeben sind.

Schritt 2: Beschreiben und Berechnen
- Beschreibe die Altersstruktur.
- Ordne die Altersstruktur einer Grundform zu.
- Erfasse Besonderheiten, Einschnitte, Auffälligkeiten.
- Berechne bzw. schätze die Anteile der Altersgruppen (M1 auf S. 14) an der Gesamtbevölkerung.

Schritt 3: Schlussfolgerungen
- Ziehe Rückschlüsse auf die Bevölkerungsentwicklung in der Gegenwart und in Zukunft.
- Erkläre Besonderheiten.

INFO

Entwicklung der Lebenserwartung weltweit:
1950 – 1955: 47 Jahre
1980 – 1985: 63 Jahre
2000 – 2005: 67 Jahre
2015 – 2020: 72 Jahre

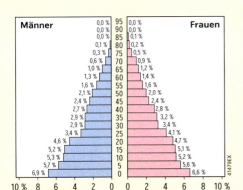
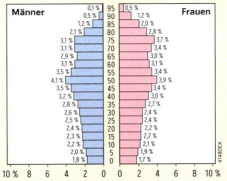

INFO

Im Jahr 1950 hatte Japan 83. Mio. Einwohner und 2020 waren es ungefähr 126 Mio. 2040 sollen es laut Prognose 113 Mio. sein.

M1 Altersstrukturdiagramme für Japan 1950 (links) und 2040 (rechts, Prognose)

AUFGABEN

1 a) Werte das Altersstrukturdiagramm von Japan 1950 aus.
b) Vergleiche das Altersstrukturdiagramm Japans von 1950 mit dem der Prognose für 2040.

c) Stellt zu zweit Vermutungen an, was die Veränderungen der Altersstruktur Japans beeinflussen könnte.

Deutschland – immer mehr Ältere

Selbst bei steigenden Zuwanderungen aus dem Ausland wird die Einwohnerzahl Deutschlands bis 2060 um etwa sechs Millionen abnehmen. In Nordrhein-Westfalen lebten im Jahr 2020 zum Beispiel noch 17,9 Millionen Menschen. 2050 werden es vermutlich gut zwei Millionen weniger sein.

Seit 1972 liegt die Geburtenrate unterhalb der Sterberate. Weniger Kinder heute bedeuten auch weniger Kinder in der Zukunft, denn Mütter, die nicht geboren werden, können auch keine Kinder bekommen.

Zusätzlich ist Deutschland mit den Folgen des **demographischen Wandels** konfrontiert. Die Zahl der Menschen im arbeitsfähigen Alter sinkt. Gleichzeitig wächst der Bevölkerungsanteil der zu versorgenden Rentner.

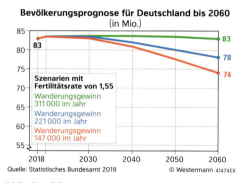

M 2 Bevölkerungsprognosen

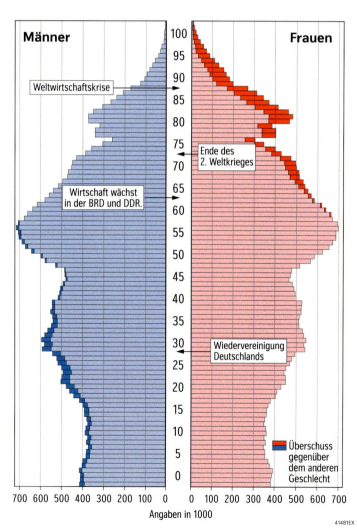

M 1 Altersstrukturdiagramm Deutschlands (2020)

① Nach zweijähriger Kriegsgefangenschaft kehrt Kurt zu seiner Familie in das zerstörte Deutschland zurück. Täglich ist er damit beschäftigt, genug Nahrungsmittel für sich und seine beiden Kinder zu besorgen.

② Erna und Fritz heirateten im Jahr 1922. Von ihren zwölf Kindern starben drei in jungen Jahren.

③ Kurz nach der deutschen Wiedervereinigung schließt der Betrieb in Erfurt. Anne und Frank verlieren ihren Arbeitsplatz.

④ Das junge Ehepaar Johannes und Emma gehört seit der Schließung der Dampflokbaufabrik in Kassel zum Arbeitslosenheer der Stadt. Die Wohlfahrtsunterstützung von vier Reichsmark pro Woche reicht gerade für das Notwendigste.

⑤ Jörn und Ellen arbeiten in der Medienbranche. Einmal im Jahr unternehmen sie eine Fernreise.

⑥ Mariannes Freundin arbeitet als Fachverkäuferin in der Apotheke. So bekommt sie die neue Anti-Baby-Pille, die von den meisten in der Kleinstadt als Teufelszeug verurteilt wird.

⑦ Alfred Keffel stirbt am 14.01.1945 – einer der Hunderttausenden deutschen Soldaten, die im 2. Weltkrieg gefallen sind.

⑧ Lutz und Anja in Leipzig freuen sich über die Geburt ihres dritten Kindes. In der Stadt sind die meisten der im 2. Weltkrieg zerstörten Häuser wiederaufgebaut. Seit Kurzem gibt es ein staatlich gefördertes Erziehungsjahr.

M 3 Ereignisse

1960 Gesamt-bevölkerung 73,1 Mio.	2020 Gesamt-bevölkerung 83,1 Mio.	2060* Gesamt-bevölkerung 74,4 Mio.

Bevölkerung nach Altersgruppen:
(in Mio. und %)

1960: 15,7 (21 %) ≤15 J. | 48,9 (67 %) 16–65 J. | 8,5 (12 %) >65 J.

2020: 12,1 (15 %) ≤15 J. | 53,9 (65 %) 16–65 J. | 17,1 (20 %) >65 J.

2060: 10,7 (14 %) ≤15 J. | 41,7 (56 %) 16–65 J. | 22,0 (30 %) >65 J.

Durchschnittsalter:
34,2 Jahre — 44,5 Jahre — 48,0 Jahre

Lebenserwartung: (in Jahren)

66,9	72,4		78,8	83,3		84,4	88,1

☐ Männer   ☐ Frauen

*Szenario mit Fertilität von 1,55 und Wanderungsgewinn von 147 000 (siehe M2)

Quelle: Statistisches Bundesamt

10719HX_2
© Westermann

M4 Daten zum demographischen Wandel

M6 Karikatur

2010 zahlten für einen Rentner 3 Beitragszahler.	2030 zahlen für einen Rentner 2 Beitragszahler.	2060 zahlen für einen Rentner 1,16 Beitragszahler.

© Westermann 126HX_2

M5 Generationenvertrag im Wandel

M7 Computerkurs für Senioren

AUFGABEN

1 a) Ordne die Ereignisse der Altersgruppe des Altersstrukturdiagramms zu, zu der sie deiner Meinung nach am besten passen (M1, M3).
b) Vergleicht zu zweit eure Ergebnisse.
c) Diskutiert unterschiedliche Zuordnungen.
d) Erläutert, wie sich die Ereignisse auf die Altersstruktur ausgewirkt haben.

2 a) Analysiere die Entwicklung der Bevölkerung in Deutschland (M2, M4, M5).
b) Begründe die aus der prognostizierten Bevölkerungsentwicklung resultierenden Herausforderungen (M8).
c) Diskutiert in Kleingruppen die Lösungsansätze und entwickelt weitere Ideen, um auf die Herausforderungen zu reagieren (M8).

3 * Erkläre die Aussage der Karikatur (M6).

Herausforderung: Finanzierung der Sozialsysteme (z. B.: Renten, Kindergeld, BaföG)
Lösungsansätze: Erhöhung des Renteneintrittsalters, Steuererhöhungen, Einführung von Studiengebühren

Herausforderung: zunehmende Nachfrage im Pflege- und Gesundheitswesen
Lösungsansätze: Neubau von Alters- und Pflegeheimen, Lohnerhöhung für Mitarbeiter/-innen im Gesundheitswesen, Anwerbung von ausländischem Pflegepersonal

Herausforderung: Anpassung der Infrastruktur an die geringere Bevölkerungsanzahl und die veränderte Altersstruktur
Lösungsansätze: neue Wohnungen altersgerecht planen, Schulneubauten so gestalten, dass sie später auch anders genutzt werden können

Herausforderung: Fachkräftemangel
Lösungsansätze: jungen Eltern durch Kindergärten den schnellen Berufseinstieg nach der Geburt ermöglichen, mit Digitalisierung Arbeitsplätze automatisieren

M8 Herausforderungen und Lösungsansätze

Pakistan – immer mehr Jüngere

In keinem Land der Welt steigt gegenwärtig die Einwohnerzahl so rasant wie in Pakistan. Hält das Wachstum an, wird das Land der dritte Staat mit mehr als einer Milliarde Menschen sein. Pakistan gehört aber auch zu den ärmsten Nationen der Welt. Schon heute herrschen Lebensmittelknappheit und Wohnungsmangel. Es fehlt an sicheren Arbeitsplätzen, Gesundheitseinrichtungen, Wohnraum und ausreichend Schulen für die vielen Kinder. Da sich die Einwohnerzahl bis 2050 etwa verdoppeln wird, werden sich die Probleme noch verschärfen. Pakistan muss möglichst rasch die nächste Phase des demographischen Übergangs erreichen.

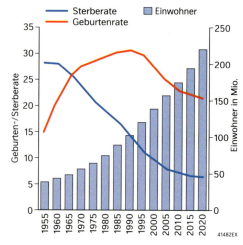

41482EX

M 2 Bevölkerungsentwicklung Pakistans

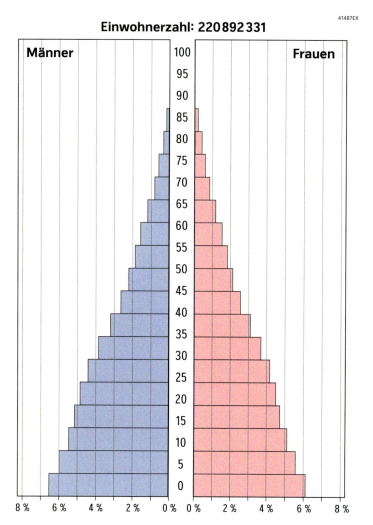

Einwohnerzahl: 220 892 331

41487EX

M 1 Altersstrukturdiagramm Pakistans (2020)

Anteile bestimmen

Der Anteil an der Gesamtbevölkerung beträgt bei älteren Menschen (über 64 Jahre) Ⓐ % und bei Kindern und Jugendlichen (0 bis 14 Jahre) Ⓑ %. Damit beträgt der Anteil der Menschen im erwerbsfähigen Alter an der Gesamtbevölkerung Ⓒ %.

Anzahlen berechnen

Im Jahr 2020 lebten in Pakistan rund 220 Millionen Menschen. In Pakistan sind Ⓓ Millionen Menschen 45 bis 49 Jahre alt. Ⓔ Millionen Menschen sind zwischen 1995 und 2000 geboren. In den letzten fünf Jahren sind zur pakistanischen Bevölkerung Ⓕ Mio. Kinder hinzugekommen.

Auswirkungen ermitteln

In Pakistan leben Ⓖ Millionen Kinder und Jugendliche, die versorgt werden müssen. Nur 75 % der 5- bis 9-Jährigen besuchen regelmäßig die Grundschule. So haben Ⓗ Mio. pakistanische Kinder in ihrem Leben keinen oder nur wenig Grundschulunterricht.
Ein Grund sind fehlende Schulen. Pakistan benötigte Ⓘ neue Schulen mit je 1000 Plätzen, damit auch diese Kinder Lesen und Schreiben lernen können.
Etwa 70 % der erwerbstätigen Bevölkerung arbeiten in Jobs ohne Arbeitsvertrag. Damit sind Ⓙ Mio. bei Unfällen oder Krankheiten nicht versichert und haben im Alter keine Rentenversorgung.

M 3 Mathematisch-statistische Auswertung

	gesamt	Land	Stadt
Fertilitätsrate	3,6	3,9	2,9
Alter bei erster Geburt	22,8	22,5	23,4
Nutzung von Verhütung	34 %	29 %	43 %
Säuglingssterblichkeit	6,2 %	6,8 %	5,0 %

M4 Demographische Daten von Pakistan

„Mein Name ist Asif. Ich bin 28 Jahre alt und lebe mit meiner Familie seit einigen Jahren in der Stadt Quetta. Meine Ehefrau heißt Dalal. Wir sind stolz auf unsere vier Kinder, drei Mädchen und ein Junge. Wir werden aber sicher noch mehr Kinder bekommen. Wir Pakistanis haben traditionell große Familien. Ich selbst habe zwölf Geschwister. Im Koran heißt es: Allah schenkt uns die Kinder. Deshalb kommt für uns Verhütung, wie es einige Politiker fordern, auch nicht infrage.
Ich habe Glück mit meinem Arbeitsplatz im Supermarkt. Der Verdienst reicht für das Nötigste aus. Mit dem Geld, das unsere großen Kinder bei Gelegenheitsarbeiten verdienen, können wir uns die eine oder andere Anschaffung leisten. Um die Zukunft ist mir nicht bang. Wenn meine Frau oder ich krank werden oder wir im Alter nicht mehr arbeiten können, werden mich meine Kinder genauso unterstützen, wie ich heute für meine Eltern sorge."

M5 Ein Pakistani erzählt.

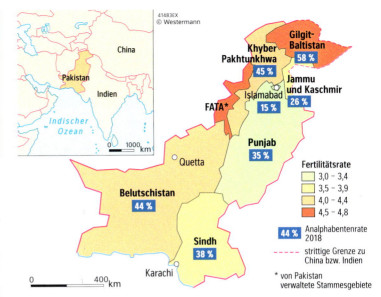

M6 Analphabetenrate und Fertilitätsrate nach Regionen

Kampagnen in Zeitungen, Fernsehen und Internet, wie z.B. „Zwei Kinder sind genug" oder „Die Gesundheit von Mutter und Kind ist von größter Wichtigkeit" oder „Planen Sie Ihre nächste Schwangerschaft nach zwei Jahren"

kostenfreie Verteilung von Verhütungsmitteln, wie z.B. Kondomen und Antibabypillen

Strafmaßnahmen für Familien mit mehr als zwei oder drei Kindern (z.B. höhere Steuern)

Bildung aller Kinder verbessern: so steigen die Chancen, einen gut bezahlten Arbeitsplatz zu finden.

Einführung eines Renten- und Krankenversicherungssytems für alle Einwohner Pakistans

Wirtschaft Pakistans mit ausländischer Hilfe modernisieren

M7 Mögliche Maßnahmen zur Senkung der Geburtenrate

AUFGABEN

1 a) Berechne die Anteile bzw. Werte der Bevölkerung Pakistans (M1, M3 Ⓐ – Ⓙ).
b) Vergleiche die Altersstruktur in M1 mit der von Deutschland (S. 16 M1).

2 a) Analysiere die Bevölkerungsentwicklung Pakistans (M2, M4, M6).
b) „Die Bevölkerungsentwicklung Pakistans folgt dem Modell des demographischen Übergangs". Beurteile diese Aussage.

3 a) Stelle Gründe für die hohe Geburtenrate in Pakistan dar (M5).
b) Nenne Probleme und Herausforderungen des Bevölkerungswachstums.
c) Diskutiert die Wirksamkeit und Umsetzbarkeit der Maßnahmen zur Senkung der Geburtenrate in M7.

4 „Die Begrenzung des Bevölkerungswachstums Pakistans wird auf dem Land entschieden". Diskutiert diese Aussage.

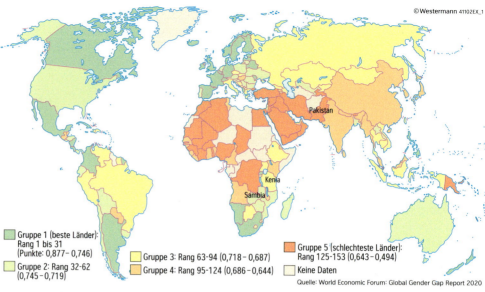

Der Global Gender Gap Index ist ein Maß für die Gleichstellung der Frauen gegenüber den Männern. Die Zahl 0,877 bedeutet z. B., dass Frauen zu 87,7 % gleichgestellt sind. Der Index umfasst 14 Indikatoren aus den Bereichen Bildung, Gesundheit, politische Teilhabe und Wirtschaft.

Gruppe 1 (beste Länder): Rang 1 bis 31 (Punkte: 0,877 – 0,746)

Gruppe 2: Rang 32-62 (0,745 – 0,719)

Gruppe 3: Rang 63-94 (0,718 – 0,687)

Gruppe 4: Rang 95-124 (0,686 – 0,644)

Gruppe 5 (schlechteste Länder): Rang 125-153 (0,643 – 0,494)

Keine Daten

Quelle: World Economic Forum: Global Gender Gap Report 2020

M 2 Index zur Gleichstellung der Geschlechter (Global Gender Gap Index)

Bevölkerungswachstum stoppen – Frauen stärken

Schwangerschaften von Teenagern, Kinderehen und fehlender Zugang zu Verhütungsmitteln: Das ist bis heute in vielen Ländern noch bittere Realität für Mädchen und Frauen. In vielen Ländern verhindert die nicht gleichberechtigte Stellung der Frau das Absinken der Fertilitätsrate. Das hat eine hohe Wachstumsrate zur Folge. Wird diese jedoch nicht verringert, wird die Weltbevölkerung weiter ansteigen. Allein in Afrika würde sich die Bevölkerung auf 2,5 Milliarden im Jahr 2050 gegenüber 2020 nahezu verdoppeln.

Laut UN-Kinderrechtskonvention ist eine Kinderehe eine Eheschließung, bei der mindestens einer der Partner unter 18 Jahre alt ist. Die meisten Länder der Erde haben heutzutage ein Mindestheiratsalter gesetzlich festgelegt. Trotzdem wird immer noch in vielen Ländern gegen diese Regelung verstoßen. Mädchen sind dabei etwa sechsmal so häufig betroffen wie Jungen. Schätzungen gehen davon aus, dass jedes Jahr etwa zwölf Millionen Mädchen zwangsverheiratet werden.

M 3 Kinderehe

Insgesamt 43 Prozent der Mädchen und jungen Frauen im Alter von 15 bis 19 Jahren, die eine Schwangerschaft vermeiden möchten, haben in Ländern mit niedrigem und mittlerem Einkommen [...] keinen Zugang zu modernen Verhütungsmitteln. Die Folge: Etwa die Hälfte aller Schwangerschaften (10,5 Mio. pro Jahr) bei jungen Frauen ist unbeabsichtigt. Die Hauptursachen hierfür sind mangelnde Sexualaufklärung und ein meist männlich geprägtes Umfeld mit sehr traditionellem Rollenverständnis. Gerade junge Frauen sind auf eine diskrete und jugendfreundliche Beratung angewiesen, verbunden mit dem Angebot von verschiedenen Verhütungsmethoden. Aktuell kommen unterbrochene Lieferketten für Verhütungsmittel aufgrund der Corona-Pandemie noch erschwerend hinzu [...].

(ohne Autor: Weltverhütungstag 2020: Fast jede zweite junge Frau in Entwicklungsländern kann nicht verhüten. DSW online, Hannover, 25.09.2020)

M 1 Problemfeld Verhütung

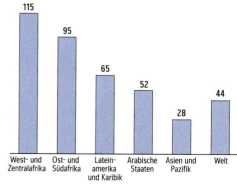

Geburten pro 1000 Frauen im Alter von 15 bis 19 Jahren

Quelle: UNFPA-Weltbevölkerungsbericht 2017

41484EX

M 4 Teenagerschwangerschaften

„Ich heiße Gloria, bin 17 Jahre alt, Mutter von einem Sohn und seit einem Jahr Witwe. Als ich zwölf war, starb mein Vater. Meine Mutter musste für meine sechs

kleinen Geschwister und mich allein sorgen. Als es immer schwieriger wurde, hat sie sich entschieden, mich zu verheiraten. Ich hatte große Angst davor, wusste nicht, was eine Ehe für mich bedeuten würde. Aber meine Mutter hoffte, dass der Mann nicht nur für mich sorgen, sondern auch meine Familie unterstützen würde. Das ist nicht geschehen.

Ich musste zu ihm ins Haus ziehen, durfte nicht zur Schule gehen. Wenige Monate nach der Hochzeit wurde ich schwanger. Ich wusste nicht, wie ich ein Baby bekommen sollte. Als mein Ehemann starb, wusste ich nicht weiter. Unterstützung habe ich bei einer Hilfsorganisation gefunden. Hier habe ich Unterkunft und kann die Schule nachholen."

M 5 Gloria aus Sambia erzählt.

1 *Vergleiche dich in puncto Lebenssituation und Zukunftspläne mit Gloria (M 5).*

2 *a) Beschreibe die Verteilung von Teenagerschwangerschaften auf der Erde (M 4).*
b) Nenne Gründe für Teenagerschwangerschaften (M 5).
c) Stelle Auswirkungen von Teenagerschwangerschaften dar:
• für die betroffenen Mädchen und Familien.
• für das Bevölkerungswachstum im Land.

3 *Begründe, dass Aufklärung und Familienplanung für die Bevölkerungsentwicklung eine hohe Bedeutung besitzen (M 7).*

4 *Beurteile die Wirksamkeit des niederländischen Projekts in Kenia (M 6).*

5 ** Führe eine Recherche zum Thema „Kinderehen – kein Beitrag gegen das Bevölkerungswachstum" durch.*

Esther Mutheu ist 18 Jahre alt und hat bereits einen Sohn. Ein weiteres Kind möchte sie erstmal nicht. „Ich war draußen unterwegs, da wurde ich angesprochen. Sie haben uns von dem Programm erzählt und uns in die Klinik geschickt, um kostenlose Verhütungsmittel zu bekommen", erzählt sie. Das Programm der niederländischen Nichtregierungsorganisation Triggerise berät und verteilt in mehreren Städten Kenias kostenlose Verhütungsmittel an Mädchen zwischen 15 und 19 Jahren. Über 250 000 Patientinnen haben den Service bereits in Anspruch genommen. [...]

Gemeinsam mit ihrer 19-jährigen Freundin Ann Ndinda, ebenfalls Mutter eines kleinen Sohns, sitzt sie im Wartezimmer einer kleinen Klinik in Huruma, einem Slum in Nairobi. Die beide hören Caroline Nasser zu. „Wir haben vier verschiedene Arten von Verhütungsmitteln: Spirale, Hormonimplantate für drei oder fünf Jahre, die Pille und die Depotspritze. Wenn ihr Hormontherapie nicht verträgt, empfehle ich euch die Spirale." [...]

Caroline Nasser kommt selbst aus der Gegend. Sie spricht junge Frauen auf der Straße an, berät zu Fragen sexueller Gesundheit, Verhütungsmitteln und erklärt [...], wie der [...] Chatbot funktioniert. [...] „Schreibt das Wort Afya und schickt es an die 22699", erklärt Nasser den jungen Frauen. Afya bedeutet Gesundheit auf Suaheli. Daraufhin fragt der Chatbot nach Alter, Geschlecht, Wohnort und sendet im Anschluss die Adresse zur nächstgelegen Partnerklinik. Vor Ort bekommen die Mädchen eine kostenlose Beratung und werden gegebenenfalls behandelt. Das gesamte Personal ist auf jugendfreundliche und vorurteilsfreie Betreuung trainiert.

(Felix Franz: Kenia: Verhütungsmittel per Chatbot, DW online, Bonn, 21.07.2019)

M 6 Projekt Afya in Kenia

Vorteil: weniger ungewollte Schwangerschaften
Voraussetzung: Frauen müssen über Anzahl der Kinder und Zeitpunkt der Schwangerschaft selbst entscheiden können.

Vorteil: kleinere Familien
Voraussetzung: Verhütungsmöglichkeiten und eine sichere Versorgung der Frauen würden Mütter- bzw. Säuglingssterblichkeit um 70 bis 80 % verringern. Sterben weniger Kinder, planen Eltern mit weniger Kindern.

Vorteil: selbstbestimmte Frauen
Voraussetzung: Verbesserte medizinische Versorgung und Bildung für Frauen erhöht die Chancen an wirtschaftlicher Teilhabe. Dies erhöht die Unabhängigkeit der Frauen.

Vorteil: bessere Förderung von Kindern
Voraussetzung: Bei kleinerer Kinderzahl erhalten die Kinder bessere Versorgung und Bildung, wodurch sie die Eltern später unterstützen können.

M 7 Aufklärung und Familienplanung

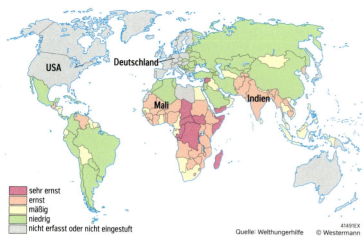

M1 Welthungerindex im Jahr 2020

sehr ernst
ernst
mäßig
niedrig
nicht erfasst oder nicht eingestuft

Quelle: Welthungerhilfe
41491EX
© Westermann

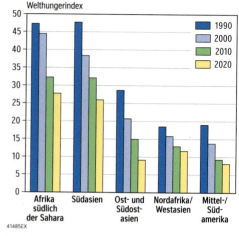

M3 Entwicklung des Welthungerindex

Weltweite Unterschiede bei der Ernährungssicherung

Nahrung ist eines der elementarsten Grundbedürfnisse. Gemessen an der weltweiten Nahrungsmittelproduktion stehen jedem Menschen durchschnittlich mehr als 3500 Kilokalorien pro Tag zur Verfügung, genug für eine ausreichende Ernährung.

Die Verfügbarkeit von Nahrung ist jedoch regional sehr unterschiedlich. Die „satten Länder" haben sich längst an eine selbstverständliche Versorgung aus dem „globalen Supermarkt" gewöhnt. Zahlreiche Menschen haben hier sogar mit den gesundheitlichen Folgen des Übergewichts zu kämpfen.

Weltweit leiden aber auch Millionen Menschen an **Mangelernährung** oder **Unterernährung**, der Großteil davon in ländlichen Regionen, also gerade dort, wo Nahrungsmittel produziert werden. Besonders betroffen sind Kinder, Schwangere und stillende Mütter.

Aber auch in den „hungernden Ländern" gibt es Überernährung, vor allem bei wohlhabenden städtischen Schichten, während es auch in armen Bevölkerungsgruppen hoch entwickelter Länder Mangel- und Unterernährung gibt.

Eine über längere Zeit nicht ausreichende Versorgung mit Nahrungsmitteln führt zu Unter- bzw. Mangelernährung. Der Körper versucht durch die Reduzierung seiner körperlichen und geistigen Leistungsfähigkeit, die fehlende Energie auszugleichen. Dadurch sinken z.B. körperliche Ausdauer und Konzentrationsfähigkeit. Wo Hunger herrscht, sinken Produktivität und Wirtschaftskraft ganzer Länder.

Unterernährung und Mangel an Vitaminen und Mineralstoffen schwächen die körperlichen Abwehrkräfte und das Immunsystem so sehr, dass sogar harmlose Krankheiten tödlich verlaufen. Bei Frauen kann Mangelernährung eine Schwangerschaft gefährden und dazu führen, dass Kinder bereits im Mutterleib und noch nach der Geburt geschädigt sind. Oft werden Babys von unterernährten Frauen auch untergewichtig geboren.

Besonders betroffen sind Kinder. Mehr als 25% aller Kinder unter fünf Jahren sind heute in Folge von Mangelernährung unterentwickelt. Sie sind zu klein für ihr Alter und leiden an Auszehrung. Jährlich sterben rund fünf Millionen dieser über 190 Millionen betroffenen Kinder.

M2 Folgen von Unter- und Mangelernährung

Der Welthungerindex wird aus den folgenden Indikatoren berechnet:

• Anteil der Unterernährten an der Gesamtbevölkerung,
• Anteil der Kinder im Alter bis fünf Jahre, die von Auszehrung (zu niedriges Gewicht im Verhältnis zur Körpergröße als Hinweis auf akute Unterernährung) und Wachstumsverzögerung (zu geringe Körpergröße im Verhältnis zum Alter als Hinweis auf chronische Unterernährung) betroffen sind,
• Sterblichkeitsrate von Kindern unter fünf Jahren.

Der bestmögliche Wert ist 0 (kein Hunger), der schlechteste 100.

M4 Der Welthungerindex

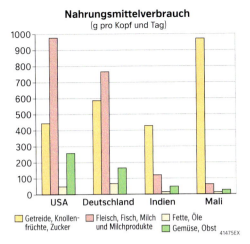

M 5 Nahrungsmittelverbrauch

M 7 Anstehen bei der „Tafel"

Noch nie zuvor haben auf der Erde mehr Übergewichtige als Untergewichtige gelebt. Im Vergleich zu heute waren 1975 noch mehr als doppelt so viele Menschen krankhaft untergewichtig als fettleibig. Wer nun glaubt, niemand würde mehr hungern, wird enttäuscht: Extrem arme Menschen mit Untergewicht gibt es weiterhin [...]. Konkret hat die Menschheit innerhalb von 40 Jahren pro Jahrzehnt 1,5 Kilo zugelegt. Im Durchschnitt natürlich. Im Jahr 2014 lebten rund 641 Millionen adipöse [krankhaft übergewichtige] Menschen. Das sind mehr als sechsmal so viele wie Mitte der 1970er-Jahre.

(Sven Stockrahm: So dick war die Menschheit noch nie. Zeit online, Hamburg, 01.04.2016, verändert)

M 6 Das Gegenteil von Unterernährung

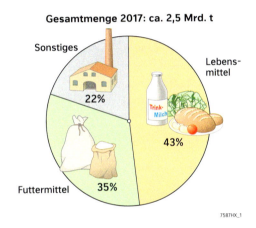

M 8 Verwendung der globalen Getreideproduktion

AUFGABEN

1 Beschreibe die Ernährungssicherung auf der Erde mithilfe des Welthungerindexes.

2 „Hunger ist mehr, als einen leeren Bauch zu haben." Erkläre diese Aussage (M 2).

3 a) Vergleicht den Nahrungsmittelverbrauch der vier Länder in M 5.
b) Ermittle deinen durchschnittlichen Lebensmittelverbrauch pro Tag.

4 Erstelle eine Concept-Map zu Mangel- und Unterernährung aus den Stichpunkten in M 9 und ergänze sie mit weiteren Aspekten.

5 * „Es gibt keinen Hunger auf der Erde, nur ein Verteilungsproblem." Nimm Stellung zu dieser Aussage.

Dürreperioden, Schädlingsbefall	anthropogener Klimawandel	mangelnde Kaufkraft
schwierige klimatische Bedingungen	fehlender Zugang zu Ackerflächen und technischem Gerät	Anbau von Export- und Rohstoffkulturen, z.B. Baumwolle, Zuckerrohr (für Biosprit), Soja (für Tierfutter)
Ernteausfälle		
schlechte Böden	Verlust von Acker- und Weideland	
nicht standortangepasste Landwirtschaftsformen	Lagerungs- und Transportverluste	Spekulation an Nahrungsmittelbörsen
	steigende Lebensmittelpreise	
unzureichende Ausbildung der Landwirte	geringe Erträge	Krieg, Terrorismus, regionale Konflikte

M 9 Ursachen von Unter- und Mangelernährung (Auswahl)

Bevölkerungswachstum und Tragfähigkeit

Rein rechnerisch steht heute jedem Menschen eine Festlandsfläche von rund 50 km² zur Verfügung. Der Großteil der Kontinentalflächen gehört jedoch zur Anökumene. Und auch die restlichen Flächen sind nicht unbegrenzt nutzbar, denn die Menschheit kann ohne die natürliche Pflanzen- und Tierwelt nicht überleben. Mit dem Wachstum der Weltbevölkerung sinkt die zur Verfügung stehende nutzbare Fläche pro Einwohner immer weiter.

Schon im 19. Jahrhundert wurde in der Wissenschaft die Frage nach der **Tragfähigkeit** gestellt: Wie viele Menschen können auf der Erde ausreichend ernährt werden, wenn auch zukünftige Generationen das Recht haben, in einer intakten Umwelt mit einer hohen Lebensqualität zu leben?

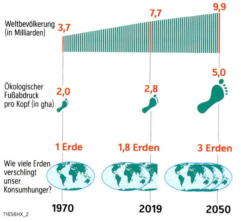

Weltbevölkerung (in Milliarden) 3,7 7,7 9,9

Ökologischer Fußabdruck pro Kopf (in gha) 2,0 2,8 5,0

Wie viele Erden verschlingt unser Konsumhunger?

1 Erde   1,8 Erden   3 Erden

11656HX_2

1970   2019   2050

M2 Weltbevölkerung und Erdverbrauch

Mit dem Modell des **ökologischen Fußabdrucks** lässt sich die Umweltbelastung anschaulich darstellen. Mit einem Rechenverfahren wird ermittelt, wie viel biologisch produktive Land- und Wasserflächen benötigt werden, um alle von einem Menschen (oder einem Land) konsumierten Produkte zu produzieren und die anfallenden Abfälle aufzunehmen. Im Jahr 2019 waren das im Durchschnitt 2,8 globale Hektar (gha) nutzbare Fläche pro Person. Zur Verfügung stehen jedem von uns aber nur 1,7 gha. Unser ökologischer Fußabdruck ist also viel größer, als es die Tragfähigkeit der Erde zulässt.

M3 Der ökologische Fußabdruck

Land	ökologischer Fußabdruck pro Kopf (in gha)	Einwohnerzahl (in Mio.)	Autos pro 1000 Einwohner	Nahrungsverfügbarkeit (in kcal pro Einwohner pro Tag)	Energieverbrauch (in Gigajoule pro Einwohner pro Tag)
Bangladesch	0,8	163	4	2596	9
Äthiopien	1,0	55	9	2304	15
Indien	1,2	1320	28	2517	25
Brasilien	2,8	207	364	3248	59
Deutschland	4,8	83	561	3556	165
USA	8,1	322	838	3766	294

M1 Ländervergleich zu ökologischem Fußabdruck und Ressourcenverbrauch

AUFGABEN

1 * a) Erkläre das Modell des ökologischen Fußabdrucks (M2, M3).
b) Berechne deinen eigenen ökologischen Fußabdruck (Internet).

2 „Wir Deutschen leben über unsere Verhältnisse." Beurteile diese Aussage (M1, M3).

3 Nennt Beispiele, wo aus eurer Sicht die Grenzen der Tragfähigkeit unserer Erde erreicht bzw. überschritten sind.

4 Erläutere das Konzept der Tragfähigkeit anhand des Erdverbrauchs (M2) und des Earth Overshoot Day (Internet).

Wir recherchieren Informationen über ein Land

Geographische Fragestellungen beschäftigen sich mit Räumen, etwa: Wie ist die demographische Situation in einem Land? Daher werden auch raumbezogene Informationen benötigt. Doch wie kommt man an gute, das heißt glaubwürdige, korrekte, aktuelle und relevante Informationen heran?

Oft ist es gar nicht so einfach, seriöse Quellen von persönlichen Meinungen zu unterscheiden. Viele unseriöse Quellen machen einen professionellen Eindruck. Gerade deshalb ist es wichtig, kritisch an die Quellen heranzugehen und transparent zu machen, woher die Informationen stammen.

TIPP

Informiere dich zum Beispiel auf den Homepages der Welthungerhilfe oder der DSW (Deutsche Stiftung Weltbevölkerung) über einzelne Länder.

Arbeitsschritte

Schritt 1: Ein Land wählen
- Wähle ein Land, welches sich deiner Meinung nach besonders für die Aufgabenstellung eignet.
- Beachte dabei, dass es schwierig werden kann, für manche Länder Daten zu beschaffen (Sprache, Aktualität, usw.).

Schritt 2: Informationsrecherche
- Überlege, welche Begriffe wichtig und charakteristisch für das Thema sind. Eine erste Orientierung kann der Atlas bieten.
- Suche weitere, möglichst seriöse Quellen, um Daten, Karten und andere Materialien zur Beantwortung der Fragestellung zu sammeln. Nutze auch Fachbücher, Fachzeitschriften sowie das Internet (siehe Tipp) und deinen Atlas.
- Prüfe, wenn möglich, Informationen mit einer zweiten Quelle, vor allem, wenn du dich in einem Fachgebiet oder im Land nicht auskennst und die Qualität der Quelle nicht beurteilen kannst.
- Dokumentiere und ordne deine Funde und notiere die Quellenangaben (M1).

Schritt 3: Auswertung und Präsentation
- Werte deine Funde aus, um die Situation im gewählten Land erklären zu können.
- Gestalte eine Präsentation mit einer solchen oder ähnlichen Gliederung:
  - geographische Einordnung des Landes
  - demographische Situation
  - Ernährungssicherung und Probleme
  - Schlussfolgerungen und Fazit
  - Quellenverzeichnis

Allgemeines:
- Quellenangaben sollten einheitlich ausgeführt sein.
- Kurzformen sind möglich, wenn die ausführliche Angabe im Anhang in einem Literaturverzeichnis erfolgt.
- Kürzungen im Originaltext sind erlaubt, wenn sie durch [...] kenntlich gemacht werden und nicht den Sinn entstellen.

Quellenangabe für eine Internetquelle:
- Nachnamen, Vornamen der Verfasserinnen/Verfasser: Titel des Quellentextes. In: Titel der Webseite, Erstellungsdatum. [Seitenadresse, abgerufen am (Datum des Abrufs)]
- *Schoepp, Sebastian: Erdbeeren aus der Wüste. In: Süddeutsche online, 19.5.2010. [www.sueddeutsche.de/wissen/andalusien-erdbeeren-aus-der-wueste-1.911034, abgerufen am 5.9.2018]*

Quellenangabe für einen Zeitungsartikel:
- Nachnamen, Vornamen der Verfasserinnen/Verfasser: Titel. In: Titel der Zeitung, Heftnummer/Datum der Ausgabe, Seitenangabe.
- *Shiller, Robert J.: Wenn Wohnen zu teuer wird. In: Süddeutsche Zeitung, 26.7.2017, S. 2.*

Quellenangabe für ein Buch:
- Nachnamen, Vornamen der Verfasserinnen/Verfasser: Titel. Verlag, Verlagsort, Erscheinungsjahr, ggf. Seitenangabe.
- *Marshall, Tim: Die Macht der Geographie. dtv-Verlag, München, 2017, S. 7.*

AUFGABEN

1 *Recherchiere zu einem geeigneten Land, wie sich die demographische Situation darstellt und welche Probleme es bei der Ernährungssicherung gibt. Gehe dabei wie in der Schrittfolge beschrieben vor.*

M1 Wie erstelle ich eine Quellenangabe?

Wo Menschen leben

Beschreibe die Lage der Orte und ordne sie den Begriffen Ökumene und Anökumene zu. Überprüfe, ob das immer eindeutig möglich ist.

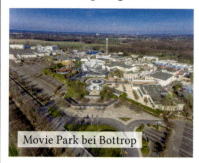

Movie Park bei Bottrop

Oasenstadt in Marokko

Palm Jumeirah in Dubai

Außenseiter

Entscheide, welcher Begriff in der Reihe nicht zu den anderen passt. Begründe deine Auswahl.

Ⓐ Geburtenrate – Sterberate – Wachstumsrate – Fertilitätsrate

Ⓑ hohe Geburtenrate – geringe Sterberate – demographischer Übergang Phase 2 – geringes Bevölkerungswachstum

Ⓒ Pyramidenform – Urnenform - Pakistan – hohe Geburtenrate

Ⓓ Regenwald – borealer Nadelwald – Antarktika – Ökumene

Ⓔ Unterernährung – geringe Bildungschancen – geringes Bevölkerungswachstum – hohe Geburtenrate

Karikaturauswertung

a) Interpretiere die Karikatur.

b) Nenne Ursachen und Folgen für Unter- und Mangelernährung auf der Erde.

Ein demographischer Ländervergleich

Ordne die Altersstrukturdiagramme begründet der Bevölkerung von Spanien bzw. Guatemala zu.

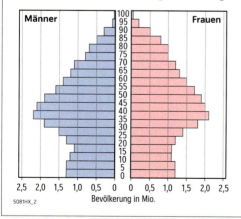

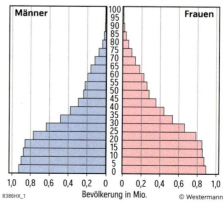

Guatemala
Lebenserwartung: 74*
Sterberate: 4,9**
Geburtenrate: 23,3**
Kinder pro Frau: 2,9

Spanien
Lebenserwartung: 83*
Sterberate: 9,2**
Geburtenrate: 8,7**
Kinder pro Frau: 1,4

*in Jahren; **pro Tausend

Bevölkerungsentwicklung der Erde seit 1950

a) Übernimm die Tabelle in dein Heft. Ermittle jeweils die Wachstumsrate in den Zeiträumen und ergänze sie in der Tabelle.

b) Zeichne ein Liniendiagramm, das den Verlauf von Geburten-, Sterbe-, und Wachstumsrate darstellt.

c) Untersuche, inwieweit das Modell des demographischen Übergangs anwendbar ist.

	1960	1965	1970	1975	1980	1985	1990	1995	2000	2005	2010	2015	2020
Geburtenrate	35,4	35,2	34,0	31,5	28,5	27,7	27,4	24,2	22,2	21,0	20,3	19,5	18,5
Sterberate	17,4	16,1	13,5	12,0	10,8	10,0	9,5	9,1	8,8	8,5	8,0	7,7	7,5

Bevölkerung Kenias

Verfasse einen Bericht über die Bevölkerung Kenias für eine Schülerzeitung.

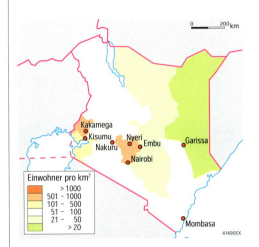

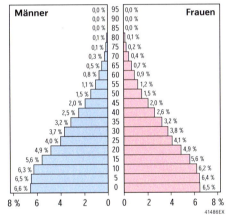

Jahr	Einwohner	Jahr	Einwohner
1950	6,1 Mio.	2010	42,0 Mio.
1960	8,1 Mio.	2020	53,8 Mio.
1970	11,3 Mio.	2030	66,5 Mio.
1980	16,4 Mio.	2040	79,5 Mio.
1990	22,9 Mio.	2050	91,6 Mio.
2000	31,9 Mio.		

Lebenserwartung in Jahren / Fertilitätsrate (Kinder pro Frau)

Grundbegriffe

Altersstruktur
Anökumene
Bevölkerungs-
 dichte
demographisch
demographischer
 Übergang
demographischer
 Wandel
Fertilitätsrate
Geburtenrate
Lebenserwartung
Mangelernährung
natürliches
 Bevölkerungs-
 wachstum
ökologischer
 Fußabdruck
Ökumene
Sterberate
Tragfähigkeit
Unterernährung
Vereinte Nationen
Wachstumsrate

2 Globale Disparitäten

Mumbai (Indien)

M1 Schulweg in den Bergen Chinas

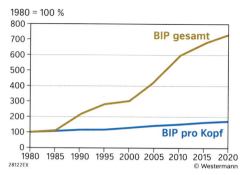

M3 Das globale Bruttoinlandsprodukt

Disparitäten

INFO

Im BIP werden die Werte aller in einem Jahr hergestellten Waren und geleisteten Dienstleistungen eines Landes zusammenge-rechnet. Es wird meist in US-Dollar angege-ben.

Mit dem Auto oder dem Flugzeug den Urlaubsort erreichen – für die meisten Deutschen ist das nichts Besonderes. Die Einkommen sind so hoch, dass sie neben den alltäglichen Ausgaben auch auf größere Anschaffungen wie ein Auto oder eine Flugreise sparen können. Dagegen sind für die meisten Einwohner Burundis Ferienreisen unmöglich. Auch bei anderen Grundbedürfnissen gibt es deutliche Unterschiede.

Eine Ursache für diese Gegensätze liegt in der unterschiedlichen Wirtschaftskraft der Staaten, die eine Grundlage für das verfügbare Einkommen der Menschen ist. Sie wird unter anderem mit dem **Bruttoinlandsprodukt** (BIP) beschrieben.

Trotz der Fortschritte in den letzten Jahrzehnten, in denen viele bislang sehr arme Länder an Wirtschaftskraft gewonnen haben, sind weiterhin lebensnotwendige Güter unterschiedlich verteilt. Die daraus resultierenden verschiedenen Lebensbedingungen werden auch als globale **Disparitäten** bezeichnet.

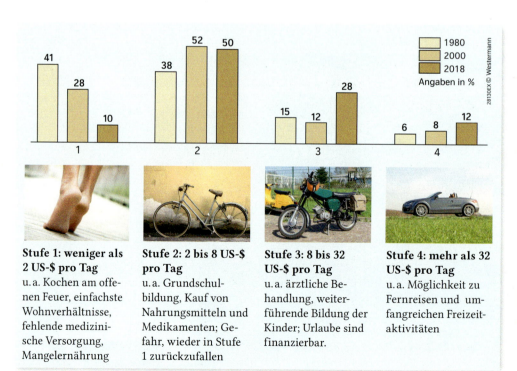

Stufe 1: weniger als 2 US-$ pro Tag
u. a. Kochen am offenen Feuer, einfachste Wohnverhältnisse, fehlende medizinische Versorgung, Mangelernährung

Stufe 2: 2 bis 8 US-$ pro Tag
u. a. Grundschulbildung, Kauf von Nahrungsmitteln und Medikamenten; Gefahr, wieder in Stufe 1 zurückzufallen

Stufe 3: 8 bis 32 US-$ pro Tag
u. a. ärztliche Behandlung, weiterführende Bildung der Kinder; Urlaube sind finanzierbar.

Stufe 4: mehr als 32 US-$ pro Tag
u. a. Möglichkeit zu Fernreisen und umfangreichen Freizeitaktivitäten

M2 Verteilung der Einkommen weltweit

AKTIV

Disparitäten auf der Erde darstellen

1. Bildet in eurer Klasse fünf Gruppen. Jede Gruppe wählt einen Kontinent aus M 4: Nordamerika, Lateinamerika, Afrika, Europa oder Asien.
2. Klebt mit Malerkreppband ein Rechteck der Größe 2 m mal 1,5 m auf dem Fußboden ab, das die gesamte Landfläche der Erde darstellen soll. Steckt darin den Anteil der Landfläche eurer Region und darin den Anteil der Landwirtschaftsfläche ab.
3. Veranschaulicht mit den vorgeschlagenen Materialien (siehe rechts) die Wirtschaftskraft, die Ernährungssituation, den Energieverbrauch und die Trinkwasserversorgung eurer Region.
4. Stellt eure Region den anderen Gruppen vor.
5. Die Weltbevölkerung verteilt sich auf die Regionen ganz unterschiedlich. Teilt eure Klasse so auf die einzelnen Regionen auf, wie es dem Anteil der Weltbevölkerung entspricht. Diskutiert diese Situation unter dem Aspekt der Gerechtigkeit.
6. Haltet euer Ergebnis in einem Foto oder kurzen Videoclip fest.

vorgeschlagene Materialen:
- Bonbons für die Wirtschaftskraft pro Region: 1 Bonbon ≙ 1 000 US-Dollar / Einwohner
- Erdnüsse für den Kalorienverbrauch pro Tag und Einwohner: 1 Erdnuss ≙ 100 Kilokalorien
- Schokostück für den Energieverbrauch pro Einwohner: 1 Schokostück ≙ 1 kg Energie
- klares und gefärbtes Wasser für sicheres bzw. unsicheres Trinkwasser
- Handys für Internetanschluss: 1 Handy ≙ 10 % der Haushalte

	Nord-amerika	Latein-amerika	Afrika	Europa	Asien
Anteil an Landfläche der Erde (in %)	15	15	23	17	24
davon landwirtschaftlich nutzbar (in %)	25	40	40	20	50
Bruttoinlandsprodukt (in US-$ pro Einwohner)	60 000	9 000	3 000	30 000	8 000
Kalorienverbrauch (in kcal pro Einwohner pro Tag)	3 800	2 800	2 400	3 300	2 500
Energieverbrauch (in kg pro Einwohner pro Tag)	6	1,5	0,5	3,5	1,5
Zugang zu sauberem Trinkwasser (in %)	100	94	70	100	87
Anteil von Haushalten mit Internetanschluss (in %)	95	67	35	85	48
Bevölkerung (in Mio.)	368	651	1 350	750	4 600
Anteil an der Weltbevölkerung (in %)	5	8	17	10	60

M 4 Kontinente im Vergleich (Daten von 2017 bis 2020)

AUFGABEN

1 Vergleiche den Schulweg in M 1 mit deinem eigenen Schulweg.

2 * a) Beschreibe die Entwicklung des BIP und des BIP pro Kopf auf der Erde (M 3).
b) Diskutiert die unterschiedlichen Entwicklungen.

3 Stellt die Disparitäten auf der Erde mithilfe der Schrittfolge dar (Aktiv-Kasten).

4 Beschreibe die Entwicklung der Einkommen (M 2).

5 Begründe, dass es nicht nur globale, sondern zum Beispiel auch lokale Disparitäten gibt (S. 28/29).

Burundi – viele
Menschen leiden
unter Armut und
Hunger

Das fünftärmste
Land der Welt –
wie weiter?

Burundi will den
Weg aus der Ar-
mutsfalle finden

M1 Schlagzeilen
zu Burundi

M2 Familie in Burundi (monatliches Einkommen: 29 US-Dollar pro Erwachsenem)

M4 Wohn- und Schlafzimmer der Familie
aus M2

Reichtum und Armut

Reichtum gleich Überfluss, Armut gleich leerer Bauch? Das stimmt und stimmt auch wieder nicht. Mit seinem Besitz kann ein und derselbe Mensch in einem Land zu den Armen und in einem anderen Land zu den Reichen gehören. Daher gibt es verschiedene Ansätze, Armut zu beschreiben, zu messen und letztlich zu vergleichen.

Mit **absoluter Armut** werden die Lebensverhältnisse eines Menschen beschrieben, dessen Versorgung der Grundbedürfnisse nicht gegeben ist. Dies betrifft nach Definition der Weltbank alle, deren verfügbares Einkommen unter 1,90 US-Dollar pro Tag und Kopf liegt. Von extremer Armut wird gesprochen, wenn das Einkommen weniger als 1,25 US-Dollar pro Tag und Kopf beträgt.

Von **relativer Armut** sind Personen betroffen, deren Einkommen unter der jeweiligen Armutsschwelle des Landes liegt. In Deutschland liegt diese Schwelle bei 60 Prozent des mittleren Einkommens.

In den letzten Jahrzehnten haben sich die Lebensverhältnisse für viele Menschen verbessert, aber die Unterschiede zwischen armen und reichen Regionen sind immer noch groß.

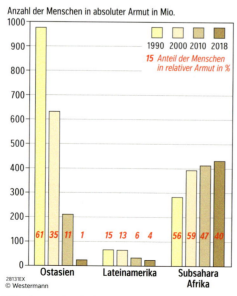

28131EX
© Westermann

M3 Armut in drei Weltregionen

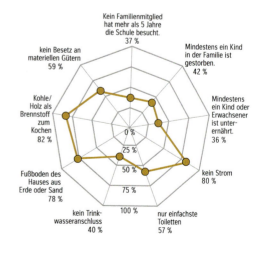

41523EX

M5 Lebensbedingungen in Burundi

M 6 Toilette der Familie aus M 2

M 8 Küche der Familie aus M 2

TIPP

Mit dem Projekt „Million Dollar Street" hast du die Möglichkeit, den Alltag von über 250 Familien aus mehr als 50 Ländern kennenzulernen. Hier findest du Fotos, die einen Einblick in ihren Alltag vermitteln.

Arcade ist 28 Jahre alt, seine Frau Jeannine 25. Sie leben mit ihrer Tochter und den Zwillingen in der Provinz Makamba in Burundi. Seit drei Jahren wohnen sie nicht mehr bei Arcades Eltern, sondern in ihrem eigenen Haus mit einem Schlafzimmer. Da das Haus keinen Stromanschluss besitzt, muss Jeannine das Essen auf einem Holzofen zubereiten. Neben der Holzbeschaffung, die sie sich mit ihrem Mann teilt, ist Jeannine auch für das Wasserholen aus dem Brunnen im Dorfzentrum verantwortlich. Arcade geht täglich zu einer in der Nähe liegenden Plantage. Wenn er Glück hat, werden dort Erntehelfer gebraucht. Dann kann er etwas Geld verdienen.
Obwohl das Paar zusammen über 80 Stunden in der Woche arbeitet, z. B. um den Großteil ihrer Nahrungsmittel selbst anzubauen, können die beiden kaum etwas Geld ansparen. Trotzdem hoffen sie, bald ein richtiges Bett kaufen zu können.

M 7 Familie Kabura aus Burundi (siehe M 2)

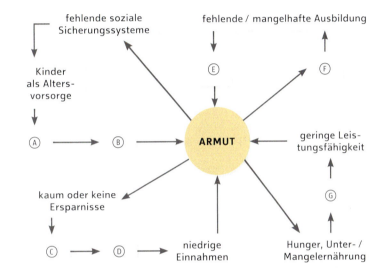

① mangelhaftes Bildungssystem
② geringe Produktivität
③ schlechter Gesundheitszustand
④ niedrige Investitionen
⑤ Mangel an Arbeitsplätzen
⑥ hohe Geburtenrate / Fertilität
⑦ niedrige Löhne

M 9 Wirkungsgefüge zu Armut

AUFGABEN

1 *Notiere, was für dich arm bzw. reich bedeutet. Diskutiert darüber in der Klasse oder führt eine Umfrage dazu durch.*

2 *a) Beschreibe die Lage Burundis und die Lebensbedingungen im Land (Atlas, M 5).*
b) Vergleiche das Leben von Familie Kabura und das deiner Familie (M 7).

3 *Arbeite mit dem Million-Dollar-Street-Projekt: Erstelle einen Fotovergleich vom Alltag von drei Familien, die über verschieden hohe Einkommen verfügen.*

4 *Untersuche die Entwicklung der Armut in den drei Weltregionen in M 3.*

5 *a) Ordne die Satzbausteine in das Wirkungsgefüge zur Armut ein (M 9).*
b) Erläutere die Zusammenhänge, die zu Armut führen.
c) Entwickelt zu zweit Ideen, wie Burundi Wege aus der Armut finden kann.

6 *„In Deutschland ist kein Mensch von Armut betroffen". Beurteile diese Aussage.*

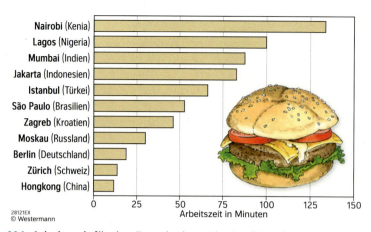

Nairobi (Kenia)
Lagos (Nigeria)
Mumbai (Indien)
Jakarta (Indonesien)
Istanbul (Türkei)
São Paulo (Brasilien)
Zagreb (Kroatien)
Moskau (Russland)
Berlin (Deutschland)
Zürich (Schweiz)
Hongkong (China)

Arbeitszeit in Minuten

28121EX
© Westermann

M1 Arbeitszeit für den Erwerb eines BigMac (2018)

Disparitäten messen

Wir leben zwar in „einer Welt", aber in dieser sind die wirtschaftlichen, sozialen, kulturellen und politischen Unterschiede groß. In einer groben Einteilung unterscheidet man bis heute zwischen Industrie-, Schwellen- und Entwicklungsländern. Für diese Einteilung gibt es allerdings keine international anerkannten Abgrenzungskriterien.

So werden heute zahlreiche weitere, statistisch erfassbare Einzelindikatoren für die Beschreibung des Entwicklungsstandes von Staaten herangezogen. Die gängigste Maßzahl der wirtschaftlichen Stärke und Dynamik eines Landes ist das Bruttoinlandsprodukt. Das BIP lässt allerdings nur bedingt Rückschlüsse auf die konkreten Arbeits-, Lebens- und Umweltbedingungen zu.

Der 1990 entwickelte **Human Development Index** (HDI, Index für menschliche Entwicklung) verbindet wirtschaftliche und soziale Dimensionen, die wesentliche Grundbedürfnisse des Menschen erfassen.

Alternativ zum HDI wurden weitere komplexe Indikatoren, wie zum Beispiel der Multidimensional Poverty Index (MPI, Index für mehrdimensionale Armut) oder der **Gender Development Index** (GDI, Index der geschlechtsspezifischen Entwicklung) entwickelt. Der GDI beschreibt das Verhältnis aus den getrennt nach Frauen und Männern ermittelten HDI-Werten. Je kleiner der GDI, desto stärker sind Frauen gegenüber Männern benachteiligt.

Indikator (Anzeiger, Messgröße)	Burundi	Deutschland
Zugang zu sauberem Trinkwasser (in %)	59,6	100
Anzahl der Ärzte pro 1000 Einwohner	0,05	4,33
Säuglingssterblichkeit pro 1000 Geburten	42,6	3,3
Anteil am BIP (in %)		
• primärer Sektor	28,9	0,8
• sekundärer Sektor	10,9	26,8
• tertiärer Sektor	60,2	72,4
Exporte in Mrd. US-$	0,3	1489
Importe in Mrd. US-$	0,9	1234
CO_2-Emissionen pro Einwohner in t	< 0,1	9,1
Internetnutzer pro 100 Einwohner	2,7	87
Gesundheitsausgaben pro Einwohner in US-$	23,5	5033

M2 Ausgewählte Entwicklungsindikatoren von Deutschland und Burundi 2019

Industrieländer

• sehr hohe Wirtschaftskraft
• hoher Anteil des Dienstleistungssektors und hochwertiger Industrie
• moderne, gut ausgebaute Infrastruktur
• hoher Bildungsstandard und gute medizinische Versorgung
• hohe Lebenserwartung
• stabile politische Verhältnisse
• Beispiele: Australien, Europäische Staaten, Japan, USA

Schwellenländer

• überdurchschnittliches, hohes jährliches Wirtschaftswachstum
• industrielle Entwicklung
• Investitionen in den Ausbau der Infrastruktur (Verkehr, Gesundheit, Bildung)
• hohe Arbeitsproduktivität bei geringen Lohnkosten
• hohe Exportquote von Fertigwaren
• steigende Lebenserwartung
• Beispiele: Brasilien, Chile, Indien, Malaysia, Südafrika

Entwicklungsländer

• geringe Wirtschaftskraft mit hohem Anteil der Landwirtschaft und Rohstoffindustrie
• hohe Verschuldung
• geringes Pro-Kopf-Einkommen
• fehlende oder mangelhafte Infrastruktur
• eine oft extrem ungleiche Verteilung der vorhandenen Güter
• niedrige Lebenserwartung
• Beispiele: Staaten Afrikas südlich der Sahara

M3 Merkmale von Industrie-, Schwellen- und Entwicklungsländern

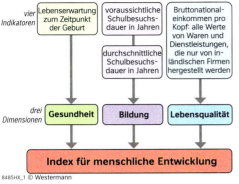

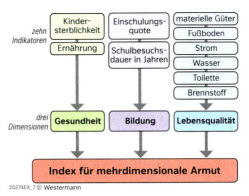

8485HX_1 © Westermann

M4 Indikatoren und Dimensionen des HDI

20274EX_7 © Westermann

M7 Indikatoren und Dimensionen des MPI

INFO

Der Ansatz der mehrdimensionalen Armut versucht, Armut nicht allein über das Einkommen, sondern über die konkreten Lebensbedingungen zu beschreiben, die für ein erfülltes und menschenwürdiges Leben unumgänglich sind (siehe S. 32, M5).

MPI für afrikanische Länder südlich der Sahara:
- Südafrika 6,3 %
- Uganda 55,1 %
- Südsudan 91,9 %

MPI in Uganda:
- Hauptstadt 6 %
- ländlicher Raum 96 %

	HDI* gesamt	HDI* Männer	HDI* Frauen	GDI*	MPI**
Arabische Staaten	0,705	0,743	0,636	0,856	15,8 %
Ostasien	0,747	0,760	0,731	0,961	5,4 %
Europa / Zentralasien	0,791	0,806	0,768	0,953	1,0 %
Lateinamerika/ Karibik	0,766	0,772	0,755	0,979	7,2 %
Südasien	0,641	0,692	0,570	0,824	29,2 %
Afrika südlich der Sahara	0,547	0,577	0,516	0,894	55,0 %

*HDI und GDI können Werte zwischen 0 (niedrigste Entwicklung) und 1 (höchste Entwicklung) annehmen.
** von mehrdimensionaler Armut betroffener Bevölkerungsanteil (siehe Info)

M5 HDI, GDI und MPI nach Regionen (Stand 2020)

Seit 2008 ist „das Glück der Bewohner" im kleinen Himalaya-Staat Bhutan (siehe Foto) als Ziel in der Verfassung festgeschrieben. In landesweiten Umfragen werden individuelle Einschätzungen zum eigenen seelischen und gesundheitlichen Wohlbefinden, zur persönlichen Bildung, zum Lebensstandard und zur Qualität der Regierungsführung erfragt. Die Ergebnisse werden im „Gross-National-Happiness-Index" zusammengefasst, der die Grundlage für weitere Entwicklungsziele des Landes bildet.

M6 Glück als Entwicklungsindikator

AUFGABEN

1 *Diskutiert die Aussage des Diagramms in M1.*

2 *a) Ordne die Indikatoren dem wirtschaftlichen bzw. dem sozialen Bereich zu (M2).*
b) Beschreibe den Entwicklungsstand von Burundi und Deutschland (M2).
c) Ordne Burundi begründet einer der Kategorien Industrie-, Schwellen- oder Entwicklungsland zu (M3).

3 *a) Stelle die wesentlichen Unterschiede zwischen dem BIP und dem HDI als Entwicklungsindikatoren dar.*

b) Vergleiche die Entwicklungsindikatoren HDI, GDI und MPI (M4, M7).

4 *a) Analysiere den Entwicklungsstand der Erde nach Regionen (M5).*
b) Erkläre die Grenzen der Aussagekraft von Indikatoren auf verschiedenen Maßstabsebenen (M5, Info).

5 *Beurteile die Aussagekraft alternativer Indikatoren (M1, M6).*

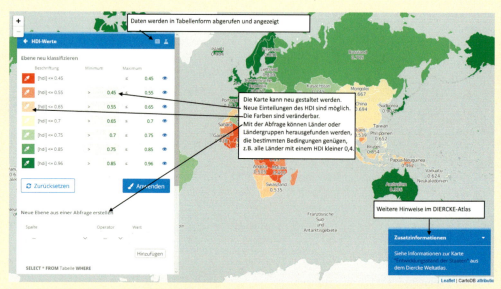

M 2 Grundfunktionen des Diercke WebGIS (Karte „Entwicklungsstand der Staaten")

Wir arbeiten mit einem Geographischen Informationssystem

Ein **Geographisches Informationssystem** (GIS) ist eine Datenbank, die geographische Objekte (z. B. ein Land) mit zugehörigen Sachdaten (Fläche, Einwohnerzahl, Wachstum der Bevölkerung) verbindet. Die geographischen Objekte werden als Punkt (z. B. eine Stadt, ein Berg oder eine Mülldeponie), Linie (z. B. ein Fluss, eine Straße oder eine Rohrleitung) oder Fläche (z. B. ein See, ein Land, ein Feld) erfasst und digital gespeichert. An diese Geometriedaten werden die Sachinformationen gekoppelt und in der Datenbank abgelegt. Die so gespeicherten Informationen können als thematische Karte, darüber hinaus auch als Tabelle abgerufen werden.

Die ersten GIS entstanden Ende der 1960er-Jahre in den USA. Zunächst fand diese Software Anwendung in der Forschung. Seit den 1980er-Jahren werden GIS vermehrt in der Wirtschaft verwendet. Für Planungsbüros, Versandhäuser und Logistikunternehmen ist es ein alltägliches Arbeitsmittel. Aber auch im privaten Bereich werden GIS im Navigationssystem oder bei digitalen Kartendiensten genutzt. Da hier die auf einem Server liegenden Daten über das Internet abgerufen werden, spricht man von WebGIS-Anwendungen.

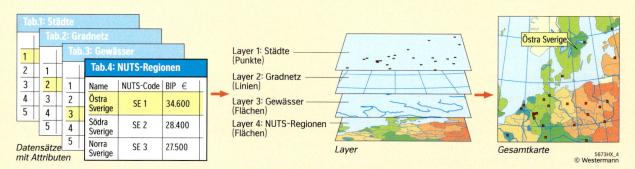

M 1 Das Prinzip der Layer – ein GIS ist aus verschiedenen Schichten (Layern) zusammengesetzt.

Arbeitsschritte

Schritt 1: Startseite von WebGIS öffnen

- Öffne die Seite des Kartendienstes:
  http://www.diercke.de/diercke-webgis
- Wähle einen Kartendienst aus (unten z. B. „Erde – Entwicklungsstand der Staaten" für eine Karte zum HDI).

Schritt 2: Überblick verschaffen (M 2)

- Kläre Begriffe und Einheiten in der Legende. Welche Ansichten sind möglich?
- Orientiere dich auf der Karte und wähle den Raumausschnitt entsprechend der Aufgabenstellung.

Schritt 3: Kartendarstellung anpassen

- Du kannst die vorliegenden Daten neu klassifizieren und benennen, Bezeichnungen bzw. Farben in der Legende ändern (siehe M 3).

Schritt 4: Abfragen erstellen / auswerten

- Um spezielle Fragen (z. B.: „Welche Länder haben einen HDI zwischen 0,5 und 0,6?") zu klären, kannst du die Daten filtern. Dazu musst du eine Abfrage erstellen (siehe M 4).
- Tipp: Schau dir vorher die Tabellenansicht an, um zu sehen, welche Daten verfügbar sind bzw. was die Abkürzungen der Spaltennamen bedeuten.

Schritt 5: Abschluss und Fazit

- Sichere deine erstellten Karten (Screenshot).
- Diskutiert offene Fragen bzw. die Grenzen eines WebGIS: Was kann die Anwendung leisten und was nicht? Wo liegen Fehlerquellen und Manipulationsmöglichkeiten?

Die meisten WebGIS bieten die Möglichkeit an, Karten nach eigenen Vorstellungen zu gestalten.

Beispiel: Erstellt eine Karte, die den Entwicklungsstand der Länder der Erde in drei Gruppen gliedert.

1. Erstelle eine eigene Klassifikation. Überlege dir dazu eine eigene Abstufung und stelle die Bereiche, Farben und Bezeichnungen neu ein.
2. Stelle die neue Karte dar. Beurteile die Aussagekraft der Karte und nimm möglicherweise weitere Änderungen vor, die die Strukturen deutlicher sichtbar machen.
3. Analysiere das Resultat.

M 3 Karten gestalten

Mit WebGIS ist es auch möglich, einfache oder kombinierte Abfragen zu erstellen. Dazu werden für ein Merkmal eine Bedingung oder mit den logischen Operatoren UND bzw. ODER verknüpfte Bedingungen festgelegt.

Beispiel: Finde alle Länder der Erde, die einen überdurchschnittlich hohen bzw. geringen Entwicklungsstand aufweisen.

1. Überlege dir Abgrenzungskriterien.
2. Gebe die Abfrage entsprechend der Kriterien ein.
3. Lass dir das Resultat als Tabelle und als Karte darstellen.
4. Analysiere das Ergebnis.

M 4 Abfragen erstellen

AUFGABEN

1 Erkläre das Prinzip der Layer, auf dem GIS beruhen.

2 * a) Erstelle eine Karte zum HDI mit drei Klassen (niedrig, mittel, hoch).
b) Welche Länder haben einen HDI kleiner als 0,5?

3 Öffne den Kartendienst „Erde – BIP der Staaten". Gibt es Länder, deren HDI niedriger, aber deren BIP höher ist als in Deutschland?

„Entwicklungsländer sind Länder, die sich schon entwickelt haben und Industrieländer sind Länder mit viel Industrie."
(Max, 16 Jahre)

M 1 Beispielantwort zu der Frage „Was bedeutet für dich der Begriff Entwicklungsland?" aus einem Interview mit Schülerinnen und Schülern einer 10. Klasse im Jahr 2017

Länder des Globalen Südens?

Noch bis in die 1950er-Jahre bezeichnete man die Entwicklungsländer als „rückständige Länder". Da dies als Abwertung empfunden wurde, etablierte sich zwischenzeitlich der Begriff „unterentwickelte Länder". Beide Begriffe lassen den Eindruck einer Abweichung von einer Norm entstehen, obwohl über 80 Prozent der Weltbevölkerung in diesen Ländern leben. Diese Sichtweise wird daher als **eurozentrisch** kritisiert.

In der Folge etablierte sich der Begriff „Entwicklungsländer" in Abgrenzung zu den „Industrieländern". Aber auch hier gibt es Kritik. Der Geograph Fred Scholz meint: „Das Ver-

ständnis von Entwicklung ist so verschieden wie die Zahl jener, die diesen Begriff anwenden." Daraus ergeben sich mehrere Fragen, etwa: Welches Ziel soll diese Entwicklung haben? Oder: Befinden sich Industrieländer nicht ebenfalls in Entwicklung?

In den meisten Industrieländern wird die wirtschaftliche Entwicklung vom tertiären Sektor beherrscht, was eine sprachliche Herleitung wie in M 1 („Länder mit viel Industrie") ungünstig erscheinen lässt. In der politischen Öffentlichkeit wird daher heutzutage häufig vom „**Globalen Süden**" und vom „Globalen Norden" gesprochen.

M 2 Begriffschaos

M 3 Karikatur „Nord-Süd"

M 5 Länder des globalen Südens

Legende:
- G7-Staaten — Globaler Norden
- LDC-Staaten — Globaler Süden

© Westermann

28129EX

Die wertende Note, die der Begriff „Entwicklungsland" mit sich führt, soll durch die geographische Umschreibung „Globaler Süden" neutralisiert werden. Vor allem Nichtregierungsorganisationen (z. B. Südwind e. V.) und Bildungseinrichtungen (z. B. Global South Studies Center der Universität zu Köln) bedienen sich daher dieser Bezeichnung.

Dennoch wird der Begriff „Entwicklung" bei anderen internationalen Organisationen (Entwicklungshilfeplan der Vereinten Nationen), staatlichen Institutionen (Bundesministerium für wirtschaftliche Zusammenarbeit und Entwicklung) oder auch in zahlreichen Schulbüchern weiterhin benutzt.

M 4 Länder des „Globalen Südens" – eine einheitliche Lösung?

Auch die Gliederung der Welt in Länder des „Globalen Nordens" und des „Globalen Südens" steht in der Kritik, da es keine klare Grenze zwischen dem Norden und dem Süden gibt. Der Äquator kann nicht als Trennlinie angesehen werden, da viele Länder des „Globalen Südens" auf der Nordhalbkugel liegen. Umgekehrt liegen Australien und Neuseeland südlicher als die meisten Länder des „Globalen Südens".

Dennoch ist mit Ausnahme vor allem von Australien und Neuseeland ein deutliches Nord-Süd-Gefälle auf der Weltkarte erkennbar. Als Beispiel können dafür die G7-Staaten (Bündnis führender Wirtschaftsmächte) und die etwa 40 Least Developed Countries (siehe Info) angeführt werden.

M 6 Kritik am Begriff Länder des „Globalen Südens"

INFO

Als Least Developed Countries (LDC, deutsch: am wenigsten entwickelte Länder) wird eine Gruppe von Ländern bezeichnet, welche die niedrigsten HDI-Werte weltweit aufweisen.

AUFGABEN

1 a) Beschreibe die Verteilung der Länder des „Globalen Südens" auf der Erde.
b) Stelle Vorteile und Nachteile der Einteilung „Globaler Norden / Globaler Süden" in einer Tabelle gegenüber.

2 * Stelle Vermutungen darüber an, ob Menschen in Australien, Chile oder Südafrika unsere eurozentrische Weltsicht teilen würden.

3 a) Führt eine Umfrage zur Bekanntheit der Begriffe in M 2 durch.

b) Verfasse einen Dialog, in dem du Max erläuterst, warum seine Definition problematisch ist und welchen Begriff er besser nutzen sollte (M 1).

4 Werte die Karikatur in M 3 aus. Gehe dabei auch auf den Unterschied zwischen globalen und regionalen Disparitäten ein.

M1 Die Stadtviertel Paraisópolis (links) und Morumbi (rechts)

M3 Lage São Paulos in Brasilien

São Paulo – Leben in zwei Welten

Der Großraum São Paulo ist nicht nur das führende Wirtschaftszentrum Brasiliens, sondern auch der größte industrielle Ballungsraum Lateinamerikas. Ein Drittel aller Industriebeschäftigten Brasiliens lebt hier und erwirtschaftet etwa 30 Prozent des Wertes aller Industrieprodukte. Zahlreiche internationale Unternehmen sind hier tätig, so zum Beispiel auch deutsche Automobilhersteller.

Etwa ein Drittel der elf Millionen Einwohner São Paulos lebt in **Favelas**. Favelas gelten als gefährliche Orte mit hoher Kriminalitätsrate. Doch hier leben auch Fabrikarbeiter, Verkäufer, Hausmeister und Taxifahrer und manchmal auch Lehrer und Architekten. Viele von ihnen arbeiten tagsüber außerhalb ihres Viertels.

Die Stadtregierung ist unschlüssig: Soll sie die Favelas abreißen lassen und die Bewohner vertreiben? Oder soll sie die Favelas in die Stadt eingliedern und zum Beispiel Strom- und Wasseranschlüsse oder asphaltierte Straßen bereitstellen?

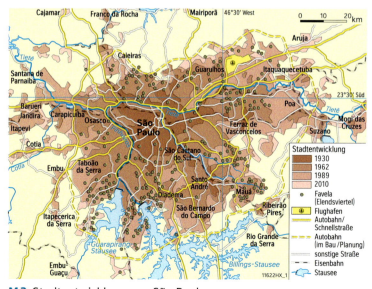

M2 Stadtentwicklung von São Paulo

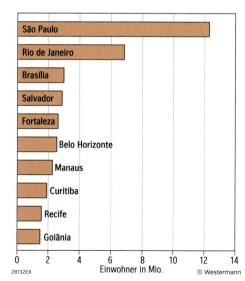

M4 Brasiliens zehn größte Städte (2020)

„São Paulo ist die Stadt der Gegensätze. Auf der einen Seite gibt es viele Favelas und auf der anderen Seite einige **Gated Communitys** – manchmal sogar direkt nebeneinander  gelegen. Die Favelas in São Paulo stören das schöne Bild der Stadt und ich denke, die reichen Menschen in den Gated Communitys haben Angst vor Kriminalität und schotten sich deswegen vor ärmeren Gesellschaftsgruppen ab.

Die direkte Nachbarschaft zu den Favelas stört mich auch ein wenig, obwohl ich manchmal auch Mitleid mit diesen armen Menschen habe. Dennoch ist mir der größtmögliche Abstand am liebsten, sodass meine Familie wohlbehütet ist. In einer Gated Community würde ich aber auch nicht leben wollen, da würde ich mich eingesperrt fühlen. Ich frage mich oft, ob ein gemeinsames Zusammenleben ohne Grenzen in Zukunft einmal möglich sein wird."

M 5 Valentina berichtet.

„Vor einem Jahr bin ich mit meiner Familie aus dem Nordosten hierher in die Favela gezogen. Über Nacht und ohne Anmeldung bei den Behörden habe ich mit Freunden meine Hütte aus Bauholz, Plastik und Bruchsteinen gebaut. Das Dach ist dicht und beim Nachbarn habe ich eine Stromleitung angeschlossen. Zurzeit baue ich ein Entwässerungssystem, damit das Haus bei Starkregen nicht weggeschwemmt wird. Schlammig ist es trotzdem. Wir haben keine asphaltierten Straßen.

Wir schlafen jetzt mit sechs Personen im Haus. Als Taxifahrer verdiene ich umgerechnet 230 Euro im Monat. Ich bin reich! Die Unterkunft ist kostenlos. Manchmal holen wir uns Lebensmittel aus den Abfällen der Reichen oder von der nahe gelegenen Deponie. Für die Schule meiner Kinder und für Kleider reicht mein Verdienst. Für kleine Zusatzwünsche ist der Lohn meiner Frau wichtig. Sie ist Waschfrau bei reichen Leuten."

M 7 Ricardo berichtet.

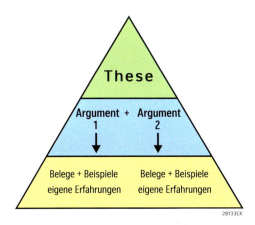

M 6 Dreischritt der Argumentation

<u>ROLLENKARTE:</u> *Vertreter der* <u>*Gated Communitys*</u>

- **Name:** *Roberto de la Squesa*
- **Beruf:** *Pilot*
- **Anliegen / These:** *Die Favelas müssen geräumt werden!*
- **Begründung:** → *Gefahr der Kriminalität*
  → *Sicherheit der eigenen Familie*
  → *von oben ergibt sich ein unschönes Stadtbild*
  → *Die Stadt sollte eher auf- als abgewertet werden.*
  → *mehr Platz für Gated Communitys*
- **Fazit:** *sofortige Räumung der Favelas!*
- **Kompromissbereitschaft:** *nur sehr eingeschränkt, weil …*

M 8 Beispiel einer Rollenkarte

AUFGABEN

1 *Überlege Gründe, warum es zu solchen Wohnsiedlungen (direkt nebeneinander) kommt (M 1)?*

2 *Beschreibe die Lebensbedingungen in São Paulo. Gehe dabei auch auf die Stadtentwicklung ein (M 1, M 2, M 5, M 7).*

3 * *a) Führt ein Rollenspiel zum Thema „Eingliederung oder Räumung der Favelas?" durch (M 6, M 8).*
b) Dokumentiert die Ergebnisse als Zeitungsbericht.

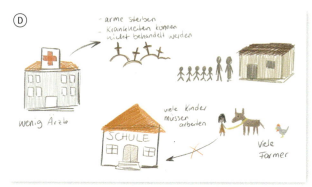

M1 300 Schülerinnen und Schüler in NRW haben gezeichnet, wie sie sich ein Entwicklungsland vorstellen.

Stereotype und Vorurteile

Stereotype sind nachgeahmte Vorstellungen von Gegenständen, Personen oder Gruppen. Ein Beispiel für ein Stereotyp ist: Alle Menschen in Entwicklungsländern wohnen in Lehmhütten.

Vorurteile sind Urteile, die ohne vorherige Erfahrung über etwas gefällt wurden. Sie beinhalten im Gegensatz zu Stereotypen eine Wertung, meistens in Form einer ablehnenden Haltung. Ein Beispiel für ein Vorurteil: Alle Menschen aus Entwicklungsländern sind gefährlich.

Sowohl Stereotypen als auch Vorurteile haben eine individuelle und gesellschaftliche Funktion. Sie dienen dazu, die Welt für uns überschaubar zu machen, sodass wir leichter Entscheidungen treffen können. Situationen und Personen müssen dadurch nicht immer wieder neu bewertet und interpretiert werden.

Wer in Stereotypen oder Vorurteilen denkt, ist weniger unsicher. Indem beispielsweise andere Personen oder Gruppen abgewertet werden, steigt das eigene Selbstwertgefühl und gleichzeitig das Zusammengehörigkeitsgefühl mit Personen, die genauso denken wie man selbst. Gleichzeitig erschweren oder verhindern solche Denkweisen neue Erfahrungen und den Kontakt zu den Gruppen, über die Vorurteile bestehen.

Stereotype und Vorurteile sind überaus widerstandsfähig gegenüber Veränderungen, da sie Teil der Persönlichkeit sind. Konträr zum Vorurteil nimmt ein Stereotyp zwar auf Vorerfahrungen Bezug, diese werden aber nicht weitreichend reflektiert und abgewogen.

Es ist durchaus möglich, dass fest verankerte Stereotype im Gedächtnis bestehen, derer sich der Mensch selbst jedoch nicht bewusst ist. Diese gelangen meist erst dann ins Bewusstsein, wenn die Menschen mit verschiedenen Beispielen in Konfrontation geraten, die ihren Vorurteilen und Stereotypen widersprechen.

Angaben in %

⬜	kein Bild
⬜	zusammenhanglose, vereinzelte Stichwörter
🟧	Bildtyp A
🟨	Bildtyp B
🟫	Bildtyp C
🟩	Bildtyp D

28123EX   © Westermann

M2 Die Verteilung der Bildtypen (M1)

M3 Werbeplakat der Kindernothilfe

HIV auf dem Rückzug – In den besonders stark von der Epidemie betroffenen Ländern südlich der Sahara ist die Zahl der Infizierten seit 2001 um 25 Prozent zurückgegangen. Zudem konnte durch eine gute und moderne Behandlung der Aidskranken die Sterberate deutlich gesenkt werden.

Campus der guten Hoffnung – Eine Schule in Johannesburg sucht die Führungskräfte von morgen. In Politik und Wirtschaft sollen sie korrupte Eliten ablösen. Es ist das wohl anspruchsvollste Bildungsprojekt des Kontinents.

Aufgrund der anhaltenden Dürre braucht im südafrikanischen Malawi mehr als jeder zweite Einwohner Hilfe. Es fehlen über eine Million Tonnen Grundnahrungsmittel.

Gold, Diamanten, Edelhölzer und Coltan sind das Schicksal des Kongo. Die Gier nach Reichtümern und Dutzende Rebellengruppen führen zu unzähligen Toten im Herzen Afrikas.

Zehn afrikanische Staaten kündigen die Bepflanzung von hundert Millionen Hektar Wald an. Das soll 1,5 Mrd. Dollar kosten, gegen den Klimawandel helfen und neue Jobs schaffen.

M5 Schlagzeilen zu Afrika

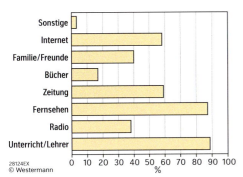

28124EX
© Westermann

M4 Umfrage zur Herkunft von Vorstellungen der Schülerinnen und Schüler

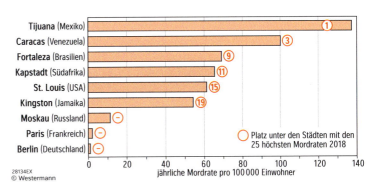

28134EX
© Westermann

M6 Mordrate in verschiedenen Städten

AUFGABEN

1 a) Erkläre, ob es sich bei den unterschiedlichen Vorstellungen zu Entwicklungsländern um Vorurteile oder um Stereotype handelt (M1).
b) Stelle Vermutungen auf, wie diese entstanden sein könnten.

2 Gib bei der Bildersuche einer Internet-Suchmaschine „Entwicklungsländer" ein und schaue, welche Grafiken / Themen besonders häufig angezeigt werden.

3 Gestaltet in Gruppen jeweils zwei verschiedene Collagen aus Bildern und Zeitungsschlagzeilen zu Deutschland und Afrika: je eine Collage mit negativ-pessimistischer Tendenz und je eine mit positiv-optimistischer Tendenz.

4 Erläutere den Bezug von M6 zum Thema dieser Doppelseite.

43

„Wirklich? Ich verbinde mit Südafrika eher, dass dort ganz viele Teile für Motorroller hergestellt werden. Das klingt nicht nach tollem Urlaub."
(Judith, 16 Jahre)

„In Südafrika kann man ganz toll Urlaub machen!"
(Lea, 16 Jahre)

M 2 Raumbilder von Südafrika

Raumkonzepte am Beispiel Südafrika

M 1 Flagge und Lage von Südafrika

Viele raumbezogene Phänomene können nicht auf Grundlage materieller Fakten erklärt werden, sondern sind vielmehr das Resultat von Wahrnehmungen sowie individueller Bewertungen von Räumen. Schülerinnen und Schüler verbinden mit Südafrika beispielsweise eine schöne Urlaubsregion, die Anfertigung von Rollerteilen und so weiter. Einige Menschen pauschalisieren auch den Kontinent Afrika als das große Ganze und differenzieren nicht zwischen den einzelnen Ländern und Regionen.

Doch wie sieht Südafrika „wirklich" aus? Unsere Raumwahrnehmung wird immer unser eigenes Konstrukt sein. Dennoch lassen sich verschiedene Perspektiven aufzeigen, um ein möglichst vielschichtiges, umfassendes und mehrere Perspektiven beleuchtendes Verständnis des Raumes zu erlangen. Dabei werden Wechselwirkungen des Raumes deutlich und wir hinterfragen unsere eigenen Vorstellungen. Dies führt zu begründeten Beurteilungen von Räumen und hilft uns, gezielt auf Fragestellungen zu antworten. Das geographische Denken wird geschult. Zur Beantwortung der Fragestellungen (siehe Aufgabe 1) bietet sich das Modell der Raumkonzepte an, mit dessen Hilfe eine vielschichtige Betrachtung Südafrikas zur Förderung eines erweiterten Raumverständnisses erfolgen kann. Das Modell der Raumkonzepte setzt sich aus vier verschiedenen Perspektiven auf den Raum zusammen (M 3): dem Raum als Container, als Struktur (von Lagebeziehungen), als wahrgenommener Raum und als Konstrukt (gemachter Raum).

AUFGABEN

1 * *Wähle eine der folgenden Leitfragen aus und führe mithilfe der Seiten 46 bis 49 eine problemorientierte Analyse unter Berücksichtigung der verschiedenen Raumkonzepte aus. Beachte dabei, dass du für die jeweilige Fragestellung das Material gezielt überprüfen musst und für die Beantwortung nicht alle Materialien Verwendung finden werden.*

Leitfrage 1: Rohstoffe, Industrie, Tourismus – bietet Südafrika die perfekten Voraussetzungen, um in naher Zukunft zu den großen Industrienationen aufzuschließen?
Leitfrage 2: Stillstand in Südafrika – verhindern die regionalen Disparitäten den Fortschritt?
Leitfrage 3: (eigene Leitfrage)

	Perspektive	Raumkonzept	Beispiel Tourismus (mögliche Aspekte)
objektiv	Container 	Räume lassen sich als Container erfassen, in denen bestimmte Aspekte der physischen, realen Welt enthalten sind. Diese beinhalten neben der Lage beispielsweise • die natürlichen Faktoren wie Vegetation, Boden, Relief, Klima, • die vom Menschen beeinflussten Faktoren, wie z. B. Bevölkerung, Wirtschaft, • aber auch die Wechselwirkungen zwischen den einzelnen Faktoren und Prozessen.	Voraussetzungen für eine touristische Nutzung wie Klima, Vegetation, aber auch die Tierwelt sowie die Siedlungen / Städte und die Wirtschaft der Region 
objektiv	Struktur	Ein Raum steht in Beziehung zu anderen Räumen. Von Bedeutung sind die Standortfaktoren und die Lage der Räume bzw. die Distanzen zwischen ihnen. Daraus ergeben sich Konkurrenzsituationen, z. B. von Urlaubsregionen, sowie die Bedeutung eines Raumes für die gesamte Region.	Lage, Nachfrage, Bettenkapazitäten, Übernachtungszahlen, aber auch Entwicklungspotenzial der Tourismusregion 
subjektiv	Wahrnehmung 	Räume lassen sich aus einer persönlichen Perspektive betrachten. Analysiert werden dabei positive und negative Wahrnehmungen der Bewohner und Besucher eines Raums. Hinzu kommen auch die Bewertungen des Raumes durch Experten und Institutionen.	Bewertung von Kunden bei der Urlaubsentscheidung (Rankings), Attraktivität der Einrichtungen und der Angebote 
subjektiv	Konstruktion 	Zeitungen, Zeitschriften, Fernsehen, Radio, Internet stellen die Bedingungen des Raumes auf eine unterschiedliche Art und Weise dar.	Wie und zu welchem Zweck präsentiert sich eine Urlaubsregion in den Medien? Welche Zielgruppen werden umworben? Welche Rückmeldungen gibt es zur Art des Tourismus? 

M3 Modell der Raumkonzepte

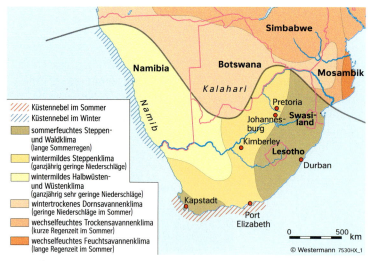

Küstennebel im Sommer
Küstennebel im Winter
sommerfeuchtes Steppen- und Waldklima (lange Sommerregen)
wintermildes Steppenklima (ganzjährig geringe Niederschläge)
wintermildes Halbwüsten- und Wüstenklima (ganzjährig sehr geringe Niederschläge)
wintertrockenes Dornsavannenklima (geringe Niederschläge im Sommer)
wechselfeuchtes Trockensavannenklima (kurze Regenzeit im Sommer)
wechselfeuchtes Feuchtsavannenklima (lange Regenzeit im Sommer)

© Westermann 7530HX_1

M4 Klimazonen im südlichen Afrika

Kapstadt/Südafrika
44 m ü. NHN.
33°55'S/18°25'O
°C
mm
T: 16,3 °C
N: 523 mm

27260EX_2
© Westermann

M7 Klimadiagramm von Kapstadt

Einwohner pro km²
<10
10 – 100
101 – 300
301 –1000
> 1000

© Westermann 7498HX_1

M5 Bevölkerungsdichte Südafrikas

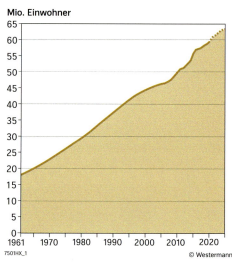

Mio. Einwohner

7501HX_1
© Westermann

M8 Bevölkerungsentwicklung Südafrikas

M6 Kultur in Südafrika

Südafrika wird auch als „Regenbogennation" bezeichnet. Die Zusammensetzung aus mehrheitlich Schwarzen, aus Weißen, Indern und anderen Nationen macht Südafrika zu einem multikulturellen Staat. Die einzelnen Bevölkerungsgruppen pflegen ihre Traditionen mitunter sehr stark. Das Ergebnis ist eine faszinierende Vielfalt, aber gleichzeitig auch ein Zeichen für das Fehlen einer gemeinsamen Kultur Südafrikas.

Flughafen	Anzahl der Passagiere 2019
Johannesburg	20,9 Mio.
Kapstadt	10,7 Mio.
Durban	6,1 Mio.
Port Elisabeth	1,7 Mio.
East London	0,9 Mio.
zum Vergleich: Frankfurt a. M.	70,5 Mio.

M 9 Die größten Flughäfen in Südafrika

M 12 Lage der Flug- und Seehäfen Südafrikas

Die Automobilbranche Südafrikas zählt mit etwa 11 000 Arbeitsplätzen und einem BIP-Anteil von rund 6,8 % zu den wichtigsten Industrien. Viele der großen Fahrzeughersteller sind in Südafrika mit eigener Produktion vertreten, in deren Nähe sich auch ein breites Netz von Zulieferbetrieben angesiedelt hat. Aus Deutschland haben sich zum Beispiel Volkswagen, Mercedes-Benz, BMW und MAN niedergelassen.

M 10 Automobil- und Zulieferindustrie

- Fläche: 1 220 813 km² (ca. 3-mal größer als Deutschland)
- Hauptstadt: Tshwande (Pretoria)
- Parlamentssitz: Kapstadt
- BIP pro Kopf: 6 001 US-$
- HDI: 0,709; GDI: 0,986; Welt-Glücks-Index: 4814 (Rang 109)
- Import: 93,4 Mrd. US-$ (2019)
- Importprodukte: mineralische Brennstoffe, Mineralöle und Erzeugnisse (16,9 %); Maschinen und mechanische Erzeugnisse (12,7 %); elektronische Erzeugnisse (9,7 %); Zusammenstellungen verschiedener Waren (8,4 %); Kraftwagen, Fahrzeuge (7,8 %)
- Importländer: China, Deutschland, Vereinigte Staaten, Indien, Saudi-Arabien
- Export: 90,0 Mrd. US-$ (2019)
- Exportprodukte: Perlen, Edelsteine, Schmucksteine, Edelmetalle, Schmuck, Münzen (16,8 %); Erze, Schlacke, Asche (14,6 %); Kraftwagen, Fahrzeuge (12,8 %); Mineralische Brennstoffe, Mineralöle und Erzeugnisse (9,8 %); Maschinen und mechanische Erzeugnisse (6,1 %)
- Exportländer: China, Deutschland, Vereinigte Staaten, Vereinigtes Königreich

M 13 Strukturdaten Südafrikas (2019/2020)

„Unser Land ist das Tor nach Afrika!"
2012 betonte Südafrikas Präsident Jacob Zuma die Vormachtstellung seines Landes für den Kontinent. Diese Einschätzung ist durchaus nachvollziehbar, da Südafrika viele andere afrikanische Staaten an die weltweiten Finanzströme und Handelswege anbindet. Zum Beispiel weisen die südafrikanischen Häfen eine bessere Verkehrsanbindung (Schiene, Straße) auf als die Häfen in Angola, Tansania oder Mosambik. Folglich erfüllen sie eine überregionale Funktion. Das heißt, über die Häfen Südafrikas gelangen Waren in andere Länder des Kontinents. Die Zentren Johannesburg und Kapstadt beherbergen aufgrund des günstigen Umfeldes (z. B. Infrastruktur, Logistikunternehmen) zudem die Sitze internationaler Konzerne.
Es gibt jedoch Gesichtspunkte, die die südafrikanische Stellung als Bindeglied zwischen regionalem und globalem Handel einschränken. So holen zum Beispiel die Nachbarstaaten Angola und Tansania auf, indem sie Eisenbahnlinien ausbauen. Außerdem lassen nach Meinung vieler Beobachter die Politiker Südafrikas in den letzten Jahren ein klares Konzept vermissen, um das Land weiter als Tor zum Kontinent zu etablieren.

M 11 Südafrika – das Tor zum Kontinent?

M 14 Safaris – ein Marketingschwerpunkt der Tourismusbranche

Kapstadt: Am prachtvollsten Ende der Welt

Südafrika fürchtet um Rolle als „Afrikas Eingangspforte"

Ausgediente Giganten von Südafrika – WM-Stadien nicht genutzt

Südafrika: Mandelas korrupte Erben

M 16 Zeitungsüberschriften

INFO

Apartheid bezeichnet die Unterdrückung der schwarzen Bevölkerung durch die weiße Minderheit mithilfe diskriminierender Gesetze im 20. Jahrhundert. Erst mit der Wahl Nelson Mandelas zum ersten schwarzen Präsidenten 1994 begann eine neue Epoche.

Schwarz, jung, arm: Jugendarbeitslosigkeit in Südafrika bei 60 Prozent

Südafrikas Jugend blickt desillusioniert auf die Wahlen am 8. Mai im eigenen Land. Das vermelden die SOS-Kinderdörfer und ziehen eine traurige Bilanz: 25 Jahre nach Ende der Apartheit zählt die südafrikanische Gesellschaft zu den ungleichsten der Welt, die Jugendarbeitslosigkeit schätzt die Hilfsorganisation auf 60 Prozent. Das sei Weltrekord. Offiziell liege sie zwar bei 38 Prozent. „Aber hinzu kommen all diejenigen, die erst gar nicht auf dem Arbeitsmarkt registriert sind. Junge Menschen ohne Ausbildung, ohne Perspektive", sagt Stephen Miller, Leiter der SOS-Kinderdörfer in Südafrika.
„Die meisten jungen schwarzen Südafrikaner sind deshalb wütend, fühlen sich bestohlen und betrogen", sagt Miller. Millionen von ihnen hätten nach wie vor extrem schlechte Bildungs- und Aufstiegschancen. Die Jugendlichen hätten das Vertrauen in die politische Klasse verloren, in keinem anderen Land der Welt sei die Kluft zwischen den Ärmsten und den Reichsten so gewaltig wie in Südafrika: So besäßen ein Prozent der Südafrikaner über 70 Prozent des gesamten Nettovermögens, während den ärmsten 60 Prozent gerade mal 7 Prozent davon zur Verfügung stünden. Mehr als jeder zweite Bewohner lebe unterhalb der Armutsgrenze und habe somit nicht genug für ein menschenwürdiges Leben.

(Simone Kosog: Schwarz, jung, arm: Jugendarbeitslosigkeit in Südafrika bei 60 Prozent. SOS-Kinderdörfer weltweit, Hermann-Gmeiner-Fonds Deutschland e.V., München, 07.05.2019)

M 15 Zeitungsartikel (2019)

Wenn HIV-Mittel abholen so leicht ist wie Geld abheben

In keinem Land der Welt leben mehr HIV-Infizierte als in Südafrika. 7,5 Millionen Menschen tragen das Virus in sich, das entspricht ungefähr jedem fünften Erwachsenen. [...] Die Regierung will die Zahl der jährlichen Neuinfektionen bis 2022 von derzeit rund 270.000 auf unter 100.000 senken. [...]
Zwar stellt der südafrikanische Staat seit 2004 allen Betroffenen kostenlos HIV-Medikamente zur Verfügung. Aber das heißt noch lange nicht, dass diese die Kranken auch erreichen [...]. 44 Prozent der mit HIV infizierten Menschen in Südafrika nehmen keine oder zu unregelmäßig Medikamente. Einer der Hauptgründe: [...] es gibt zu viele Betroffene, zu wenig Apotheken, Kliniken, Ärztinnen und Ärzte. [...]
Deutsche [Medikamente-]Automaten sollen das ändern. In Ballungsgebieten könnte das Gesundheitssystem [...] entlastet werden. Doch für eine flächendeckende Versorgung sei das Automatenprojekt nicht geeignet [...]. [Im ländlichen Raum] könnten neben dem hohen Stückpreis [...] zudem die Wartung und das regelmäßige Befüllen [der Automaten] problematisch werden. Und damit die Medikamente korrekt gelagert und ausgegeben werden können, müssen die Automaten permanent mit Strom und Internetzugang versorgt sein – das sei in abgelegenen Regionen einfach nicht machbar.

(Daniel Tautz: Wenn HIV-Mittel abholen so leicht ist wie Geld abheben. Zeit online, Hamburg, 10.01.2019, verändert)

M 17 Zeitungsartikel (2019)

„Wenn ich an meine Heimat Südafrika denke, dann denke ich an den großen Nelson Mandela. Ohne ihn könnte ich vermutlich nicht das Leben führen, das ich heute führe. Ich hätte nicht zur Universität gehen können, nicht einmal in der Straße wohnen, in der ich jetzt mein Haus habe. Mandela saß wegen seiner Forderungen für die Rechte der Schwarzen 27 Jahre im Gefängnis. Als er schließlich entlassen wurde, hegte er keine Rachegefühle, sondern half sogar als Präsident, die Apartheid abzuschaffen. Sein Tod 2013 war ein schwerer Verlust für uns."

M 18 Malou Khune, 34 Jahre (Ärztin)

„Ganz klar, wenn ich als Seemann an Südafrika denke, dann denke ich an das Kap der Guten Hoffnung. Die kantige Küste ist immer wieder ein Erlebnis, auch wenn man sie als Kapitän heute immer seltener zu Gesicht bekommt. Denn die unruhigen Gewässer kann ich umgehen, wenn ich auf dem Weg nach Asien durch den Suezkanal fahre. Die Passage durch den Kanal kostet zwar viel Geld, aber dafür ist sie sicherer und durch den kürzeren Weg im Endeffekt sogar günstiger."

M 19 Werner Decker, 54 Jahre (Kapitän)

„Ich weiß noch nicht, was ich später einmal werden will, aber ich weiß, dass ich dafür einen guten Schulabschluss brauche. Das ist allerdings gar nicht so einfach. Meine Klasse hat 54 Schüler, und nicht mal alle haben einen Tisch! Regelmäßig fällt bei uns der Strom aus. Viele meiner Mitschüler kommen nur unregelmäßig zum Unterricht, weil sie auf dem Feld mithelfen müssen. Und nur 40 Prozent schaffen einen Schulabschluss – aber zu denen will ich gehören."

M 20 David Adekola, 12 Jahre (Schüler)

„‚Die Welt in einem Land'. So stand es in meinem Reiseführer – und genauso war es auch. Schon während der Fußball-Weltmeisterschaft 2010 habe ich gern die Hintergrundberichte zum Land geschaut. Auf meiner Rundreise durch Südafrika habe ich dann wirklich alles gesehen: die unterschiedlichsten Kulturen, nette, kleine Küstenstädte, große Metropolen und eine total beeindruckende Natur mit einer oft unbeschadeten Tier- und Pflanzenwelt. Ich komme ganz sicher noch einmal zurück. Allerdings habe ich auch gesehen, dass es viele arme Menschen in Südafrika gibt. Das sollte nicht sein."

M 21 Janne Voss, 24 Jahre (Studentin)

„Wer glaubt, die Apartheid sei überwunden, der wird in Johannesburg eines Besseren belehrt. Denn viele Schwarze werden durch die Armut in die Kriminalität getrieben. Ich bin in Südafrika geboren und arbeite als Immobilienmakler. Weißen Kunden verkaufen wir Wohnungen fast nur noch in sogenannten Gated Communitys. Das sind abgeschottete Wohnanlagen mit eigenem Sicherheitsdienst. In manchen Bereichen der Stadt ist die Kriminalität so hoch, dass sie zu ‚No-Go-Areas' geworden sind. Ich selbst möchte mich eigentlich gar nicht abgrenzen, aber aus Angst wohne ich auch in einer Gated Community."

M 22 Michael Lang, 43 Jahre (Immobilienmakler)

M1 Kinderarbeit: arbeiten ...

M3 ... anstatt zu lernen (Brasilien)

Kinderarbeit – schwere Last auf kleinen Schultern

Anstatt zur Schule zu gehen, müssen Millionen von Kindern unter zum Teil schwierigsten Bedingungen arbeiten. Doch kaufen und nutzen wir, ohne es zu wissen, Produkte, die von Kindern hergestellt wurden. Kinderrechtsorganisationen wie das Kinderhilfswerk der Vereinten Nationen (UNICEF) plädieren trotz allem dafür, Kinderarbeit nicht generell zu bekämpfen, wohl aber jede Form der Ausbeutung. Kinder arbeiten, weil ihre Familien arm sind. Deshalb reicht es nicht, ihnen die Arbeit zu verbieten. Dann würden sie oft auf der Straße landen oder möglicherweise unter noch schlimmeren Bedingungen arbeiten müssen. Kinderarbeitern und ihren Familien müssen deshalb Alternativen geboten werden.

Einteilung der weltweit 152 Mio. arbeitenden Kinder nach Alter, Geschlecht und Tätigkeit in einem Wirtschaftssektor.

48 %
5–11 Jahre alt

28 %
12–14 Jahre alt

24 %
15–17 Jahre alt

58 %

42 %

70,9 % Landwirtschaft

17,2 % Dienstleistung

11,9 % Industrie

41524EX

M4 Kinderarbeit in Zahlen (2017)

Während andere Kinder in die Schule gehen, macht [sich Dinash] jeden Morgen auf den Weg in eine Weberei. Seit einem Jahr verdient der 13-Jährige hier ein wenig Geld. „Natürlich wäre ich lieber auf der Schule geblieben, aber wovon sollen meine herzkranke Mutter und ich dann leben?", fragt der Junge aus Indien. Auch Ahmed arbeitet. „Lieber würde ich spielen", sagt der Zwölfjährige, der seit drei Jahren am Wochenende Tabakblätter sortiert. „Aber meine Eltern sagen, jeder in der Familie muss seinen Teil beitragen." Er weiß, dass Kinderarbeit in seiner Heimat Tansania gesetzlich verboten ist, gehorcht seinen Eltern aber trotzdem. Es mache ihn stolz, von ihnen

gelobt zu werden, sagt er. Dann vergisst er sogar den Tabakstaub in seiner Brust. [...] Manche sagen, sie seien stolz, ihre Familien unterstützen zu können, die Arbeit mache sie eigenständig. So wie die 17-jährige Madhu aus Nepal. Am Vormittag geht sie in die Schule und arbeitet von mittags bis abends in einem Spa- und Yogacenter. Danach macht sie ihre Hausaufgaben und geht gegen 22 Uhr ins Bett. Arbeiten zu müssen betrachtet sie als Selbstverständlichkeit, damit ihre Familie Schulmaterialien und Kleidung kaufen kann.

(Angelika Finkenwirth: Steine schleppen statt spielen. Zeit online, Hamburg, 15.11.2017, verändert)

M2 Beispiele für Kinderarbeit

**Verbreitung von Kinder-
arbeit nach Regionen**

- Afrika   19,6 %
- Südasien   7,4 %
- Amerika   5,3 %
- Europa / Nordasien 4,1 %
- Arabische Staaten 2,9 %

Pakistan
80 Prozent aller Fußbälle stammen aus der pakistanischen Stadt Sial-kot. Vor allem Frauen und Kinder nähen die Lederwaben von Hand zusammen. Die Kinder arbeiten täglich bis zu zehn Stunden für die Produktion von zwei Bällen (Lohn: umgerechnet etwa ein Euro).

China
Rund 80 Prozent der in Deutschland verkauften Spielwaren werden in China produziert. Die Menschen arbeiten unter hohem Termindruck und oft unmenschlichen Bedingungen. Schlechte Bezahlung, menschenunwürdige Unterkünfte und giftige Dämpfe sind Alltag auch für viele Kinder.

Brasilien
Aus Brasilien kommen 90 Prozent des in Deutschland getrunkenen Orangensafts. Jeder siebte Plantagenarbeiter ist noch keine 15 Jahre alt. Das Schleppen der schweren Kisten und die auf den Plantagen eingesetzten giftigen Pflanzenschutzmittel schaden ihrer Gesundheit.

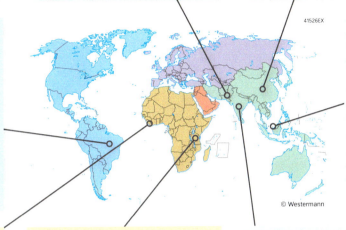

41526EX

© Westermann

Südasien
UNICEF schätzt die Zahl der Kinderarbeiter in der Teppichherstellung auf 750 000. Die Kinder werden häufig zur Arbeit gezwungen.

Liberia
Auf den weltgrößten Kautschukplantagen eines Reifenherstellers müssen Kinder ihren Eltern beim Anzapfen der Gummibäume helfen, da diese das vorgegebene Produktionssoll sonst nicht erreichen können. Die Kinder haben keine Zeit für die Schule.

Tansania
Kinder werden als Saisonarbeiter für die Kaffeeplantagen angeworben. 60 % aller arbeitenden Kinder sind Mädchen zwischen 10 und 14 Jahren, die bis zu 14 Stunden am Tag arbeiten. Die Kinder tragen keine Schutzkleidung. Giftige Pflanzenschutzmittel gefährden ihre Gesundheit.

Indien
Kinder arbeiten auf Baumwollplantagen – oft zwischen neun und dreizehn Stunden täglich. Giftige Pflanzenschutzmittel schädigen das Nervensystem. Kopfschmerzen, Orientierungslosigkeit und Schwächeanfälle sind die Folgen. Die Kinder arbeiten sieben oder acht Monate im Jahr und gehen nicht zur Schule.

M 5 Wo Kinder weltweit arbeiten (Auswahl)

AUFGABEN

1 *Erstelle eine Tabelle mit den Tätigkeitsbereichen für Kinderarbeit und sich daraus ergebenden Problemen und Gefahren (M 2, M 4, M 5).*

2 *Verfasse einen Tagebucheintrag eines Kindes aus den vorgegebenen Ländern in M 5.*

3 *Analysiere die Verstöße gegen die UN-Kinderrechtskonvention (M 6) in M 5.*

4 *Notiere Maßnahmen, die die Kluft zwischen den geforderten Kinderrechten und den Problemen der Kinderarbeit verringern könnten.*

Kinder haben ein Recht auf:

1. Gleichbehandlung und Schutz vor Diskriminierung, unabhängig von Religion, Herkunft und Geschlecht;
2. einen Namen und eine Staatszugehörigkeit;
3. Gesundheit;
4. Bildung und Ausbildung;
5. Schutz vor wirtschaftlicher und sexueller Ausbeutung;
6. Freizeit, Spiel und Erholung;
7. freie Meinungsäußerung;
8. Privatsphäre und gewaltfreie Erziehung;
9. eine Familie, elterliche Fürsorge und ein sicheres Zuhause;
10. besondere Fürsorge und Betreuung bei Behinderung;
11. Schutz im Krieg und auf der Flucht.

M 6 Aus der UN-Kinderrechtskonvention

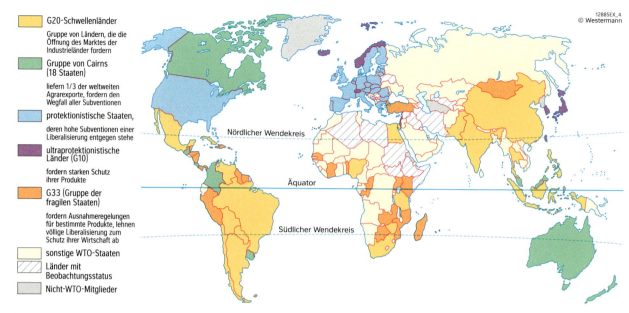

Legende:

G20-Schwellenländer
Gruppe von Ländern, die die Öffnung des Marktes der Industrieländer fordern

Gruppe von Cairns (18 Staaten)
liefern 1/3 der weltweiten Agrarexporte, fordern den Wegfall aller Subventionen

protektionistische Staaten,
deren hohe Subventionen einer Liberalisierung entgegen stehe

ultraprotektionistische Länder (G10)
fordern starken Schutz ihrer Produkte

G33 (Gruppe der fragilen Staaten)
fordern Ausnahmeregelungen für bestimmte Produkte, lehnen völlige Liberalisierung zum Schutz ihrer Wirtschaft ab

sonstige WTO-Staaten

Länder mit Beobachtungsstatus

Nicht-WTO-Mitglieder

Nördlicher Wendekreis

Äquator

Südlicher Wendekreis

M1 Interessengruppen innerhalb der WTO (Welthandelsorganisation)

Handelsabkommen zum Abbau von Disparitäten?

INFO

Liberalisierung meint in M1 den Abbau von Handelshemmnissen bzw. von staatlichen Regulierungen und Eingriffen. Das Gegenteil ist der Protektionismus.

Über 160 Länder haben sich in der 1994 gegründeten **Welthandelsorganisation** (engl.: World Trade Organization, WTO) zusammengeschlossen. Vorläufer war das Allgemeine Zoll- und Handelsabkommen (engl.: General Agreement on Tariffs and Trade, GATT) aus dem Jahr 1947. Alle zwei Jahre treffen sich die Wirtschafts- und Handelsminister der Mitgliedsstaaten, um über die weiteren Schritte zu beraten. Bei den Abstimmungen hat jedes Land eine Stimme.

Ziel der Organisation ist es, den freien und fairen Handel zwischen den Mitgliedsstaaten zu fördern. Dazu dienen Handelsabkommen, der Abbau von Hemmnissen wie Zöllen sowie die Streitschlichtung zwischen einzelnen Staaten. Innerhalb der WTO wird zwar vor allem der Handel mit Gütern und in geringerem Umfang auch mit Dienstleistungen geregelt, aber beispielsweise spielt auch der Schutz geistigen Eigentums und von Patenten eine Rolle. Dabei folgt die WTO einer Reihe von Prinzipien (M4).

Obwohl die WTO fast die ganze Welt vereint, gibt es Hunderte weiterer Handelsverträge zwischen einzelnen Staaten(-bündnissen).

Importe aus	Importvolumen	Top 2: größte Güteranteile (*Rohstoffe ohne Brennstoffe)
Benin	0,8 Mio. Euro	Rohstoffe*: 50,9 % Nahrungsmittel: 38,8 %
Kanada	5,6 Mrd. Euro	Rohstoffe*: 28,1 % Maschinen: 14,8 %
Pakistan	1,8 Mrd. Euro	Textilien/Bekleidung: 85,7 % Mess-/Regeltechnik: 2,4 %
Peru	1,3 Mrd. Euro	Rohstoffe*: 43,8 % Nahrungsmittel: 43,4 %

M2 Deutsche Importe (2019, Benin 2018)

Exporte nach	Exportvolumen	Top 2: größte Güteranteile
Benin	39,6 Mio. Euro	Maschinen: 23,1 % Kfz-/Teile: 22,4 %
Kanada	10,8 Mrd. Euro	Maschinen: 25,4 % Kfz-/Teile: 24,6 %
Pakistan	1,1 Mrd. Euro	Maschinen: 28,8 % chem. Erzeugnisse: 26,1 %
Peru	0,9 Mrd. Euro	Maschinen: 26,5 % chem. Erzeugnisse: 20,7 %

M3 Deutsche Exporte (2019, Benin 2018)

Meistbegünstigungsprinzip
Handelsvorteile, die ein Land einem anderen gewährt, müssen allen Ländern der WTO gewährt werden. Die Gewährung dieser Vorteile soll gegenseitig erfolgen.

Ausnahmen
- Entwicklungsländer müssen Industrieländern nicht die gleichen Vorteile, wie etwa den zollfreien Zugang zu ihren Märkten, gewähren.
- WTO-Mitgliedsstaaten können eigene Zollunionen (z. B. EU = Europäische Union) oder Freihandelszonen (z. B. CETA, Abkommen der EU mit Kanada) mit eigenen Regeln errichten.

Transparenz
Alle Regeln und Handelsbeschränkungen, die ein Land bestimmt, sollen für alle Mitgliedsstaaten öffentlich bekannt gemacht werden.

Inländergleichbehandlung
Ausländische Firmen müssen gegenüber inländischen gleich behandelt werden. Verboten sind etwa steuerliche Vergünstigungen für einheimische Produkte.

Ausnahmen
- In der Landwirtschaft sind z. B. Subventionen, also Unterstützungszahlungen, in einem gewissen Rahmen erlaubt. Etwa 40 % der Ausgaben der Europäischen Union sind Subventionen für den Bereich Landwirtschaft.

M 4 Prinzipien der WTO und Ausnahmeregelungen (Auswahl)

Im Handelsbereich und entsprechend in den WTO-Verhandlungen dominieren immer noch die westlichen Industriestaaten [...]. Kommt es nicht zu Vereinbarungen im Rahmen der WTO, sind zweiseitige und regionale Vereinbarungen, die ohnehin eine wichtige Rolle spielen, eine Alternative. Sie gehen jedoch häufig zulasten der Entwicklungsländer. Deren Droh- und Druckpotenzial im Handelsbereich ist eng begrenzt. Bei den sehr komplizierten Verhandlungen in der WTO sind die Entwicklungsländer schon deshalb benachteiligt, weil es ihnen an Spezialwissen und geschulten, kompetenten Verhandlungsführern mangelt. Auch hier setzen Hilfsmaßnahmen zur Beratung und Schulung an, die die Asymmetrie in den Verhandlungen bisher aber nicht beheben konnten. Da der Abbau handelspolitischer Beschränkungen auch innerhalb der Gruppe der Entwicklungsländer auf unterschiedliche Interessenlagen trifft – die Schwellenländer profitieren davon ungleich mehr als die LDC* – wenden sich gerade letztere auch strikt gegen den Slogan „Handel statt Hilfe" (Trade not Aid). Ihre Forderung lautet „Handel und Hilfe".

(Uwe Andersen: Internationale Akteure der Entwicklungspolitik, BpB online, Bonn, 9.6.2005
*Erklärung LDC siehe Info S. 39)

M 5 Kritik an der WTO

1. Erkläre, wie die WTO zum Abbau globaler Disparitäten beitragen kann.
2. Analysiere die Handelsbeziehungen der Länder in M2 und M3 mit Deutschland. Nutze auch M1.
3. Erkläre die Notwendigkeit von Subventionen für die Exportnation Deutschland (M6).
4. Beurteile, ob das Ziel der WTO erfüllt wird (M4, M5).

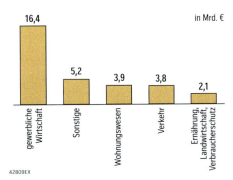

In Deutschland liegt das Lohnniveau höher als in den meisten anderen Ländern der Welt. Einheimische Firmen haben dadurch einen Wettbewerbsnachteil. Das kann durch staatliche Subventionen (Unterstützungszahlungen) zum Teil ausgeglichen werden.

M 6 Deutsche Subventionen (2020)

53

M1 Im „Lycée de Kpélé-Nord Agbanon"

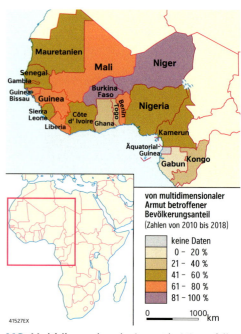

von multidimensionaler
Armut betroffener
Bevölkerungsanteil
(Zahlen von 2010 bis 2018)

- keine Daten
- 0 – 20 %
- 21 – 40 %
- 41 – 60 %
- 61 – 80 %
- 81 – 100 %

0 _____ 1000 km

41527EX

M3 Multidimensionale Armut in Westafrika

Was können wir tun? Das Beispiel AWA: Aktionsgemeinschaft Viersen-West-Afrika

Im Gegensatz zum früheren Verständnis der Entwicklungshilfe setzt die internationale **Entwicklungszusammenarbeit** auf das Grundprinzip Hilfe zur Selbsthilfe, um die Situation der Menschen in geförderten Staaten möglichst nachhaltig zu verbessern.

Mit diesem Ziel agiert beispielsweise auch die private Organisation AWA in den westafrikanischen Staaten Togo und Benin. Durch die Kooperationen sollen die Menschen darin unterstützt werden, ihr Leben selbstbestimmt und verantwortungsbewusst in die Hand nehmen zu können, um so ihre eigene Zukunft stärker mitzubestimmen.

Für den als gemeinnützig anerkannten Verein AWA engagierten sich im Jahr 2020 über 450 ehrenamtliche Mitarbeiter und Paten. Zudem wird die AWA vom Erasmus-Gymnasium in Viersen durch die selbst gegründete Togo-Gruppe der Schule unterstützt. Die Gruppe hat das Ziel, die schulische und berufliche Ausbildung in Togo zu unterstützen.

Seit 2005 engagieren sich die Schüler und Schülerinnen des EvR-Gymnasiums in Viersen gemeinsam mit Lehrern und Lehrerinnen der Schule in der Togo-Gruppe für ihre Partnerschule in Togo, das „Lycée Kpélé-Nord Agbanon".

Die Partnerschaft besteht auch dank der engen Zusammenarbeit mit der Aktionsgemeinschaft Viersen-West-Afrika e. V. Durch diese Unterstützung wurde gemeinsam vor Ort schon viel erreicht, wie beispielweise der Bau des Schulgebäudes, eines Brunnens und von Sanitäranlagen.

Die zuständigen Kontaktpersonen bei der AWA fahren einmal im Jahr nach Togo, um die Patenkinder der AWA und auch die Partnerschule zu besuchen und ihnen die Spenden zu überreichen.

M2 Die Togo-Gruppe des Erasmus-von-Rotterdam-Gymnasiums

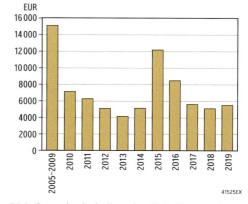

41525EX

M4 Spendenbeiträge des EvR-Gymnasiums

M5 Sustainable Development Goals (SDGs)

M6 Das Nachhaltigkeitsviereck

Die Vereinten Nationen haben 17 globale Ziele für menschenwürdiges Leben und eine nachhaltige Entwicklung formuliert. Die sogenannten „Sustainable Development Goals" (SDGs) der Agenda 2030 beschreiben die wichtigsten Themen der nächsten Jahre. Dazu zählen beispielsweise die Bekämpfung von Hunger und Armut sowie der verstärkte Einsatz für Frieden und Rechtsstaatlichkeit. Außerdem sollen alle Menschen eine gute Bildung erhalten und Maßnahmen für den Klimaschutz angestrebt werden. Die Ziele 1, 2, 3, 4, 6, 7 und 11 bilden dabei auch die Bereiche der mehrdimensionalen Armut ab. Die einzelnen Ziele richten sich sowohl an alle Regierungen weltweit als auch an die Zivilgesellschaft, die Privatwirtschaft und die Wissenschaft. Auf Grundlage dieser Ziele wurde z. B. beschlossen, dass die Erzeugung erneuerbarer Energien deutlich gesteigert und der Ausstieg aus fossilen Brennstoffen wie Öl angestrebt werden soll.

M7 Die SDGs der Agenda 2030

AUFGABEN

1 Verortet die SDGs im Viereck der Nachhaltigkeit.

2 a) Stelle das Projekt der Togo-Gruppe in einem Schaubild dar (M2). Recherchiere auch auf der Homepage der Schule.
b) Erläutere, welche SDGs von dem Projekt aufgegriffen werden.

3 a) Entwickle eine Skizze, wie ein Projekt zur Entwicklungszusammenarbeit an deiner Schule aussehen könnte. Gehe dabei auf mindestens drei SDGs ein.

b) Erkläre, warum das Projekt auch kritisch gesehen werden könnte oder wo Schwierigkeiten auftreten könnten.

4 „Ein Kind, ein Lehrer, ein Buch und ein Stift können die Welt verändern."
a) Das Zitat stammt von Malala Yousafzai. Recherchiere, wer dieses Mädchen ist.
b) Erläutere das Zitat.

Zuordnungen zu Klassifikationen

a) Ordne die einzelnen Merkmale den jeweiligen Klassifikationen begründet zu: Entwicklungsland, Schwellenland, Industrieland.

niedrige Lebenserwartung (< 55 Jahre)	viele Kinder	hoher Bildungsstandard	geringer HDI

hoher HDI	hohes Konfliktpotenzial	steigendes BIP	unzureichende Infrastruktur

geringe Wirtschaftskraft	steigende Lebenserwartung	mehr Kinder als in den Industrieländern, vor allem auf dem Land

b) Erkläre die Anteile der Industrie- bzw. Entwicklungsländer an den einzelnen Bereichen.

7583HX_1 © Westermann

Tabu-Kartenspiel

Erstellt ein Tabu-Kartenspiel zu den wichtigsten Fachbegriffen aus dem Kapitel „Räumliche Disparitäten".

- Alle erstellen jeweils fünf Tabu-Karten auf kleinen Karteikarten. Der Fachbegriff steht oben im Feld und darunter stehen fünf Begriffe, die man für die Erklärung ebenfalls nicht nutzen darf.
- Bestimmt eine festgelegte Zeit zum Erklären / Raten.
- Teilt eure Klasse in zwei Gruppen und sortiert doppelte Karten aus.
- Spielt das Spiel gruppenweise gegeneinander.

Tipp: Dieses Spiel könnt ihr mit Begriffen aus jedem Kapitel, das ihr besprochen habt, beliebig erweitern. So behaltet ihr spielerisch die wichtigsten Fachbegriffe.

HDI (Human Development Index)

Index

Mensch

Entwicklung

Vereinte Nationen

Wohlstand

Begriffe klären

a) Erkläre anhand der Grafiken, warum es so schwer ist, eine feste Definition des Begriffs Entwicklungsland zu formulieren.

b) Erläutere, warum der Begriff kritisch gesehen werden sollte.

Ⓐ

Beispiel: geringe internationale und politische Bedeutung

räumlich · wirtschaftlich · politisch · **Merkmale von Entwicklungsländern** · sozial · kulturell · historisch

Beispiel: hohes Bevölkerungswachstum

Ⓑ Ⓒ Ⓓ

Grundbegriffe

absolute Armut
Bruttoinlands-
  produkt
Disparitäten
Entwicklungs-
  zusammenarbeit
eurozentrisch
Favela
Gated Community
Gender Develop-
  ment Index
Geographisches
  Informations-
  system
Globaler Süden
Human Develop-
  ment Index
relative Armut
Welthandels-
  organisation

Seydlitz GEOGRAPHIE
ZOOM westermann

Stellung nehmen

In einem Interview mit Schülerinnen und Schülern der Klasse 9/10 wurde gefragt, ob man den Menschen in Entwicklungsländern helfen sollte. Einige diskussionswürdige Beispiele sind hier in den Sprechblasen dargestellt. Suche dir zwei Zitate aus und nimm kritisch Stellung zu der jeweiligen Aussage.

Ⓐ „Die Situation ist so, damit muss man sich abfinden."

Ⓒ „Warum soll man denen helfen, wenn man keinen Nutzen davon hat."

Ⓔ „Das ist alles so weit weg, was hat das schon mit uns zu tun?"

Ⓑ „Die einzige Lösung ist, dass global an einem Strang gezogen werden muss."

Ⓓ „Na, die müssen die Suppe, die sie sich eingebrockt haben, auch wieder auslöffeln."

3 Migration

Flüchtlinge auf dem Mittelmeer

Erntehelfer in Kalifornien (USA)

Deutsches Klassenzimmer

Migranten in Cagliari (Italien)

M 1 In den letzten 10 Jahren wanderten mehr als 130 000 Deutsche in die USA aus.

Migration – weltweit auf Wanderschaft

INFO

Migration kann auf globaler, regionaler und lokaler Ebene ablaufen. Synonym zum Begriff Migration wird oft auch der Begriff Wanderung benutzt.
Etwa drei Viertel der internationalen Migranten befinden sich im arbeitsfähigen Alter (20 – 64 Jahre).

Immer mehr Menschen verlassen ihre Heimat, um in einem anderen Land oder einer anderen Region ihr Glück zu suchen. Im Jahr 2020 zählten die Vereinten Nationen mehr als 274 Millionen internationale Migranten, von denen die Hälfte in gerade einmal zehn Ländern lebt. Die Zahl dieser Migranten ist seit Beginn des Jahrtausends um mehr als ein Viertel gestiegen – bei jeweils etwa drei Prozent Anteil an der Weltbevölkerung.
Neben den vielen Millionen Migranten, die freiwillig auswandern, gab es 2020 mehr als

80 Millionen Menschen, die aus ihrer Heimat flüchteten oder vertrieben wurden. Das bedeutet eine Verdopplung der Anzahl der weltweiten Flüchtlinge seit 2010. Flucht ist die erzwungene Form von **Migration**.
Die Ursachen für Migration sind also vielfältig und lassen sich mit den sogenannten Push- und Pull-Faktoren unterscheiden. **Push-Faktoren** beinhalten Ursachen, die Personen dazu bewegen können, eine Region zu verlassen. **Pull-Faktoren** beinhalten Ursachen, die eine Zielregion attraktiv machen.

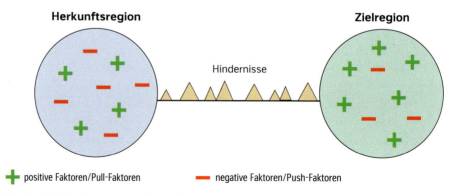

M 2 Modell der Push- und Pull-Faktoren

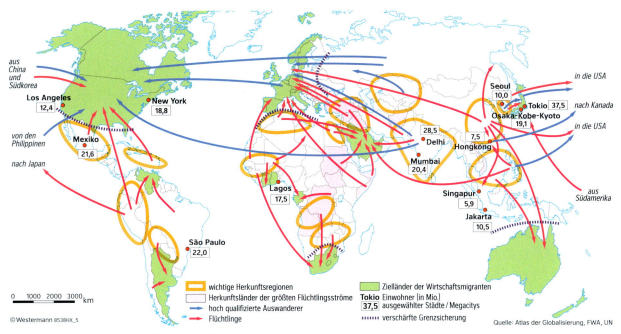

aus China und Südkorea

Los Angeles 12,4

von den Philippinen

nach Japan

Mexiko 21,6

New York 18,8

São Paulo 22,0

Lagos 17,5

Delhi 28,5

Mumbai 20,4

Hongkong 7,5

Singapur 5,9

Jakarta 10,5

Seoul 10,0

Tokio 37,5

Osaka-Kobe-Kyoto 19,1

in die USA

nach Kanada

in die USA

aus Südamerika

🟧 wichtige Herkunftsregionen	🟩 Zielländer der Wirtschaftsmigranten
🟪 Herkunftsländer der größten Flüchtlingsströme	**Tokio** Einwohner (in Mio.)
→ hoch qualifizierte Auswanderer	**37,5** ausgewählter Städte / Megacitys
→ Flüchtlinge	⋯⋯ verschärfte Grenzsicherung

0   1000   2000   3000 km

© Westermann 8538HX_5

Quelle: Atlas der Globalisierung, FWA, UN

M 3 Wichtige Migrationsströme seit 1990

Christine ist Mitte 30 und arbeitet seit zwei Jahren in Singapur für ein großes, international tätiges Unternehmen aus London, welches ihr ermöglicht, weltweit statt nur in Deutschland zu arbeiten. Davor war sie für dieselbe Firma bereits einige Jahre in Südamerika tätig, d.h. sie wurde dorthin entsendet. In Singapur hat Christine eine anspruchsvolle, gut bezahlte Position inne. Sie arbeitet gern und sie hat tolle Kollegen und Kolleginnen. Ihre helle Wohnung mit großem Balkon in einem modernen Apartmentkomplex wird von der Firma bezahlt.

Christine lebt gern in Singapur, einer dynamischen Stadt mit internationalem Flair. Außerdem mag sie das tropische Klima mehr als die deutschen Wintertage. Ihre Freizeit verbringt sie vor allem mit anderen aus der sogenannten *international community*, wodurch sie mittlerweile Menschen aus der ganzen Welt kennengelernt hat. Freundschaften zu Einheimischen hat sie keine geknüpft.

M 4 Migrationsgeschichte von Christine

AUFGABEN

1 *Erstelle zu einer Person aus Kapitel 1 oder 2 eine Tabelle mit möglichen Push- und Pull-Faktoren.*

2* *a) Analysiere M 3.*
b) Erstelle eine Tabelle mit Herkunfts- und Zielregionen von Migranten.
c) Stelle Vermutungen an, warum diese Regionen verlassen bzw. aufgesucht werden.

3 *Untersuche die Migrationsgeschichte von Christine, indem du die Push- und Pull-Faktoren herausarbeitest.*

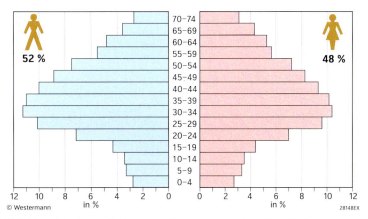

52 %

48 %

70–74
65–69
60–64
55–59
50–54
45–49
40–44
35–39
30–34
25–29
20–24
15–19
10–14
5–9
0–4

12 10 8 6 4 2 0   0 2 4 6 8 10 12
in %   in %

© Westermann   28148EX

M 5 Geschlecht und Alter von Migranten weltweit (2019)

M1 Migranten aus Mittelamerika warten auf einen Güterzug, um zur US-Grenze zu gelangen.

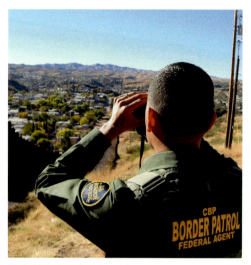

M4 U.S. Border Patrol – Grenzkontrolle in Arizona (USA)

Ursachen und Folgen von Migration

Die USA sind für viele Millionen Menschen aus der ganzen Welt das Traumland, wenn es um Einwanderung geht. Der vielgerühmte amerikanische Traum, sich durch harte Arbeit ein besseres Leben zu ermöglichen, fasziniert Menschen bis heute.

Aufgrund der geographischen Lage der Vereinigten Staaten machen sich auf dem Landweg hauptsächlich Migranten aus Mittelamerika, vor allem Mexiko, auf den Weg, um oftmals illegal die US-amerikanische Landesgrenze zu passieren.

Seit der Gründung der Vereinigten Staaten spielen Einwanderer eine sehr große Rolle und haben das Land zu dem gemacht, was es heute ist. Heute wandern vor allem Asiaten und sogenannte Hispanics (Migranten aus Mexiko und Mittelamerika) in die USA ein.

Schon seit längerer Zeit hat sich jedoch die Meinung gegenüber Einwanderern gedreht, welche vor allem unter Präsident Donald Trump teilweise sehr aggressiv abgelehnt wurden.

Lateinamerika		
Männer: 15,2 %		
Frauen: 22,1 %		
gesamt: 18,0 %		
Angloamerika		
Männer: 10,1 %		
Frauen: 8,1 %		
gesamt: 9,4 %		

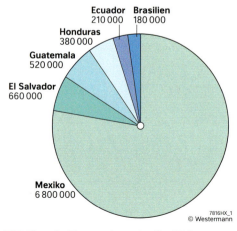

Ecuador 210 000
Brasilien 180 000
Honduras 380 000
Guatemala 520 000
El Salvador 660 000
Mexiko 6 800 000

7816HX_1
© Westermann

Migranten, die sich aus Mittelamerika auf den Weg in Richtung der USA machen, verlassen ihr Land zumeist aus drei Gründen: Ein Grund ist die konkrete Bedrohung des Lebens durch kriminelle Banden, die junge Männer rekrutieren wollen und sie umbringen, wenn sie sich weigern, den Banden beizutreten. Der zweite Grund ist eine wirtschaftliche Perspektivlosigkeit durch extrem niedrige Löhne. Der dritte Grund lässt sich mit **Bad Governance** zusammenfassen. Korruption, fehlende Rechtsstaatlichkeit und politische Unruhen prägen einige Länder in Mittelamerika.

M2 Jugendarbeitslosenquote 2020

M3 Illegale Einwanderer in die USA aus Lateinamerika

M5 Ursachen der Migration

Wenn Menschen in großer Zahl migrieren, hat das Auswirkungen auf die Herkunfts-, Transit- und Zielländer. Unter den Migranten befinden sich sowohl Menschen mit geringer Schulbildung, als auch hoch qualifizierte Arbeitskräfte. Letztere haben in ihrem Herkunftsland studiert und sind damit gut ausgebildet.

Wenn diese Menschen jedoch fliehen müssen, in ihrem Herkunftsland keine berufliche Perspektive sehen, von ihrem Arbeitgeber ins Ausland gesendet werden oder einen Bildungsabschluss in einem anderen Land anstreben, verlassen sie ihr Herkunftsland. Dort fehlen dann vor allem die gut ausgebildeten Personen. Man spricht von einem **Braindrain**.

Das Zielland gewinnt durch Einwanderer auf der einen Seite gut ausgebildete Arbeitskräfte (**Braingain**) oder Arbeitskräfte für den Billiglohnsektor. Im Allgemeinen tragen Migranten zum wirtschaftlichen Wohlstand des jeweiligen Ziellandes bei. Auch kulturell betrachtet sorgen Migranten für neue Impulse in der Gesellschaft. Einwanderung läuft jedoch keineswegs immer konfliktfrei ab, da viele Vorurteile gegen Migranten bestehen, was zu sozialen Konflikten führen kann. Für mögliche Transitländer ergeben sich oft politische Probleme mit den Zielländern, die zum Teil verhindern wollen, dass die Migranten durch das Land in das Zielland kommen. Es können sich auch Probleme mit der Unterbringung oder der Kontrolle der Migrationsbewegungen ergeben.

M6 Folgen der Migration

M7 Migrationsrouten aus Kuba und Mittelamerika in die USA

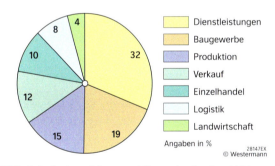

Dienstleistungen
Baugewerbe
Produktion
Verkauf
Einzelhandel
Logistik
Landwirtschaft

Angaben in %
28147EX
© Westermann

M8 Arbeitsbereiche von Hispanics in den USA

AUFGABEN

1. *Nenne Push- und Pull-Faktoren für Migranten aus Mittelamerika, die in die USA einwandern wollen.*

2. *Erkläre, warum man die USA als ein Land bezeichnen kann, das von Einwanderern geprägt ist.*

3.* *Erläutere positive und negative Folgen, die sich durch die Einwanderung für die USA ergeben.*

4. *„Die USA sollten die Einwanderung aus Mexiko und Mittelamerika so weit wie möglich verhindern". Nimm Stellung.*

Durch die hohe Zahl von illegalen Einwanderungen aus Mexiko und den südlich angrenzenden Ländern bestehen seit 1996 an der Grenze zwischen den USA und Mexiko zum Teil massive Grenzbefestigungen. Nach den Terroranschlägen vom 11. September 2001 wurde die Grenzsicherung unter allen Präsidenten stetig erweitert.

Unter Präsident Trump kam es zu einer weiteren Verschärfung von Kontrollen der mexikanisch-amerikanischen Grenze. Neben dem Ziel des Baus einer kompletten, 3 200 km langen Grenzmauer – deren Bau durch Präsident Biden sofort gestoppt wurde – kam es zusätzlich zu teils sehr umstrittenen Taktiken der Grenzsicherungsbehörde. Beispielsweise wurden eine Zeit lang Kinder in von ihren Eltern getrennten Einrichtungen untergebracht.

Laut einer Studie werden etwa die Hälfte aller illegalen Einwanderer von den Behörden aufgegriffen.

M9 Reaktionen der USA auf Einwanderung aus Lateinamerika

M 1 Kamal auf der Baustelle in Doha

M 2 In Kamals Schlafraum (10 m²)

Wir erstellen ein Lebensliniendiagramm

Mit einem Lebensliniendiagramm wird das Lebensgefühl eines Menschen in bestimmten Situationen seines Daseins dargestellt. Schlimme Ereignisse werden durch ein Kreuz im negativen Bereich gekennzeichnet, schöne Erlebnisse durch ein Kreuz im positiven Bereich. Ziel ist es, den Verlauf des Lebens einer Person mit allen Höhen und Tiefen sichtbar darzustellen.

Arbeitsschritte

Schritt 1: Vorbereitung
- Zeichne ein Koordinatensystem nach dem Muster von M 3 (nach rechts die Nummer des Lebensereignisses, nach oben die Bewertung von – 5 bis + 5).

Schritt 2: Durchführung
- Lies die einzelnen Stationen in der Lebensbeschreibung (M 4).
- Ordne den Situationen jeweils eine Bewertung zu (z. B. + 1) und setze ein Kreuz an die entsprechende Stelle.
- Verbinde die Kreuze durch eine Linie.

Schritt 3: Reflexion
- Vergleiche dein Ergebnis mit denen deiner Mitschülerinnen und Mitschüler.
- Wo lassen sich Gemeinsamkeiten oder Unterschiede erkennen? Welche Punkte geben Anlass zu weiterer Diskussion?

Ereignis	1	2	3	...	15	16	17
Lebens- gefühl							
+5							
+4							
+3							
+2							
+1							
0							
– 1							
– 2							
– 3							
– 4							
– 5							

M 3 Vorlage für ein Lebensliniendiagramm

AUFGABEN

1 *Erstelle ein Lebensliniendiagramm zu den 17 Aussagen zu Kamal.*

2 *Erweitere das Lebensliniendiagramm in einer anderen Farbe um die Sicht von Kamals Frau.*

3 *a) Verfasse zu einer Person aus dem Kapitel einen Lebenslauf mit 10 Ereignissen.*
b) Tausche deinen Lebenslauf mit einem Mitschüler bzw. einer Mitschülerin und erstelle ein Lebensliniendiagramm dazu.

1. Kamal Thapa lebt mit seiner Familie in einem Bergdorf in Nepal. Die Familie betreibt Subsistenzlandwirtschaft und verkauft zusätzlich von Zeit zu Zeit einige Waren in der nächstgelegenen Stadt. Seine Frau und zwei der drei Kinder helfen auf den Feldern aus. Kamal und seine Familie leben zwar in einfachen Verhältnissen, sind aber recht zufrieden, wenn die Ernte gut ausfällt.

2. In den letzten Jahren wurde dies aber zunehmend zu einem Problem, da die Region stark von Bodenerosion betroffen ist. Die Fläche, die zur Landwirtschaft genutzt werden kann, wird jährlich kleiner.

3. Beim Verkauf einiger Waren in der Stadt liest Kamal die Werbeanzeige einer Firma, die junge, kräftige Männer als Bauarbeiter in Katar sucht. Sie hat sogar ein kleines Vermittlungsbüro eröffnet, in welchem man sich beraten lassen kann. Die Anzeige verspricht einen 2-Jahres-vertrag mit einem sehr guten Lohn.

4. Nach reiflicher Überlegung entschließt sich Kamal, beim Vermittlungsbüro eine Anfrage zu stellen. Zwar muss er eine Vermittlungsgebühr von mehreren Monatslöhnen zahlen, jedoch winkt ihm ein Verdienst, der dreimal so hoch ist wie seine Einkünfte in Nepal.

5. Einige Wochen später erreicht Kamal Doha. Das Vermittlungsbüro hat ihm einen Ansprechpartner vor Ort zugewiesen. Dieser bringt ihn zunächst zu einer Sammelunterkunft, in der Kamal in den nächsten zwei Jahren leben muss.

6. Die Sammelunterkunft bereitet Kamal Sorgen. Viele junge Männer aus verschiedenen Nationen teilen sich die Unterkunft. In seinem Zimmer schläft er mit fünf anderen Arbeitern auf engem Raum. Er meldet sich bei seiner Familie und berichtet, dass alles in Ordnung sei.

7. Wie alle anderen Arbeiter auch, muss Kamal seinem Ansprechpartner den Reisepass aushändigen. Es ist das einzige persönliche Dokument, das Kamal dabei hat. Der angebliche Grund dafür ist der Schutz vor Diebstahl durch andere Arbeiter.

8. Kamal arbeitet auf einer Großbaustelle mitten in der Wüste. Die erste Woche ist unglaublich anstrengend. 12 Stunden Arbeit, bei 50 °C Hitze. Manche Männer brechen vor Erschöpfung zusammen. Nach sechs Tagen Arbeit hat Kamal einen Tag Pause.

9. Die ersten Wochen vergehen und die Arbeit bleibt so hart wie zu Beginn. Kamal wird langsam nervös, da er immer noch kein Gehalt bekommen hat. Andere Arbeiter machen ihm außerdem Angst, da sie zum Teil berichten, dass sie erst nach mehr als einem halben Jahr zum ersten Mal Gehalt bekommen haben und auch noch deutlich weniger, als ursprünglich vereinbart.

10. Nach einigen Beschwerden bei seinem Ansprechpartner wegen des immer noch ausstehenden Lohns, wird Kamal gedroht. Als er dann seinen Reisepass verlangt, um das Land vorzeitig zu verlassen, wird ihm das verweigert.

11. Endlich gibt es Geld. Nach sieben Monaten erhält Kamal seinen ersten Lohn. Doch es ist nur etwa die Hälfte von dem, was ihm versprochen wurde. Alles was er entbehren kann, sendet er nach Nepal zu seiner Familie. Seine Frau lässt davon ein besseres Dach für das Haus errichten.

12. Immer wieder kommt es zu Todesfällen auf Kamals Baustelle. Sei es durch Unfälle wegen schlechter Arbeitssicherheit oder durch Erschöpfung und Hitze.

13. Ausländische Journalisten berichten heimlich von Kamals Baustelle. Er erzählt von seinen Erfahrungen und hofft darauf, dass sich durch die Berichte etwas verbessert.

14. Mittlerweile ist Kamal anderthalb Jahre in Doha auf der Baustelle. Ein paar Wochen sind seit den Recherchen der Journalisten vergangen. Plötzlich tut sich was. Die Versorgung mit Getränken, Essen und Sonnenschutzausrüstung wird schlagartig besser. Außerdem verringern sich die Arbeitszeiten auf nur noch zehn Stunden pro Tag.

15. Zwei Tage nach den verbesserten Arbeitsbedingungen kommen Kamerateams und der katarische Bauminister auf die Baustelle. Die Baustelle wird rundum gelobt.

16. Kaum sind die Kamerateams wieder weg, ist am nächsten Tag wieder alles beim alten. Kamal ist mit seinen Kräften am Ende.

17. Die zwei Jahre in Doha neigen sich dem Ende. Kamal wird sein letzter Lohn ausgezahlt, der wieder deutlich unter dem vereinbarten Betrag liegt. Er kehrt nach Nepal zurück, mit mehr Geld, als er in Nepal hätte verdienen können.

M 4 Ereignisse aus Kamals Leben

M1 Flüchtlingscamp in Bosnien-Herzegowina (Balkanroute)

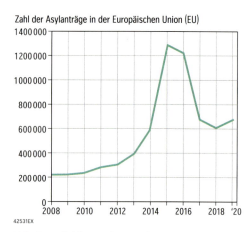

Zahl der Asylanträge in der Europäischen Union (EU)

42531EX

M3 Entwicklung der Asylanträge in der EU

Flucht nach Europa

In den letzten Jahren nahm der Flüchtlingsstrom aus Afrika und dem Nahen Osten nach Europa deutlich zu. Auslöser sind Kriege, Verfolgung von Menschen aus politischen oder religiösen Gründen oder anhaltend schlechte Lebensbedingungen.

Das Mittelmeer hat sich dabei zum zentralen Fluchtkorridor nach Europa entwickelt – mit manchmal tödlichen Folgen für Flüchtlinge. Auf kaum seetüchtigen und oftmals überladenen Booten versuchen sie, Europa zu erreichen.

INFO

Schlepper / Schleuser sind Personen oder Gruppen, die anderen Menschen zur Flucht verhelfen. Oftmals verlangen sie von Flüchtlingen sehr hohe Preise und halten dabei auch nicht immer was sie versprechen. Schlepper handeln dabei illegal und setzen sich selbst zum Teil auch einem großen Risiko aus.

2000 Euro pro Erwachsenem, 500 Euro pro Kind. Bezahlung erst nach Ankunft. [...] Die Familie leiht sich Geld von Freunden. [...] [Auf einem Fischerboot] verbringen die Alkhechens die nächsten Tage. Das Boot soll sie gemeinsam mit 300 anderen Personen nach Italien bringen. Es gibt eine Toilette. Die Flüchtlinge sitzen auf dem Deck, auf nassem Boden, eng aneinandergepresst unter offenem Himmel. [...] Die Syrerin erzählt von den weinenden Menschen, den schreienden Kindern und ihren Ängsten. Welches Kind schnappt sie sich zuerst, wenn das Boot sinkt? [...] Auch über die fünf Schleuser spricht Maya Alkhechen positiv. Morgens und abends erhalten die Passagiere Brot mit Käse, mittags gibt es Reis, der in einer kleinen Küche gekocht wird. [...] Eine Frau, die bei der Überfahrt stirbt, wird nicht über Bord geworfen. [...] Dennoch gibt es Komplikationen. Weil das Boot so überfüllt ist, geht der Motor ständig aus. „Die Wellen spielten mit dem Boot [...]." Einmal versagt der Motor völlig. [...] Nach einigen Stunden zieht ein italienisches Schiff das Boot aus dem Wasser und bringt sie nach Sizilien. Eigent-

lich sollte die Überfahrt drei Tage dauern, am Ende sind es sieben. [...] Obwohl sie keine Pässe haben, kann die Familie die Notaufnahme verlassen. Sie kaufen sich Fahrtkarten, mit einer Fähre setzen sie über zum Festland, ein Bus bringt sie nach Rom, von dort nehmen sie den Zug nach Deutschland. Ende September [...] erreichen sie Mayas Großeltern in Essen. [...] Sie versteht jeden, der in Afrika in ein Schlepperboot steigt. „So etwas tut man nicht aus Lust und Laune. Das machen nur Menschen, die alles verloren haben. Es gibt keinen anderen Weg." Maya Alkhechen und ihre Familie wurde inzwischen anerkannt, sie dürfen normal arbeiten und studieren. Die 31-Jährige würde die Fahrt über das Mittelmeer wieder riskieren. Die Debatte darüber, wie man die Schleuser aufhalten könnte, findet sie scheinheilig. Gäbe es legale Wege nach Europa, hätten die Schleuser nichts mehr zu tun. Dann wäre ihr Geschäft am Ende. [...]

(Christian Rothenberg: „Ich würde mich wieder in ein Boot setzen". ntv online, Köln, 23.04.2015, verändert)

M2 Die Fluchtgeschichte von Maya Alkhechen

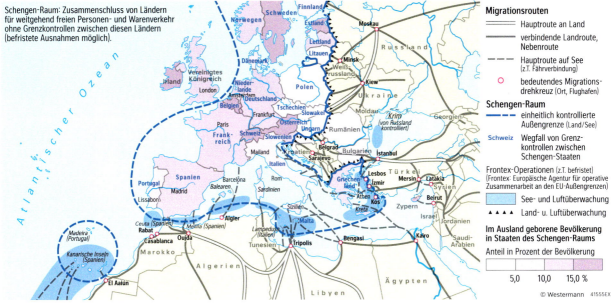

M4 Migrationsrouten und -möglichkeiten in die EU

In der Nacht zum 9. September 2020 brachen mehrere Feuer im griechischen Flüchtlingslager Moria aus, in deren Folge nahezu das gesamte Flüchtlingslager abbrannte und geräumt werden musste. Mehrere junge Männer wurden als verdächtige Brandstifter festgenommen. Es wird vermutet, dass sie auf die schlechten Zustände im Lager aufmerksam machen wollten.

Das Flüchtlingslager Moria war seit Jahren massiv überfüllt. Mehr als 13 000 Menschen wurden dort in einem Lager untergebracht, das ursprünglich für 2 800 Menschen gedacht war. Hilfsorganisationen kritisierten ohne Erfolg die sich daraus ergebenden schlechten hygienischen und wohnlichen Bedingungen. Im Nachhinein mussten die Flüchtlinge tagelang auf Straßen unter offenem Himmel übernachten, bis sie schließlich in einem anderen, schnell aufgebauten Zeltlager unterkommen konnten.

Moria liegt auf der griechischen Insel Lesbos in der Nähe der türkischen Küste (M4). Seit 2015 kommen dort immer wieder Flüchtlinge an, die von Schleppern aus der Türkei mit Booten gebracht werden. Sie müssen dort dann teilweise sehr lange auf eine Weiterreise auf das griechische Festland warten.

M5 Moria in Flammen

AUFGABEN

1. *Beschreibe die Möglichkeiten, wie Flüchtlinge aus Afrika und dem Nahen Osten in die EU gelangen können.*

2. *Erläutere, wie die Fluchtgeschichte in M2 durch die Dublin-III-Verordnung eigentlich hätte enden müssen.*

3. * *Erkläre, welche Probleme sich zwangsläufig aus der Dublin-III-Verordnung ergeben.*

4. *Nimm Stellung zu der Situation der Flüchtlinge (M4, M5)*

Am 19. Juli 2013 trat in der EU eine neue Verordnung zum Verfahren bei **Asylanträgen** in Kraft. Die sogenannte Dublin-III-Verordnung legt fest, dass Asylanträge in der EU nur in dem Land gestellt werden können, in dem ein Flüchtling zum ersten Mal EU-Boden betreten hat. Ziel davon war es, dass innerhalb der EU pro Person jeweils nur ein Asylantrag gestellt werden kann und somit auch immer nur ein bestimmtes Land zuständig ist.

M6 Die Dublin-III-Verordnung

M1 Bronze für die deutsche 4 x 100-Meter-Staffel (von links: Rebekka Haase, Lisa-Marie Kwayie, Gina Lückenkemper, Tatjana Pinto) bei der Leichtathletik-EM 2018

Deutschland – ein Einwanderungsland?

INFO

Die natürliche Bevölkerungsentwicklung in Deutschland ist seit vielen Jahren negativ. Ohne Zuwanderung würde die Bevölkerungszahl in Deutschland bis 2060 auf etwa 68 bis 73 Millionen schrumpfen.

Die Bevölkerungsentwicklung Deutschlands ist seit dem Ende des Zweiten Weltkriegs 1945 von Ein- und Auswanderungen geprägt. Nachdem der Zuzug von Flüchtlingen und Vertriebenen abebbte, gab es ab den 1960er-Jahren eine erste Zuwanderungsphase, in der Arbeitskräfte aus Südeuropa und der Türkei angeworben wurden. Diese Phase endete 1973 mit einem Anwerbestopp, da sich das deutsche Wirtschaftswachstum verringerte.

Nach Mitte der 1980er-Jahre kamen in einer zweiten Zuwanderungsphase Asylsuchende aus Konfliktgebieten und Armutsregionen der Entwicklungsländer. Eine weitere Zuwanderungsgruppe in dieser Zeit waren deutschstämmige Spätaussiedler aus Ost- und Südosteuropa. Allein 1992 zogen rund 1,5 Millionen Menschen nach Deutschland. Es folgte eine strengere Reglementierung, sodass die Zuwanderungszahlen wieder sanken.

Seit der Flüchtlingskrise ab 2011 steigt die Zahl jedoch wieder, sodass Ende 2020 mehr als 21 Millionen Menschen mit **Migrationshintergrund** in Deutschland lebten.

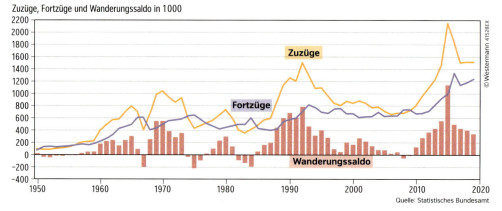

M2 Migration von und nach Deutschland

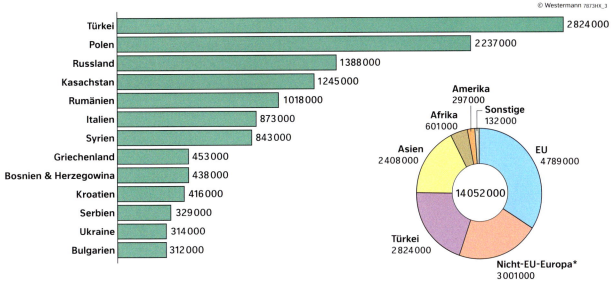

Quelle: Statistisches Bundesamt 2020

* inklusive Russland, Ukraine, Weißrussland

M3 Herkunftsländer bzw. -regionen von Ausländern in Deutschland

Durch den demographischen Wandel kommt es in einigen Bereichen der deutschen Wirtschaft zu einem Fachkräftemangel. Vor allem im zukunftsträchtigen MINT-Bereich (Mathematik, Informatik, Naturwissenschaft, Technik) werden qualifizierte Arbeitnehmer dringend gebraucht. Zum Beispiel waren Ende 2020 100 000 Stellen für IT-Fachkräfte unbesetzt, weshalb Branchenverbände unter anderem die Förderung von Zuwanderung für qualifizierte Fachkräfte fordern.
Im Bundeswirtschaftsministerium gibt es seit längerer Zeit Pläne, die Zuwanderung von Fachkräften zu erleichtern und zu fördern. Dies könnte unter anderem durch erleichterte und beschleunigte Visa-Verfahren geschehen.

Ein dauerhafter Fachkräftemangel könnte der deutschen Wirtschaft die Innovationskraft und das Know-how nehmen, um in einer vernetzten Weltwirtschaft konkurrenzfähig zu bleiben.
Nicht nur im MINT-Bereich fehlen Fachkräfte. Auch in fast allen Bereichen des Handwerks wie Gebäudetechnik, Sanitär, Heizung und Elektrotechnik sind viele Tausend Stellen unbesetzt. Während der Corona-Pandemie zeigte sich zudem auch verstärkt, dass in Gesundheits- und Pflegeberufen viele Arbeitskräfte fehlen.

M4 Zuwanderung gegen Fachkräftemangel

AUFGABEN

1 *Beschreibe die Wanderungsbilanz für Deutschland (M2).*

2 *Analysiere die Grafik in M3.*

3 * *Erörtere die Folgen der Zuwanderung von Facharbeitern für Deutschland und für das Herkunftsland.*

4 *Beurteile, inwiefern Deutschland Zuwanderung braucht.*

5 *Diskutiert die Frage aus der Überschrift.*

Obwohl Migration nachweislich z.B. viele wirtschaftliche Vorteile mit sich bringt, kann sie zu einer Herausforderung für die Gesellschaft werden. Bei mangelnder Integration kann es beispielsweise zur Bildung von Parallelgesellschaften kommen, was wiederum zu einer höheren Kriminalitätsrate führen kann. Bereits vorhandene Vorurteile gegenüber Migranten können zudem von politischen Kräften instrumentalisiert und verstärkt werden, was zu einer polarisierten Gesellschaft führen kann.
Bevor eine umfassende Akzeptanz entsteht, braucht es jedoch mitunter eine lange Zeit.

M5 Herausforderungen durch Migration

Wir werten Medien aus und bilden uns eine Meinung

Die Recherche von Informationen, zum Beispiel im Internet, ist ein Teil unseres Alltags. Prüft man die gefundenen Inhalte jedoch genauer, kommen zum Teil widersprüchliche Aussagen zutage. Daher müssen Grafiken, Texte oder Filme hinsichtlich verschiedener Kriterien analysiert werden, bevor man sich eine eigene Meinung bildet.

Gerade im Zeitalter von Fake News und Verschwörungserzählungen wird die Absicht der Autorin bzw. des Autors oft unterschätzt.

Hinter einem objektiven Bericht oder einem subjektiven Kommentar stecken unterschiedliche Absichten. Vor allem, wenn man die Qualität einer Quelle nicht beurteilen kann, muss man die Informationen immer mithilfe einer zweiten Quelle verifizieren.

Arbeitsschritte

Schritt 1: Grundinformationen erschließen
- Welche Intention hat die Überschrift bzw. der Titel?
- Welche Informationen enthalten die Materialien?
- Von wem stammt die Quelle: Experte / Expertin, Unternehmen, Organisation, ...? Ist ein Impressum vorhanden?
- Welches Ziel wird verfolgt: Werbung, Unterhaltung, Information, Interessenvertretung, ...?
- Handelt es sich um Fakten oder Meinungen? Werden Fachleute zitiert? Ist die Darstellung verständlich? Wurde statistisches Material verwendet?
- Ist eine Überprüfung der Aussage der vorliegenden Quelle erforderlich? Scheint sie sachlich ausgewogen oder sind nur einseitige Bewertungen und persönliche Meinungen dargestellt?
- Sind die Informationen aktuell?
- Achte auf die Wortwahl: Ist sie reißerisch oder verallgemeinernd?

Allerlei Zahlenkniffe sorgen dafür, dass Sachverhalte falsch dargestellt werden. Einige Beispiele:
- Zahlenwerte können als absolute Zahlen oder Verhältniszahlen, z.B. in Prozent, angegeben sein.
- Mittelwerte fassen viele Zahlen zu einem Wert zusammen: Extremwerte einer Statistik werden dabei geglättet und das Ergebnis wird geschönt.
- Durch Klassenbildung werden die Intervalle einer Skala festgelegt (z.B. 0–5, 6–10 etc). Durch eine geschickte Auswahl kann man eine Sachlage hervorheben oder auch verschleiern.

Bei der Umsetzung von Zahlen in Diagramme können Sachverhalte durch optische Täuschung verzerrt werden, zum Beispiel wenn
a) bei Liniendiagrammen
  - die y-Achse nicht mit 0 beginnt,
  - die y-Achse oder die x-Achse gestreckt oder gestaucht wird,
  - unerwünschte Werte weggelassen werden;

Schritt 2: Verbindungen herstellen
- Passen Texte und Grafiken zueinander?
- Welche Schwerpunkte gibt es?

Schritt 3: Zusammenhänge erklären
- Welche Inhalte lassen sich formulieren?
- Belegen Fakten oder Zahlen die Aussagen?

b) bei Säulendiagrammen die unteren Säulenabschnitte gestreckt, gestaucht oder ganz weggelassen werden.

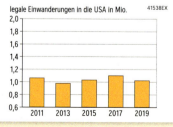

Schritt 4: Fazit ziehen
- Welche Erkenntnisse lassen sich gewinnen?
- Wird deine Meinung beeinflusst?

M1 Vorsicht vor Manipulationen bei Statistiken und Diagrammen

MASSENGRAB MITTELMEER?

Verzweiflung an Bord

Jeden Tag sterben bei der Überfahrt über das Mittelmeer zahlreiche Menschen, die vor katastrophalen Bedingungen in ihrem Heimatland flüchten.

Der Seeweg ist die einzige Möglichkeit, um ihr Ziel Europa zu erreichen. Ein spektakuläres, gefährliches Unterfangen, das in den meisten Fällen böse endet. Auf hoher See sind die Flüchtenden der Macht des Meeres ausgeliefert. Viele private Seenotretter helfen im Meer treibenden Bootsflüchtlingen, indem sie diese an Bord nehmen und nach Europa schaffen. „Damit bringt man noch mehr Menschen auf die Idee, sich auf den Weg zu machen", behaupten Kritiker. Schließlich kümmern sich andere darum, dass man diese abenteuerliche Fahrt übersteht und ans Ziel kommt. Da ist es doch gerade recht und billig, dass man die Ankunftshäfen in Europa schließt und die Schiffe mit Flüchtlingen nicht anlegen lässt. Zurück in die Herkunftsländer!

„Wehret den Anfängen"

Ganz nach dem Motto „Wehret den Anfängen!" soll sich diese Haltung vieler Staaten abschreckend für zukünftige Flüchtlinge erweisen. Bleibt abzuwarten, was sich in Zukunft durchsetzen wird: Der Drang der Asylsuchenden, das Risiko der Überfahrt auf sich zu nehmen, oder die Abschottung Europas vor den Ankommenden?

Zahl der 2019 im Mittelmeer Ertrunkenen geht im Vergleich zum Vorjahr zurück

Laut Aussagen des Organisation „Missing Migrants" ertranken im Jahr 2019 bei der Flucht über das Mittelmeer 1885 Menschen. Zwischen Libyen und Europa zum Beispiel bezahlte jeder 15. Flüchtling und Migrant den Überquerungsversuch mit seinem Leben, so der Bericht weiter. Warum verlassen diese Menschen ihre Heimat und begeben sich auf dieses riskante Fluchtmanöver? „Zusammenfassend haben all diese Herkunftsländer gemeinsam, dass sie zu den ärmsten Ländern der Welt gehören und zusätzlich unter akuten Missständen oder den Folgen langfristiger Krisen wie Terrororganisationen, Ebola oder Hungersnöten leiden", so der Migrationsforscher Paul Gerstl.

Und warum gefährden die Menschen ihr Leben über den Seeweg? „Der Landweg ist aufgrund des Abkommens mit der Türkei, keine Flüchtlinge mehr durch zu lassen, uninteressant geworden. Ferner die vielen geschlossenen Grenzen für Asylsuchende in Staaten wie Griechenland oder auf dem Balkan! So bleibt nur die Fahrt über das Meer."

Seenotrettung ist somit für Hilfsorganisationen wie „Sea-Watch" oder „Jugend rettet", die nicht von Staaten finanziert werden, ein Dienst am Menschen, weil sie in Not geratene Flüchtlinge auflesen und ihnen damit das Leben retten. Andererseits bleibt zu hoffen, dass diese Hilfsbereitschaft nicht ein Anreiz ist, um noch mehr Schutzsuchende auf die Idee zu bringen, den Seeweg anzutreten in der Hoffnung auf ein Gelingen dieses Abenteuers.

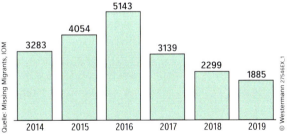

Tote und Vermisste bei der Flucht über das Mittelmeer

M2 Zwei Texte zum Thema Flüchtlinge

AUFGABEN

1. Beschreibe die Manipulationen bei den vier Diagrammen in M1.
2. Analysiere die beiden Texte (M2) nach den Kriterien auf S. 70.
3. Bilde dir eine eigene Meinung zu Migrationsthemen aus diesem Kapitel. Führt in der Klasse eine Diskussion zu einem Thema eurer Wahl durch.

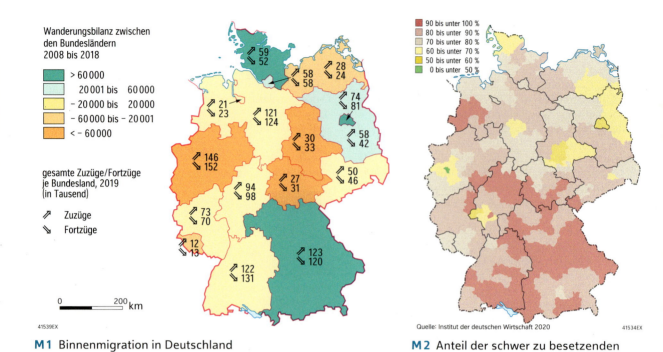

Wanderungsbilanz zwischen den Bundesländern 2008 bis 2018

■ > 60 000
■ 20 001 bis 60 000
■ – 20 000 bis 20 000
■ – 60 000 bis – 20 001
■ < – 60 000

gesamte Zuzüge/Fortzüge je Bundesland, 2019 (in Tausend)

↗ Zuzüge
↘ Fortzüge

0   200 km

41539EX

M 1 Binnenmigration in Deutschland

■ 90 bis unter 100 %
■ 80 bis unter 90 %
■ 70 bis unter 80 %
■ 60 bis unter 70 %
■ 50 bis unter 60 %
■ 0 bis unter 50 %

Quelle: Institut der deutschen Wirtschaft 2020   41534EX

M 2 Anteil der schwer zu besetzenden Arbeitsplätze 2019

Migration auch innerhalb Deutschlands

INFO

In Deutschland gibt es einen Fachkräftemangel in mehreren Berufsfeldern, wie zum Beispiel in der Altenpflege oder in Berufen des MINT-Bereiches.

Im Jahr 2019 zogen mehr als eine Million Menschen innerhalb Deutschlands in ein anderes Bundesland um. Diese Wanderung innerhalb eines Gebietes wird als **Binnenmigration** bezeichnet. Ein Gebiet kann dabei ein Staat oder eine kleine Region sein. Der Begriff ist also nicht exakt definiert. Binnenmigration bedingt auch die Verschiebung von Arbeitsplätzen und Arbeitskräften. Dabei wiegt der **Fachkräftemangel** besonders schwer, da er zu einer negativen Entwicklungsspirale führen kann.

Häufig wandern junge Menschen ab, die ihr Wissen und Engagement in die neue Region mitnehmen. Dadurch entsteht in Deutschland ein Wettbewerb unter den Regionen. Denn mittlerweile versuchen zahlreiche Städte, Gemeinden und Bundesländer mit Initiativen und Anreizen, die abgewanderten Menschen zur Rückkehr zu überreden oder neu anzuwerben. Das Ziel ist dabei, die Region auf lange Sicht wieder zukunftsfähiger zu gestalten.

AUFGABEN

1 Vergleiche das Wanderungssaldo der Bundesländer (M 1).
2 Analysiere den Fachkräftemangel, der in der Karte in M 2 dargestellt wird.
3 Diskutiert, inwieweit sich die Karten M 1 und M 2 miteinander vergleichen und in Beziehung setzen lassen.
4 Beschreibe die prognostizierte Situation Thüringens im Jahr 2035.

5 Liste Gründe für die starke Abwanderung aus Thüringen auf.
6 * Erarbeitet in einer Kleingruppe ein Kampagnenposter, das junge Menschen vom Leben in Thüringen überzeugen soll.

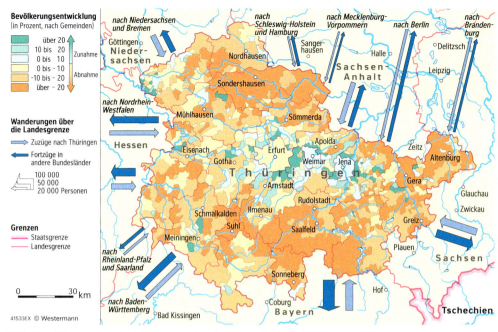

Bevölkerungsentwicklung
(in Prozent, nach Gemeinden)

über 20	
10 bis 20	Zunahme
0 bis 10	
0 bis – 10	
–10 bis – 20	Abnahme
über – 20	

Wanderungen über die Landesgrenze
→ Zuzüge nach Thüringen
← Fortzüge in andere Bundesländer

100 000
50 000
20 000 Personen

Grenzen
— Staatsgrenze
— Landesgrenze

0 ——— 30 km

41533EX © Westermann

M 3 Bevölkerungsentwicklung in Thüringen zwischen 1990 und 2017

M 4 Verlassene Häuser auf dem Land

Aktuelle Prognosen des Deutschen Instituts für Wirtschaft sagen für Thüringen bis zum Jahr 2035 einen Bevölkerungsrückgang von mehr als 10 Prozent voraus, was etwa 2,2 Millionen Menschen sein werden. Neben dem natürlichen Bevölkerungsrückgang hat auch die Abwanderung einen großen Anteil daran. Vor allem junge Menschen – eine Mehrzahl davon Frauen – im Alter zwischen 20 und 30 Jahren wandern aus Thüringen in andere Bundesländer aus und verschlimmern die Situation dadurch weiter, da die Geburtenrate dadurch wohl weiter sinken wird.
Innerhalb Thüringens kommen zudem große Disparitäten bezüglich des Wanderungssaldos zum Vorschein. Die großen Städte wie Erfurt, Weimar oder Jena haben einen leichten Bevölkerungszuwachs, während vor allem der ländliche Raum Einwohner verliert.

M 6 Düstere Aussichten für Thüringen

• Aufnahme eines Studiums oder einer Ausbildung
• bessere Aussichten auf eine Arbeitsstelle in den umliegenden Bundesländern
• unzureichende Mobilität, vor allem im ländlichen Raum durch schlechte Verkehrsinfrastruktur
• schlechte digitale Infrastruktur
• zum Teil politisch herausforderndes Umfeld mit polarisierenden Parteien
• unzureichende Ausstattung mit Dienstleistungen

M 5 Gründe für die Abwanderung

Einer Studie zufolge hat die heutige und zukünftige Abwanderung auch Wurzeln in der Vergangenheit. So sei ein Hauptgrund die Massenflucht aus Ostdeutschland zwischen 1949 und dem Mauerbau 1961. Des Weiteren habe die Zuwanderung durch Gastarbeiter gefehlt.
Schließlich habe die Abwanderungswelle nach der Wiedervereinigung den Trend weiter verstärkt.

M 7 Historische Altlasten

Kanada – Vorbild für die Gestaltung von Zuwanderung?

20857EX_1

M1 Kanadas Lage in Nordamerika

Eine große Mehrheit der Kanadier findet, dass Kanada Einwanderung braucht, um weiterhin wirtschaftlich erfolgreich zu sein. Seit Jahrzehnten wandern pro Jahr etwa 250 000 Menschen aus aller Welt nach Kanada ein, und in Kanada geht man fest davon aus, dass das so bleiben wird. Der Wirtschaftsrat der Regierung empfiehlt sogar deutlich höhere Zuwanderungsraten. Kommen darf, wer auf dem Arbeitsmarkt gebraucht wird und nützlich ist für die kanadische Gesellschaft. Einwanderung soll schließlich sowohl für die Zuwanderer als auch für das Land vorteilhaft sein.

Kanada steuert seine Einwanderung über ein Punktesystem, das bereits seit 1967 existiert. Punkte gibt es unter anderem für Sprachkenntnisse und Berufserfahrung (M3). Arbeitgeber können diese Punkteprofile einsehen und Menschen, die einwandern wollen, ein Stellenangebot unterbreiten. Wer ein Stellenangebot vorweisen kann, bekommt weitere Punkte. Für eine Einreiseerlaubnis brauchen Bewerber mindestens 67 Punkte. Je mehr Punkte ein Bewerber vorweisen kann, umso größer sind seine Chancen, ein Visum und eine Arbeitserlaubnis zu erhalten.

Kanada ist ein vielfältiges und großes Land. Mit einer Fläche von fast zehn Millionen Quadratkilometern ist es nach Russland das zweitgrößte Land der Erde. Mit seinen Seen und Wäldern bietet Kanada viel Natur. Aber es gibt auch pulsierende Metropolen wie Vancouver oder Toronto. 36 Millionen Menschen leben in Kanada, davon fast drei Millionen in der größten Stadt des Landes. Neu-Schottland, eine Provinz im Osten des Landes, hat hingegen nicht einmal eine Million Einwohner. Ähnlich verschieden und gegensätzlich sind in den Provinzen und Territorien Kanadas auch die Bestimmungen für die Einwanderung. Mehr als 60 Programme regeln, wer nach Kanada einwandern darf.

M2 Kanada – ein vielfältiges Land

Auf der ganzen Welt wird Kanada für seine Einwanderungspolitik gelobt. Aber es ist eine Politik für gut qualifizierte Immigranten. Saisonarbeiter, die auf Kanadas Farmen bei der Ernte helfen, werden hingegen genauso schlecht behandelt wie anderswo auch. Ein spezielles Anwerbeprogramm regelt genau, unter welchen Bedingungen die Farmer Saisonarbeitskräfte beschäftigen dürfen. Die Gastarbeiter aus Mexiko, der Karibik oder von den Philippinen werden jeweils für acht Monate angestellt. Wenn der Vertrag gekündigt wird oder abgelaufen ist, müssen sie das Land wieder verlassen. Im Jahr darauf müssen sie sich neu bewerben. Dass die Gastarbeiter einen Aufenthaltsstatus erhalten, ist unwahrscheinlich.

M4 Einwanderer zweiter Klasse

Das kanadische Punktesystem

©Westermann 11204HX_1

M3 Anteil verschiedener Faktoren am Punktesystem

AUFGABEN

1. Beschreibe, wie in Kanada Einwanderung geregelt wird.
2. * Bewerte Kanadas Einwanderungs-Punktesystem (M3).
3. Recherchiere, unter welchen Bedingungen Erntehelfer in Deutschland, Italien und Spanien arbeiten.
4. Informiere dich über Einwanderungsbestimmungen in Deutschland.

SPANNEND

Indien – Fachkräfte für die Welt?

Mehr als 25 Millionen Inder leben im Ausland. Damit sind Inder nach Chinesen die zweitgrößte Migrantengruppe der Welt. Während in westlichen Staaten wie den USA, Großbritannien oder Kanada vor allem gut ausgebildete Fachkräfte leben, sind in den Golfstaaten wie den Vereinigten Arabischen Emiraten oder Saudi-Arabien viele Inder als Hilfskräfte im Baugewerbe oder der Gebäudereinigung angestellt.

Durch die britische Kolonialzeit leben zudem viele Inder in anderen, ehemals britischen Kolonien wie Südafrika oder Malaysia. In Deutschland leben mittlerweile mehr als 125 000 Inder. Diese Zahl hat sich in den letzten 10 Jahren fast verdreifacht. Die meisten Inder in Deutschland arbeiten im IT-Bereich oder besuchen deutsche Universitäten.

- Etwa 3,2 Millionen Inder leben in den USA, wovon etwa 700 000 in New York und seiner Umgebung leben.
- Mehr als 200 000 Inder in den USA sind Millionäre.
- Inder gründen etwa 14 % aller Start-ups im Silicon Valley.
- Inder sind die Migrantengruppe mit dem höchsten BIP pro Kopf.
- Frühere indische Einwanderer arbeiteten meist als Taxifahrer, Arbeiter oder besaßen kleine Läden. Heutige Einwanderer kommen meist für hoch qualifizierte Berufe ins Land.
- Der New Yorker Stadtteil Jackson Heights wird aufgrund des hohen Anteils indischstämmiger Einwanderer auch als „Little India" bezeichnet.

M2 Inder in den USA

M4 Indiens Lage in Asien

Wanderungsbewegungen verlaufen heute nicht mehr so einseitig und endgültig wie früher. Migranten verbringen nicht mehr unbedingt ihr ganzes Leben im Zielland. Auch brechen sie seltener die Verbindungen zu ihrem Herkunftsland komplett ab. Viele überweisen beispielsweise Geld zurück und unterstützen damit Menschen in ihrem Herkunftsland (M3).

Es gibt auch zahlreiche Migranten, die nach einigen Jahren im Ausland wieder in ihr Herkunftsland zurückkehren und ihre beruflichen Erfahrungen dort einbringen. So ist die Migration der Hochqualifizierten häufig positiv für beide Länder: das Herkunftsland und das Zielland.

Eines der bekanntesten Beispiele für die positiven Effekte dieser sogenannten Brain-Circulation ist die indische IT-Branche. Dank aus dem Ausland zurückgekehrter IT-Spezialisten kann sich die indische Softwareindustrie seit den 1990er-Jahren über hohe Wachstumsraten und die Ansiedlung von Arbeitsplätzen freuen. Die Hälfte aller IT-Unternehmen in Indien wurde von ehemaligen Auswanderern gegründet, die oft auch gute Kontakte ins Ausland haben.

M1 Brain-Circulation statt Braindrain?

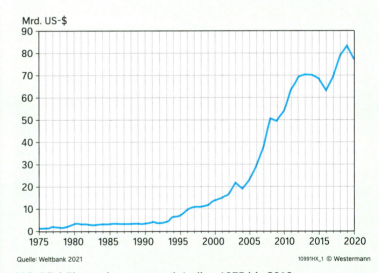

Quelle: Weltbank 2021

10991HX_1 © Westermann

M3 Rücküberweisungen nach Indien 1975 bis 2019

AUFGABEN

1. *Erarbeite eine Mindmap mit dem Thema „Inder im Ausland".*
2. *Erläutere, inwiefern man im Fall von Indien eher von Brain-Circulation als von Braindrain sprechen kann.*

Ein Mystery zum Thema Migration: Warum muss Veata in die Stadt ziehen, wenn Lina neue Schnuller braucht?

Lina (2 Jahre)

Veata (6 Jahre)

Das größte Problem für ländliche Gemeinschaften in Kambodscha ist die Versorgung mit Lebensmitteln, die sonst aus und mit dem Wald hergestellt wurden.

In der Mekong-Region ist vor allem der Platzbedarf für den Anbau von Kautschuk, Reis, Zucker und Biokraftstoffen die Ursache für die Entwaldung.

Gummiherstellung in einer Fabrik

Einer Studie der Universität Kopenhagen und der Humboldt Universität Berlin zufolge, wurden in Kambodscha zwischen 2000 und 2015 mehr als 2,2 Millionen Hektar Waldfläche gerodet. Das entspricht etwa 24% der gesamten Waldfläche Kambodschas. Genutzt werden diese Flächen zum Großteil zum Anbau von Gummibaum- oder Ölpalmenplantagen. Diese werden in Monokulturen angebaut, was einen massiven Verlust an Biodiversität nach sich zieht.

Jährlich werden in Europa mehr als 80 Millionen Schnuller verkauft, wovon der Großteil aus Latex hergestellt wird.

Etwa 40 Prozent des Gummis werden aus Gummibäumen hergestellt und fast die gesamte Produktionsmenge kommt aus Südostasien. Der größte Produzent ist weiterhin Thailand, obwohl in den letzten Jahren immer mehr Länder wie Laos, Myanmar, Kambodscha und Vietnam ihre Kautschukproduktion massiv ausgeweitet haben.

Kautschuk findet seinen Einsatz überall im Alltag und wird seit mehr als 150 Jahren verwendet. Ohne Naturkautschuk würde z.B. der Verkehr weltweit stillstehen, da aus diesem Rohstoff jährlich etwa zwei Milliarden Reifen hergestellt werden.

Preis pro kg in US-$

Kautschuk

41532EX

Naturkautschuk bietet gegenüber synthetisch hergestelltem Kautschuk einige Vorteile: Zum einen wird kein Erdöl in der Rohproduktion gebraucht, zum anderen ist der Rohstoff sehr elastisch, reißfest und wasserabweisend. Der größte Vorteil ist jedoch der, dass es ein nachwachsender Rohstoff ist.

Um Naturkautschuk zu gewinnen, werden Stämme von Kautschukbäumen angeritzt. Das austretende Latex wird aufgefangen und mithilfe von Säure transportfähig gemacht. Hauptsächlich werden damit Autoreifen hergestellt, aber auch Produkte wie Yogamatten, Schnuller oder Kondome.

Die hohen Niederschläge führen regelmäßig zu kurzen aber starken Überschwemmungen und zu Bodenerosion in den entwaldeten Gebieten. Die Entwaldung erhöht auch die lokalen Temperaturen, was die Fähigkeit der Böden als Wasserspeicher weiter verringert.

Die am meisten genutzte Kautschukbaumart auf Plantagen stammt ursprünglich aus Südamerika. Mit ihr eingeschleppte Krankheiten können sich auch auf andere Baumarten ausbreiten, die sich dagegen kaum schützen können.

Letztendlich bleibt den Bewohnern meist nichts anderes übrig, als Saisonarbeit anzunehmen oder den ländlichen Raum in Richtung der Städte zu verlassen.

41557EX

Thailand
Kambodscha
Vietnam
Siemreap
Battambang
Stung Treng
Kompong Chhnang
Kompong Cham
Phnom Penh
Kompong Som

tropischer Regenwald
Waldverlust 2000–2019
0   50   100 km

Veränderungen des Regenwaldes für Kautschukbaum-Plantagen

Gewinnung von Latex (kautschukhaltiger Pflanzensaft)

AUFGABEN

1 *Die Gründe für Migration sind nicht immer auf den ersten Blick zu durchschauen. Mithilfe der Hinweise auf der Seite soll es euch gelingen, die Frage in der Überschrift zu beantworten.*
a) Wertet die Materialien nach passenden Hinweisen aus.
b) Erstellt ein sinnvolles Wirkungsgefüge.
c) Vergleicht im Anschluss eure Ergebnisse und begründet mögliche Unterschiede.
d) Reflektiert die Methode Mystery. Wobei hattet ihr Probleme? Was hat euch geholfen?
2 * *Beurteile den Kautschukanbau in Hinblick auf Tragfähigkeit und Ernährungssicherung der steigenden Bevölkerungszahl in Kambodscha.*

Migrationsgeschichten

a) Ordne den beiden Migrationsgeschichten begründet eine Migrationsart zu.

b) Fasse in einer Tabelle die jeweiligen Push- und Pull-Faktoren zusammen, die Said und Michal zur Migration bewegt haben.

Said: „Meine Frau, meine Kinder und ich führten in Syrien ein glückliches Leben, bis 2011 der Bürgerkrieg ausbrach. Wir konnten mit der täglichen Gefahr nicht mehr leben und beschlossen, das Land zu verlassen. Mit beiden Kinder flohen wir 2016 über die Mittelmeerroute. Bei der Überfahrt geriet das völlig überfüllte Schlauchboot in Seenot. Nach einigen Stunden wurden wir glücklicherweise von einem italienischen Boot gerettet und nach Sizilien gebracht. Von dort erreichten wir mit Zwischenstopp in Rom nach Wochen endlich unser Ziel Deutschland. Da hier politisch Verfolgte gemäß dem Grundgesetz Asylrecht haben, stellten wir einen Asylantrag, der auch bewilligt wurde. Seitdem sind wir als Flüchtlinge anerkannt und begannen in Ansbach ein Leben ohne Angst vor Krieg und Verfolgung. Doch immer wieder konfrontieren uns Deutsche mit fremdenfeindlichen Anfechtungen und mit Vorurteilen. Wenn möglich, gehen wir eines Tages nach Syrien zurück, um beim Wiederaufbau zu helfen. Syrien ist unsere Heimat."

Michal: „Ich komme aus Bulgarien. Seit fünf Jahren bin ich zwar mit meinem Informatikstudium fertig, habe aber aufgrund der geringeren wirtschaftlichen Entwicklung in meiner Heimat keine Anstellung gefunden. Deshalb entschloss ich mich, nach Nürnberg zu ziehen. Die ortsansässigen Unternehmen suchen Arbeitskräfte wie mich und bieten zudem Karrieremöglichkeiten sowie einen deutlich höheren Verdienst. Da Bulgarien zur Europäischen Union gehört, darf ich mich legal in Deutschland niederlassen und dort arbeiten. Mir ist bewusst, dass ich durch meinen Umzug das Entwicklungspotenzial meiner Heimat weiter schwäche, aber nach langer, erfolgloser Jobsuche hatte ich keine andere Wahl. Obwohl ich mich integriert fühle und die deutsche Sprache inzwischen gut beherrsche, finde ich es manchmal schön, mich mit Freunden aus südosteuropäischen Ländern zu treffen, um Erfahrungen auszutauschen. Durch Menschen wie mich wird die deutsche Gesellschaft bunter und vielfältiger."

Das Wandern ist des Müllers Anpassungsstrategie

Nimm Stellung zu folgender Aussage: „Migration ist eine Anpassung an verschiedene Veränderungen im Lebensumfeld."

Manipulierte Statistik

a) Studiere die Statistik zu den jährlichen Asylantragszahlen in Deutschland seit 2011. Schreibe dazu zwei kurze Nachrichtenartikel inklusive Diagramm: einen Bericht mit einer unmanipulierten Statistik und einen weiteren Text mit einer manipulierten Statistik (vgl. S. 70/71).

b) Begründe die Wahl deiner „Stilmittel".

Jahr	Asylanträge		
	insgesamt	davon Erstanträge	davon Folgeanträge
2011	53 347	45 741	7 606
2012	77 651	64 539	13 112
2013	127 023	109 580	17 443
2014	202 834	173 072	29 762
2015	476 649	441 899	34 750
2016	745 545	722 370	23 175
2017	222 683	198 317	24 366
2018	185 853	161 931	23 922
2019	165 938	142 509	23 429
2020	122 170	102 581	19 589

Grundbegriffe

Asylantrag
Bad Governance
Binnenmigration
Braindrain
Braingain
Fachkräftemangel
Migration
Migrations-
 hintergrund
Pull-Faktor
Push-Faktor

Karikaturauswertung

Werte eine der beiden Karikaturen aus.

4 Verstädterung

Wo sind Städte entstanden?

Land	Einwohner
Dänemark	200
Island	500
Frankreich	2000
Japan	50000

M1 Wie viele Einwohner machen eine Stadt aus?

Städte sind für viele Menschen, die bessere Lebens- und Arbeitsbedingungen suchen, ein optimaler Lebensraum.

Schon um das Jahr 3000 v. Chr. gab es Städte (Vorderasien, Ägypten, Mesopotamien und Iran). Kurz danach sind Städte auch in Indien und China entstanden. Heute entstehen neue Städte durch Zusammenlegung von Siedlungen, Migration oder Verleihung von Stadtrechten. Neu gegründete Städte entstanden nie willkürlich. Es mussten bestimmte Voraussetzungen erfüllt sein, damit sich Menschen in größerer Anzahl ansiedelten.

Diese Voraussetzungen konnten naturgeographischer, wirtschaftlicher, politischer und gesellschaftlicher Art sein. Oft vermischten sich viele dieser Aspekte.

Städte werden meist durch die Anzahl der Einwohner abgegrenzt. Für Deutschland gelten folgende Definitionen:
• Kleinstadt: 2000 bis 20000 Einwohner,
• Mittelstadt: 20000 bis 100000 Einwohner,
• Großstadt: über 100000 Einwohner.

In anderen Ländern gibt es abweichende Abgrenzungen (siehe M1), sodass der Begriff Stadt sehr unterschiedlich definiert wird.

Römische Siedlungen gelten in weiten Teilen nördlich der Alpen als erste städtische Siedlungen (z. B. Köln). Sie waren oft als Militärstützpunkte in einem schachbrettartigen Grundriss angelegt und besaßen eine gute Infrastruktur (z. B. Straßen, Wasserversorgung, Abwasserentsorgung). Sie sicherten den Machteinfluss Roms und hatten daher auch eine politische Aufgabe. Zudem waren sie an das Fernstraßennetz (Heer- und Handelswege) des Römischen Reiches angebunden.

Ein Beispiel für eine politische Stadtgründung im 20. Jahrhundert stellt die am Reißbrett entworfene Hauptstadt Brasiliens, Brasília (siehe Karte), dar. Mit dieser Maßnahme sollte das brasilianische Binnenland gefördert werden.

M2 Voraussetzung: politische Entscheidung (Beispiel: Brasília)

Orte mit religiöser Bedeutung sind für Menschen verschiedenen Glaubens bis heute sehr wichtig. In der Vergangenheit hat dies dazu geführt, dass aus kleinen Orten Städte entstanden. Hierbei spielten vor allem sakrale Bauten (Kirchen, Dome) und kirchliche Einrichtungen (Museen, Verwaltungen, ...) eine große Rolle. Menschen pilgerten nicht nur zu diesen Stätten, viele siedelten sich dort auch an. So entstanden bedeutende Wallfahrtsorte, die sich mit der Zeit zu Städten entwickelten. Ein Beispiel ist die Stadt Mekka in Saudi-Arabien (siehe Karte). Sie gilt als die Geburtsstadt Mohammeds, des Propheten des Islam, und bildet den zentralen Wallfahrtsort der Muslime.

M3 Voraussetzung: religiöse Gründe (Beispiel: Mekka)

Viele Städte befinden sich an strategisch günstig gelegenen Handelswegen (Häfen, Flüssen, Schienen und Straßennetz). Jedoch gibt es auch Städte, die in einer eigentlich lebensfeindlichen Region liegen, wie beispielsweise Norilsk (siehe Karte). Ihre Gründung 1935 verdankt die nördlichste Großstadt der Erde den umfangreichen Vorkommen an Bodenschätzen, wie z. B. Nickel, Kupfer, Kobalt oder Platin.

Trotz aller Widrigkeiten – Dunkelheit im Winter, Kälte bis minus 40 °C, starke Luftverschmutzung, Umweltschäden im Boden und im Wasser – kommen bis heute zahlreiche Menschen in den Industriestandort, um zu arbeiten.

M 4 Voraussetzung: wirtschaftliche Gründe (Beispiel: Norilsk)

Die grundlegendste Voraussetzung für die Ansiedlung von Menschen und damit letztendlich für die Gründung von Städten bilden natürliche Gegebenheiten. Zu diesen zählen das Relief, die Bodenqualität, die Durchschnittstemperatur sowie die Niederschlagsmenge bzw. die Versorgung mit Wasser. All dies stellt die Voraussetzung dafür dar, dass Ackerbau und damit Nahrungsmittelproduktion überhaupt möglich sind, so wie im Nildelta mit der Hauptstadt Kairo (siehe Karte). Die Menschen haben zudem gelernt, auch unwirtliche Räume zu besiedeln und fruchtbar zu machen. Beispiele sind die trockenen und wüstenartigen Uferregionen am Nil.

M 5 Voraussetzung: natürliche Bedingungen (Beispiel: Kairo)

AUFGABEN

1 * a) Charakterisiere mit mindestens drei Aspekten die Merkmale der vier Städte von Seite 80/81.
b) Ordne die Städte auf Seite 80/81 begründet M 2 bis M 5 zu.
c) Lokalisiere die Städte im Atlas.
d) Wähle eine der vier vorgestellten Städte aus und recherchiere zu einem der anderen Aspekte (politische Entscheidung, religiöse Gründe, wirtschaftliche Gründe, natürliche Bedingungen). Stelle deine Ergebnisse in einem Kurzreferat vor.

2 Untersuche die nächtliche Satellitenbildansicht im vorderen Bucheinband und gehe dabei auf die weltweite Verteilung der Städte ein.

3 Beschreibe die Lage der Städte Jerusalem, Regensburg, Murmansk, New Orleans. Ordne die Städte anschließend den Voraussetzungen natürliche Bedingungen, politische Entscheidung, wirtschaftliche Gründe oder religiöse Gründe zu.

4 Begründe die unterschiedlichen Einwohnergrenzen in M 1. Ergänze weitere Länderbeispiele (Internet).

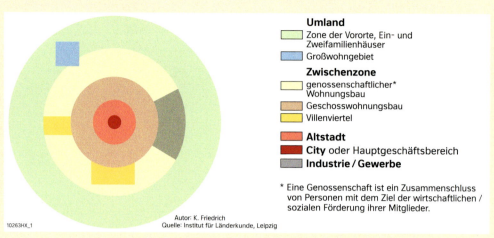

Umland
- Zone der Vororte, Ein- und Zweifamilienhäuser
- Großwohngebiet

Zwischenzone
- genossenschaftlicher* Wohnungsbau
- Geschosswohnungsbau
- Villenviertel

Altstadt
City oder Hauptgeschäftsbereich
Industrie / Gewerbe

* Eine Genossenschaft ist ein Zusammenschluss von Personen mit dem Ziel der wirtschaftlichen / sozialen Förderung ihrer Mitglieder.

10263HX_1   Autor: K. Friedrich
                     Quelle: Institut für Länderkunde, Leipzig

M2 Modell der mitteleuropäischen Stadt

Wir gliedern Städte mithilfe von Modellen

Ein Modell ist eine Anschauungs- bzw. Erklärungshilfe. Es kann Zusammenhänge und Entwicklungen, die vereinfacht dargestellt werden, verdeutlichen. Zwischen der Wirklichkeit und einem Modell gibt es aber Unterschiede, denn auf Einzelheiten oder unwichtige Aspekte kann verzichtet werden. Ähnliche Objekte können zu Gruppen oder übergeordneten Klassen zusammengefasst werden.

Beschreibung: Das Modell der mitteleuropäischen Stadt ist kreisförmig aufgebaut. Im Zentrum der Altstadt befindet sich ①. Ringförmig schließt sich ein Bereich mit Geschosswohnungsbau an. Darauf folgt in der Zwischenzone ein Ring mit ② Wohnungsbau. Dort befinden sich auch einzelne ③ sowie Industrie- und Gewerbegebiete. Als abschließenden Bereich erkennt man das ④, in dem sich neben Vororten, Ein- und Zweifamilienhäusern auch Großwohnsiedlungen befinden.

Erklärung: Die heutige, meist mittelalterliche Altstadt mit Kirchen und engen Gassen sowie das Hauptgeschäftszentrum liegen zentral, weil sie aus dem historischen Kern der Stadt gewachsen sind.

Die Bereiche des Geschosswohnungsbaus stammen aus der Zeit der Industrialisierung (18./19. Jh.), als neuer Wohnraum für die große Zahl an Arbeitskräften benötigt wurde. Sie sind schachbrettartig aufgebaut. Die Villenviertel entstanden oftmals ebenfalls im 19. Jh. Der sich anschließende genossenschaftliche Wohnungsbau ist vor allem im späten 19. und frühen 20. Jh. entstanden. Ziel war die Versorgung der Menschen mit preiswertem Wohnraum in einer Zeit des Wohnungsmangels.

In den Nachkriegsjahren gab es eine weitere Phase des Wohnraummangels. Zum einen begann die Zeit der Wanderungsbewegung in das Umland der Städte bzw. in die Vororte, zum anderen wurden auf Freiflächen am Stadtrand ⑤ angelegt. Heutzutage leben viele Menschen in den Vororten im Grünen und pendeln täglich zur Arbeitsstelle in die Stadt.

M1 Schritt 1 zum Modell der mitteleuropäischen Stadt

Arbeitsschritte

Schritt 1: Beschreibung des Modells
- Nenne das Thema des Modells.
- Beschreibe die Form und die Verteilung der Objekte innerhalb des Modells.
- Erkläre die Lage der Objekte und deren Entwicklung. Nutze dabei verschiedene Informationsmöglichkeiten (z. B. Internet).

Schritt 2: Anwendung des Modells
- Vergleiche den Aufbau einer realen Stadt mit dem Modell. Finde Beispiele (Stadtviertel, Straßenzüge, ...) für die Teilbereiche des Modells (Atlas, Internet).

Schritt 3: Modellkritik
- Beurteile, ob das Modell die Wirklichkeit eventuell zu stark vereinfacht oder ob es zu viele Gliederungsaspekte enthält.
- Bewerte die verwendete sprachliche Form: Sind die Begriffe verständlich oder sind komplizierte Fachbegriffe verwendet worden? Ist das Modell für Laien verständlich?

Orientalische Städte dienten oft als Herrschaftssitz, religiöse Zentren oder Handelsstädte und lagen an den Schnittpunkten von Handelsstraßen bzw. Karawanenrouten. Wichtig war dabei die Lage an einer Wasserquelle.

Orientalische Städte zeigen einen typischen Aufbau. In der ummauerten Altstadt (Medina) befinden sich die Burg (Kasbah), ein Markt (Basar) und eine Moschee (Freitagsgotteshaus). Friedhöfe und Viehmarkt liegen außerhalb.

In den letzten Jahrzehnten hat sich die orientalische Stadt verändert. Sie ist weit über die Stadtmauern hinausgewachsen.

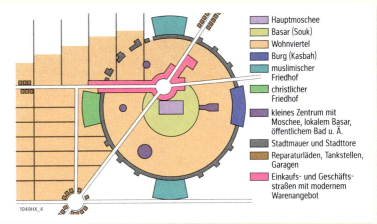

	Hauptmoschee
	Basar (Souk)
	Wohnviertel
	Burg (Kasbah)
	muslimischer Friedhof
	christlicher Friedhof
	kleines Zentrum mit Moschee, lokalem Basar, öffentlichem Bad u. Ä.
	Stadtmauer und Stadttore
	Reparaturläden, Tankstellen, Garagen
	Einkaufs- und Geschäftsstraßen mit modernem Warenangebot

1049HX_4

M 3 Modell der modernen orientalischen Stadt

Der **CBD** ist der zentrale Teil der Downtown mit einer Konzentration von Wolkenkratzern mit Büros von Banken, Immobilienfirmen und Versicherungen, jedoch ohne Wohnungen. Der CBD ist mit Verkehrsmitteln gut erreichbar. Die Übergangszone enthält eine Mischung aus Wohnungen, Parkplätzen, Gewerbe- und Freiflächen. Die Eigentümer hoffen auf ein Wachstum des CBD, um ihre Grundstücke dann teuer zu verkaufen. Daher investieren sie nicht. In den Wohnvierteln der Übergangszone stehen oft ältere Wohngebäude. Hier leben Menschen mit geringem Einkommen, weil die Mieten niedrig sind. Die gehobenen Wohnviertel (z. B. mit Villen) liegen am Stadtrand.

Wer es sich leisten kann, zieht in neue Vororte mit großen Einkaufszentren. Eigenständige Städte (Edge Cities) entstehen oft an Ausfallstraßen, wo es zusätzlich Business-/Büroparks und Forschungseinrichtungen gibt.

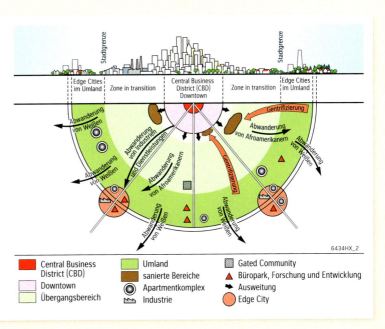

Central Business District (CBD)	Umland	Gated Community
Downtown	sanierte Bereiche	Büropark, Forschung und Entwicklung
Übergangsbereich	Apartmentkomplex	Ausweitung
	Industrie	Edge City

6434HX_2

M 4 Modell der US-amerikanischen Stadt

AUFGABEN

1 * a) Vervollständige die Beschreibung und die Erklärung des Modells in M 1.
b) Wende das Modell der mitteleuropäischen Stadt auf ein Beispiel deiner Wahl an (Schritt 2 und 3). Nutze dazu den Atlas und das Internet.

2 * a) Analysiert arbeitsteilig die Modelle in M 3 und M 4 (Atlas).

b) Vergleicht zwei der Modelle und haltet in einer Tabelle Gemeinsamkeiten und Unterschiede fest.

3 Untersuche, ob New York eine typisch nordamerikanische Stadt ist, die dem Modell in M 4 entspricht.

M1 Lagos Lage in Afrika

M2 Lagos – eine Megacity

Lagos – eine Stadt wächst

„Seit zwei Jahren lebe ich jetzt bei meinem Onkel Boubacar in Lagos, der größten Stadt Nigerias", berichtet der 16-jährige Dayo Nduka. „Mein Heimatdorf liegt etwa 300 km nördlich von hier. Dort baut meine Familie Kakao an, aber ich habe neun Geschwister und es gibt nicht genug Arbeit für alle. Das Geld reicht schon seit vielen Jahren nicht mehr für alle aus, sodass wir oft Hunger hatten. Ich habe zumindest ein paar Jahre die Schule besucht, deshalb hoffe ich, dass ich hier in Lagos Arbeit finden kann. Mein Onkel will mir helfen, doch zurzeit sucht er selbst Arbeit."

Durch den Erdölboom wurde Lagos zum wichtigsten Wirtschaftszentrum Nigerias und es entstanden überall neue Industriebetriebe. Zusätzlich entstanden viele Büros von Versicherungen, Handelsunternehmen und Banken. „Mein Onkel hat viele Jahre als Lagerarbeiter Geld verdient. Er ist vor 20 Jahren nach Lagos gekommen. Damals gab es etwa sechs Millionen Einwohner hier und es war damals schon schwierig, Arbeit und eine Wohnung zu finden", erzählt Dayo.

Heute leben in der **Megacity** Lagos über 17 Millionen Menschen, aber die genaue Zahl ist unbekannt. Täglich kommen neue Zuwanderer aus allen Teilen Nigerias hier an, um in der Industrie, als Lagerarbeiter oder im Handel einen Job zu finden.

„In der ersten Zeit konnte ich als Aushilfe ein wenig Geld verdienen, doch es war kein Dauerarbeitsplatz und der Lohn war sehr gering, da es viele junge Bewerber für einen Arbeitsplatz gibt", meint Dayo. Ein weiteres Problem für ihn ist die Suche nach einer bezahlbaren kleinen Wohnung. In vielen Siedlungen gibt es kein fließendes Wasser und der Strom wird oft abgestellt.

M3 Dayo Nduka

M4 Karte von Groß-Lagos

Nigeria liegt in Westafrika und ist das bevölkerungsreichste Land Afrikas. Lagos ist die größte Stadt und bildet mit seinem großen Hafen das wirtschaftliche Zentrum des Landes. Das Bevölkerungswachstum hat sich in den letzten Jahren enorm gesteigert. Zwar stiegen die Einwohnerzahlen in allen Städten Nigerias an, doch Lagos profitierte am stärksten vom Zuzug der Landbevölkerung. Ein Ende dieses Trends ist trotz vielfältiger Probleme (fehlender Wohnraum, Infrastruktur, etc.) nicht absehbar.

M5 Lagos wächst weiter.

Einwohnerzahl in Nigerias größten Städten
in Mio.

Lagos 14,4 · Kano 4,0 · Ibadan 3,6 · Abuja 3,3 · Port Harcourt 3,0 · Benin City 1,7 · Onitsha 1,4 · Uyo 1,1 · Kaduna 1,1 · Aba 1,1

41469EX

M6 Nigeria: Die 10 größten Städte 2018

AUFGABEN

1 Erkläre am Beispiel von Dayo die Gründe für die steigende Einwohnerzahl in Lagos.

2 a) Formuliere mindestens sechs Aussagen für ein Lebensliniendiagramm über Dayo und zeichne es (S. 64/65).
b) Vergleicht zu zweit eure Ergebnisse.

3 Analysiere M6. Wie ist die Position von Lagos zu erklären?

4 a) Beschreibe die räumliche Verteilung der Flächen in der Karte M4.
b) Welche räumlichen und sozialen Probleme kann man für die Zukunft erwarten?

Jahr	Einwohnerzahl
1901	37 000
1952	270 000
1971	1 200 000
1991	5 200 000
2006	7 900 000
2020	17 200 000
2050 (Prognose)	33 000 000
2100 (Prognose)	88 000 000

M7 Einwohnerzahlen von Groß-Lagos

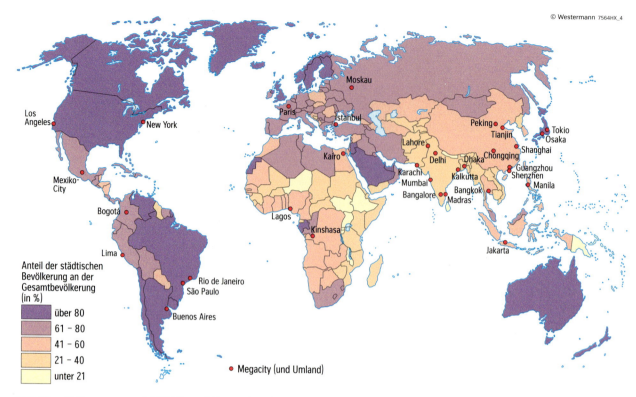

M1 Verstädterungsgrad (2018) und Megacitys (2020)

Anteil der städtischen Bevölkerung an der Gesamtbevölkerung (in %)

- über 80
- 61 – 80
- 41 – 60
- 21 – 40
- unter 21

● Megacity (und Umland)

© Westermann 7564HX_4

Verstädterung – ein weltweiter Prozess

Unsere Welt wird immer mehr durch Städte geprägt. Wegen der durch Geburtenüberschüsse weltweit ansteigenden Bevölkerungszahlen und aufgrund der verstärkten Wanderung der ländlichen Bevölkerung in die Städte ist die Zahl der in Städten lebenden Menschen stark gestiegen. Dieser verstärkte Zuzug in Städte wird als **Verstädterung** (Urbanisierung) bezeichnet.

Während 1950 noch rund 70 Prozent aller Menschen weltweit auf dem Land lebten, gab es 2006 erstmals in der Menschheitsgeschichte ebenso viele Städter wie Landbewohner. Und dieser Trend zur Verstädterung setzte sich seitdem ungebrochen fort: 2020 lebten bereits 56 Prozent aller Menschen in Städten, 2030 werden Städter nach aktuellen Prognosen einen Anteil von 60 Prozent an der Weltbevölkerung haben, bis 2050 soll ihr Anteil auf 70 Prozent steigen.

In Deutschland betrug der Verstädterungsgrad, das heißt der Anteil der Bevölkerung, der in Städten lebt, im Jahr 2020 78 Prozent. Schon jetzt wird das 21. Jahrhundert als das „Jahrhundert der Städte" bezeichnet.

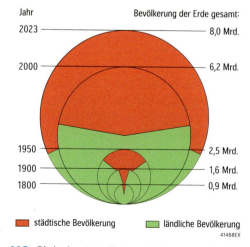

Jahr | Bevölkerung der Erde gesamt:

2023 — 8,0 Mrd.
2000 — 6,2 Mrd.
1950 — 2,5 Mrd.
1900 — 1,6 Mrd.
1800 — 0,9 Mrd.

■ städtische Bevölkerung   ■ ländliche Bevölkerung

41468EX

M2 Globaler Anteil der städtischen Bevölkerung

„Bei einer genauen Betrachtung der Verstädterung zeigen sich Unterschiede. In den Industrieländern leben schon seit dem 19. Jahrhundert viele Menschen in Städten. In letzter Zeit ist dort eine zunehmende Verstädterung zu beobachten. Ein zentrales Problem ist hier die Organisation von Mobilität.

Der Schwerpunkt der weltweiten Verstädterung liegt aber in Süd- und Ostasien. Dort findet sich die Mehrzahl der Megacitys. Die schlechte Versorgungslage auf dem Land und die fehlenden beruflichen Perspektiven führen zur Wanderung in die Städte, wo mehr Arbeitsplätze vermutet werden. Ein Problem stellen die Armutsviertel in den Städten dar, die durch Überbevölkerung, unzureichende Strom- und Wasserversorgung sowie Müllentsorgung und ein unterentwickeltes öffentliches Verkehrsnetz geprägt sind."

M3 Ein Stadtgeograph über Verstädterung

Land	1965	1980	1990	2000	2015	2020
USA	72	74	75	77	82	83
Kanada	73	76	77	77	82	82
Deutschland	78	83	84	86	75	78
Großbritannien	87	89	89	89	83	83
Polen	50	58	62	62	63	60
Honduras	26	35	44	52	55	58
Mexiko	55	66	73	74	79	80
Peru	52	65	70	72	79	78
Brasilien	50	66	75	81	86	87
China	18	20	26	32	56	59
Japan	67	76	77	79	94	92
Nigeria	15	22	28	35	46	60

Daten: Anteile der städtischen Bevölkerung an Gesamtbevölkerung in %

M5 Verstädterungsentwicklung in verschiedenen Staaten

M4 Armutsviertel in Manila, Philippinen

M6 Autobahn in Los Angeles

AUFGABEN

1 a) Lokalisiere Regionen mit hohen und niedrigen Verstädterungsraten (M1 und Atlas).
b) Vergleiche mit der Situation von 1950, als es zwei Megacitys gab.

2 Stelle die Daten aus dem Text S. 88 in einem Diagramm dar.

3 * Werte M2 aus.

4 Beschreibe die Entwicklung des Verstädterungsgrades in den angegebenen Ländern (M5).

5 Die Stadtentwicklung verläuft zum Teil sehr verschieden (M3, M4, M6). Charakterisiere Unterschiede.

6 Verfasse einen Reportagetext oder gestalte eine PPP zum Thema „Leben im Jahrhundert der Städte".

M 1 Ansicht von Paris

Politisches Zentrum	Wirtschaftszentrum
· Sitz wichtiger staatlicher Behörden · Sitz internationaler Organisationen	· große Branchenvielfalt · Sitz der Hauptverwaltung großer Konzerne · Knotenpunkt für Handelsbeziehungen

Metropole

Verkehrs- und Versorgungszentrum	Kultur- und Bildungszentrum
· Flughäfen mit interkontinentalen Verbindungen · Knotenpunkt von Kommunikationsnetzwerken · Standort zentraler Versorgungseinrichtungen (Krankenhaus, Einkaufszentren)	· großes Angebot an Theatern, Museen und anderen Kultur- und Freizeiteinrichtungen · vielfältige Bildungs- und Forschungseinrichtungen

© Westermann 25756EX_2

M 3 Merkmale einer Metropole

Warum hat sich Paris zu einer Metropole entwickelt?

Metropolen sind Großstädte von überragender Bedeutung für Politik, Wirtschaft, Kultur und Wissenschaft (M 3). Damit verbunden sind eine hohe Bevölkerungszahl und eine sehr gute Infrastruktur. Teilweise überragen sie als Zentrum die anderen Städte eines Landes in ihrer Bedeutung völlig.

Aufgrund ihrer Ausstattung bieten Metropolen vielfältige Lebensmöglichkeiten. Das bedeutet Attraktivität und führt zu einer Verdichtung an Unternehmen, Arbeitsplätzen,

Verkehr und Einwohnern. Metropolen bilden daher zugleich einen Verdichtungsraum bzw. Ballungsraum.

Die Bedeutung und Attraktivität vernetzt die Metropolen mit der sie umgebenden Region. Die gesamten Metropolregionen sind Motor der gesellschaftlichen und wirtschaftlichen Entwicklung von Ländern. Zumeist leben in ihnen Menschen aus vielen Kulturen zusammen.

INFO

Der Prozess der Metropolisierung beruht auf den Lagevorteilen bzw. der Ausstattung einer Stadt mit bestimmten Funktionen, die zu einer erhöhten Attraktivität führen (M 2). Die verschiedenen Folgen haben eine selbstverstärkende Wirkung, wodurch eine Metropole entsteht.

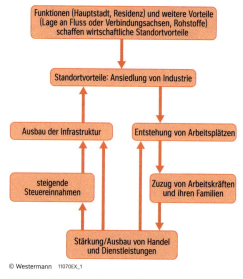

© Westermann 11070EX_1

M 2 Modell der Metropolisierung

Besitzt eine Stadt Standortvorteile, hat das die Ansiedlung von z.B. Gewerbe, Industrie und Handelseinrichtungen sowie Verwaltungen zur Folge. Es entstehen Arbeitsplätze und die Bevölkerungszahl steigt. Durch die ebenfalls steigende Nachfrage nach Wohnraum wird dieser teurer.

Die erhöhte Nachfrage nach Gütern und Dienstleistungen vergrößert letztlich auch das Angebot. Infrastruktur und Kulturangebote werden ausgebaut, was eine Erhöhung der Lebensqualität bewirkt.

All dies erhöht nun wiederum die Attraktivität der Metropole, da die Standortvorteile weiter verstärkt werden. Dadurch kommt es zwangsläufig aber auch zu weiterem Bevölkerungszuwachs.

M 4 Auswirkungen der Metropolisierung

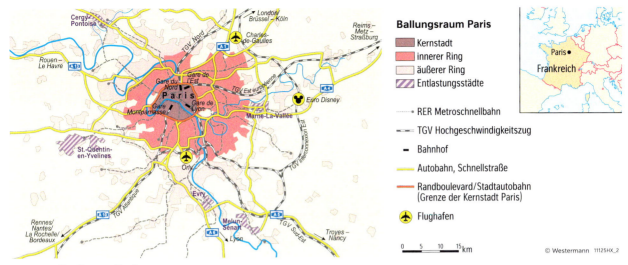

M5 Der Großraum Paris

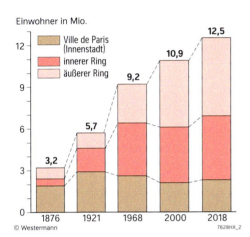

M6 Bevölkerungsentwicklung von Paris

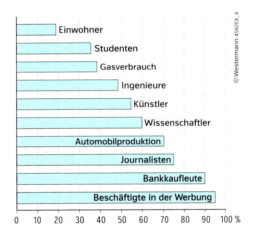

M8 Die Bedeutung von Paris für Frankreich

Politik: Sitz der Regierung, Konzentration von Behörden und staatlicher Verwaltung, Sitz bedeutender internationaler Organisationen (z.B. UNESCO, OECD, ESA)

Wirtschaft: Arbeitsplatz von ca. 25 Prozent aller Industrie-Beschäftigten Frankreichs, Standort der meisten Hauptverwaltungen großer Unternehmen (z.B. Axa, BlaBlaCar, Carrefour, Chanel, Europcar, Eutelsat, Gameloft, Lacoste, Total, Veolia)

Wissenschaft und Kultur: Forschungseinrichtungen, Hochschulen und Universitäten, Dutzende Museen, zahlreiche Theater, Konzertsäle

Verkehr: Zentrum von Straßen- und Bahnverbindungen, zwei Großflughäfen mit jährlich Millionen von Touristenankünften

M7 Metropolfunktionen von Paris (Auswahl)

AUFGABEN

1 Erläutere die Merkmale einer Metropole am Beispiel von Paris.

2 a) Notiert zu zweit Stichwörter für einen Kurzvortrag zum Modell der Metropolisierung (mit Beispielen).
b) Tragt den Kurzvortrag der Klasse vor und schließt ihn mit einer Definition zum Begriff Metropolisierung ab.

3* Führt eine Diskussion zum Thema „Chancen und Nachteile der Metropolisierung in Nigeria" durch, indem ihr verschiedene Positionen vorbereitet.

4 Überlegt mögliche Lösungen für die Probleme, die durch die Metropolisierung in Lagos bzw. Paris entstanden sind.

M1 Slum in Mumbai mit der größten Outdoor-Wäscherei der Welt

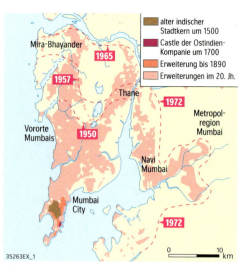

alter indischer
Stadtkern um 1500

Castle der Ostindien-
Kompanie um 1700

Erweiterung bis 1890

Erweiterungen im 20. Jh.

Mira-Bhayander

1965

1957

Thane

1972

Metropol-
region
Mumbai

Vororte
Mumbais

1950

Navi
Mumbai

Mumbai
City

1972

35263EX_1

0   10
km

M3 Stadtentwicklung Mumbais

Megacity? Metropole? Mumbai!

Die Megacity Mumbai hat sich im Lauf ihrer Geschichte zum Finanz-, Industrie- und Wirtschaftszentrum Indiens entwickelt. Auf nur 438 km² wohnen hier 13 Millionen Einwohner. In der Umgebung befinden sich weitere Städte und Siedlungen. Insgesamt lebten 2016 in der Metropolregion Mumbai rund 22 Millionen Menschen.

Motor der industriellen Entwicklung war ursprünglich die Textilindustrie. Heute reicht das Spektrum vom Automobil- und Schiffbau bis hin zu modernsten atomaren Forschungsanlagen. Die Nähe zu Forschungseinrichtungen haben sich Unternehmen aus der Optik, der Elektronik und der Computerbranche zunutze gemacht.

Von besonderer Bedeutung für Indien sind auch das Bankenwesen in Mumbai sowie Indiens „Traumfabrik Bollywood", die größte Filmindustrie der Welt.

Ein Drittel aller Steuereinnahmen bezieht der Staat daher aus Mumbai und über den Hafen gelangen rund 40 Prozent der indischen Importe ins Land.

Die Gewerbebetriebe sowie die Dienstleistungs- und Unterhaltungsindustrie locken viele Zuwanderer an, die in Mumbai ihren Traum vom besseren Leben verwirklichen wollen. Allerdings erfüllen sich diese Träume oft nicht. Manche Menschen leben auf der Straße und die **Segregation** innerhalb der Stadt nimmt zu.

Mumbai – das Zentrum Indiens
Mumbai ist die wohlhabendste Stadt Indiens: Nirgendwo gibt es mehr Millionäre, nirgendwo ist die Kaufkraft höher. In gefragten Lagen übertreffen die Quadratmeterpreise für Büros sogar die anderer Großstädte: Mumbai 10770 €/m², New York 10000 €/m², München 4030 €/m².
Die Kaufkraft der Reichen führt zur Verdichtung hochwertiger Dienstleistungen: Die besten Privatkliniken, Privatschulen und Einkaufszentren befinden sich hier.

M2 Aus einem Zeitungsartikel

Segregation [...] bedeutet so viel wie Absondern und Trennen [...]. Segregation beschreibt den Vorgang, der zu einer ungleichen Verteilung von Bevölkerungsgruppen, Geschäften und Unternehmen in der Stadt führt und zugleich auch den Zustand derselben. Segregation bewirkt eine Absonderung und Entmischung auf der einen Seite und eine Konzentration und Ballung auf der anderen.

(Heinz Fassmann: Stadtgeographie I. Braunschweig, 2016, S. 151)

M4 Was ist Segregation?

Die jährliche Bevölkerungszunahme in Mumbai beträgt über 600 000 Menschen und setzt sich zu etwa gleichen Anteilen aus Geburtenüberschuss und Zuwanderung zusammen.

Fast alle Zuwanderer kommen aus dem ländlichen Raum. Hierfür gibt es verschiedene Ursachen, wie z.B. fehlende Arbeitsplätze. Durch die Landflucht konzentriert sich die Bevölkerung Indiens zunehmend in den Städten. Die Neuankömmlinge siedeln sich meist in den **Slums** an, die von den Wohnvierteln der Reichen getrennt sind (Segregation). Von dort versuchen sie, Arbeit zu finden: im Hafen, in Fabriken, in der Filmindustrie oder indem sie Dienstleistungen für reiche Menschen anbieten.

Der innere Stadtbereich ist durch Handels- und Dienstleistungsbetriebe geprägt, aber auch in einigen Slums wie Dharavi haben sich kleine Wirtschaftszentren gebildet (M1).

M5 Warum wächst Mumbai?

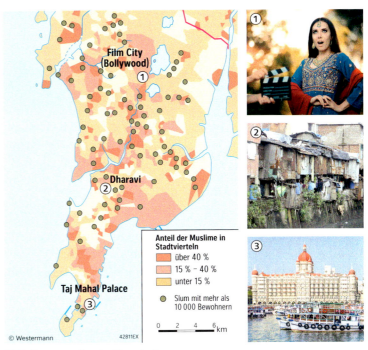

M7 Segregation in Mumbai

Marginalviertel haben keine reguläre Strom- oder Wasserversorgung und weisen eine schlechte Bausubstanz auf. Sie sind ungeplant und ohne gesetzliche Grundlage an oftmals schlechten Standorten (Berghängen, Flussufern, Müllhalden) entstanden. Sie sind meist Auffanggebiete für Migranten und wachsen mit dem Bevölkerungszustrom weiter an. Für die Marginalviertel gibt es verschiedene Bezeichnungen: in Südostasien wird der Begriff „Slum" und in Brasilien der Begriff „Favela" verwendet.

M6 Was ist ein Slum?

AUFGABEN

1 * Beschreibe mit möglichst vielen Aspekten die Lage Mumbais.

2 a) Erläutere die Gründe vieler Menschen, vom Land nach Mumbai zu ziehen.
b) Begründe, warum Mumbai als Metropole bezeichnet wird.

3 * Erläutere den Begriff Segregation am Beispiel zweier Orte in Mumbai mithilfe von Google Street View.

4 Stelle die räumlichen und sozialen Probleme der Zuwanderung in Mumbai in einer Concept-Map dar (M8).

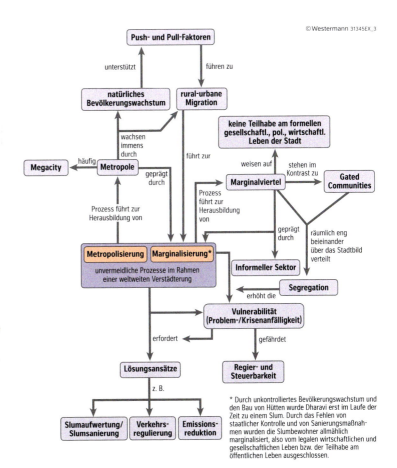

M8 Metropolisierung und Marginalisierung

M1 Historische Wohnhäuser in Görlitz

Görlitz – schrumpft die historische Stadt?

In Görlitz lebten 1989, im Jahr des Zusammenbruchs der DDR, noch 77 000 Menschen. Bis zur Wiedervereinigung im Jahr 1990 gab es in Görlitz viele Arbeitsplätze in der Industrie. Mit der Einführung der Marktwirtschaft gingen diese verloren, da etliche Betriebe nicht mehr konkurrenzfähig waren und schließen mussten. Die daraus folgende

Arbeitslosigkeit veranlasste viele junge, gut ausgebildete Bewohner, in westdeutsche Bundesländer auszuwandern. Auch die Geburtenzahlen gingen zurück.

Zahlreiche Häuser standen leer, sodass ein Rückbau der Bausubstanz erforderlich war. Andere Gebäude wurden aber auch renoviert, um die Attraktivität zu erhöhen.

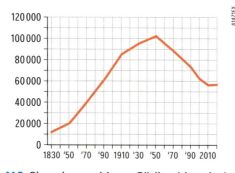
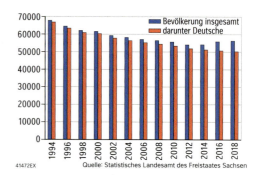

M2 Einwohnerzahl von Görlitz: historische sowie jüngere Entwicklung

AUFGABEN

1* a) Beschreibe die Bevölkerungsentwicklung von Görlitz.
b) Erkläre auffällige Veränderungen.

2 Untersuche die beiden Fotos in M5: Welche Ursachen könnten für den Zustand verantwortlich sein?

3 Erstelle eine Liste mit zehn Staaten, die schrumpfende Städte besitzen.

4 Arbeitet in Gruppen zusammen: Erstellt ein Wirkungsgefüge zu M6. Ergänzungen sind möglich.

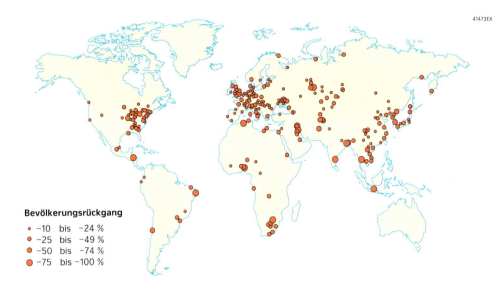

41473EX

Bevölkerungsrückgang

- ⚬ −10 bis −24 %
- 🔴 −25 bis −49 %
- 🔴 −50 bis −74 %
- 🔴 −75 bis −100 %

M 3 Verteilung der schrumpfenden Städte

INFO

Städte, die einen erheblichen Bevölkerungsverlust zu verzeichnen haben, bezeichnet man als Shrinking Citys. Eine städtische Entvölkerung ist oftmals Folge einer andauernden Auswanderung, die unterschiedliche Ursachen haben kann.

Trotz der weltweiten Verstädterung und der Entstehung von Megacitys ist der Schrumpfungsprozess von Görlitz kein Einzelfall. Weltweit gibt es Städte mit erheblichen Bevölkerungsverlusten. Allein in den vergangenen 50 Jahren gab es über 350 Städte mit mehr als 100 000 Einwohnern, die mindestens 10 Prozent der Bewohner verloren haben. Durch die Globalisierung haben sich wirtschaftliche Schwerpunkte räumlich verschoben. Dies hat zu Schließungen in traditionellen Industrieregionen mit Arbeitslosigkeit und Abwanderung geführt. Weitere Ursachen sind z.B. niedrige Geburtenraten und Umzüge ins Umland großer Städte.

Hier versucht die Stadtplanung anzusetzen und Maßnahmen zu finden, um den Niedergang zu stoppen. Doch allgemeingültige Rezepte gibt es nicht: Die Strategien sind von Stadt zu Stadt verschieden.

M 4 Schrumpfende Städte weltweit

Abriss leer stehender Häuser

Gewerbestandorte sanieren und fördern

Modell der **perforierten Stadt**: Auflockerung und Durchgrünung

Das Ansehen schrumpfender Städte sinkt.

Abriss an den Stadträndern: Rückbau von außen nach innen

Auflösung der sozialen Mischung

Leerstand erzeugt Leerstand.

Attraktivität von Wohnstandorten fördern

M 6 Folgen der Schrumpfung und mögliche Strategien dagegen

M 5 Verlassene Wohnhäuser und eine stillgelegte Fabrik für Autoteile in Detroit (USA)

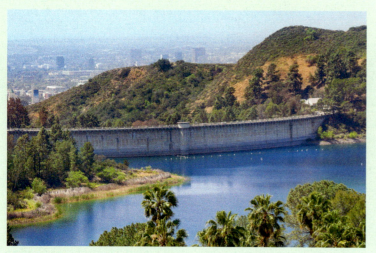

M1 Wasserversorgung für Los Angeles: Mulholland Damm

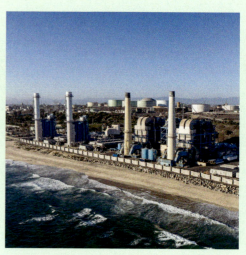

M3 Stromversorgung für Los Angeles

Megacitys: Herausforderungen für die Zukunft

Während die Anzahl der Menschen auf der Erde weiter steigt, nehmen auch die Anzahl der Städte und der Verstädterungsgrad zu. Für die Energie- und Wasserversorgung der Bewohner von Megacitys müssen immer größere Anstrengungen unternommen werden, da die Ressourcen vor Ort begrenzt sind.

Die Städte stehen vor der Herausforderung, im Sinne der Nachhaltigkeit diese Versorgung zu gewährleisten. Es können sich aber auch Einsparpotenziale bieten: Je mehr Menschen auf engem Raum leben, desto geringer sind beispielsweise die Pro-Kopf-Kosten bei der Wasserversorgung.

Wasserverbrauch in ausgewählten Städten (in m³/Einw.)

○ 2000 ■ 2016–2018

26 % Wasserverlust bei städtischer Versorgung

44 % · 26 % · 18 % · 7 % · 19 %

Barcelona · Mexiko-Stadt · Rom · Hongkong · Phoenix · New York · Stockholm

© Westermann 8384HX_1

Wasserverbrauch in US-Städten nach Verbrauchern (in %)	
private Haushalte	60
Industrie/Gewerbe	16
Parks, Sportanlagen	6
Hotels, Restaurants, etc.	6
öffentliche Gebäude, Verwaltung	5
sonstiger Verbrauch	7

Besteht keine Frischwasserquelle, wie beispielsweise ein Bergfluss, muss Grundwasser entnommen werden. Je mehr Wasser gepumpt und gefördert wird, desto tiefer sinkt der Grundwasserspiegel. Das Wasser wird demnach aus immer tiefer liegenden Schichten dem Boden entnommen, was weitere ökolo-

gische Folgen hat. Um Städte mit ausreichend Trinkwasser zu versorgen, bauen manche Länder riesige Staudämme und überfluten große Landstriche. Folglich führen die Flüsse jenseits der Staudämme weniger Wasser, sodass andere Städte oder Länder unter Wassermangel leiden.

M2 Wasserverbrauch von Städten

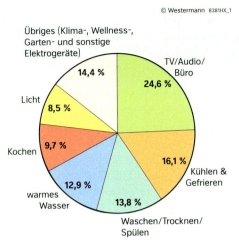
© Westermann 8381HX_1

Übriges (Klima-, Wellness-, Garten- und sonstige Elektrogeräte) 14,4 %

TV/Audio/Büro 24,6 %

Licht 8,5 %

Kochen 9,7 %

warmes Wasser 12,9 %

Waschen/Trocknen/Spülen 13,8 %

Kühlen & Gefrieren 16,1 %

M 4 Energieverbrauch privater Haushalte

M 6 Energieverbrauch

Die Menschen, die in Städte ziehen, genießen in der Regel den Komfort von Strom und Elektrizität. Selbst die Bewohner der Armenviertel zapfen Stromleitungen illegal an, um sich den Luxus von Licht und warmem Wasser zu gönnen. Steigt der Lebensstandard in den Städten, benutzen die Menschen auch mehr Elektrogeräte wie Fernseher, Radio oder elektrische Küchengeräte. Dadurch steigt auch der Strombedarf. Um die nötige Energie zu erzeugen, werden vor allem fossile Rostoffe in Kraftwerken verbrannt (Stand 2020). Folgen sind beispielsweise Umweltverschmutzung und CO_2-Ausstoß.

Seit einigen Jahren versuchen die Regierungen zahlreicher Länder allerdings, mehr Strom über sogenannte regenerative, also erneuerbare, Energiequellen zu erzeugen. Beispiele dafür sind Windkraftanlagen, Solarzellen oder durch Wasserkraft angetriebene Turbinen. Sie erscheinen zwar zunächst umweltfreundlich, bringen aber dennoch neue Probleme mit sich.

Der Feinstaub, der durch den Verkehr einer Großstadt entsteht, belastet den Körper – besonders in Megacitys wie der chinesischen Hauptstadt Peking. Dort haben Forscher einen Zusammenhang zwischen dem Grad an Luftverschmutzung und der Häufigkeit von Fehlgeburten entdeckt. [...]

In der Studie wurden 250 000 Schwangerschaften in Peking analysiert. 17 500 davon endeten vorzeitig, weil die Frauen eine Fehlgeburt hatten. Die Forscher haben dann untersucht, wo die Frauen gewohnt haben, wie hoch dort die Schadstoffbelastung war und gesehen: Es gibt einen Zusammenhang zwischen dem Grad an Luftverschmutzung und der Häufigkeit von Fehlgeburten. [...]

In China gibt es aber nicht nur die Belastung durch den Verkehr, sondern auch durch Kohlekraftwerke. Die Zahl der Atemwegserkrankungen ist dramatisch angestiegen. Um die Situation in Großstädten wirklich zu verbessern, sind politische Maßnahmen nötig – mehr Elektroautos einsetzen oder den Verkehr aus der Innenstadt verbannen. In skandinavischen Städten wie Göteborg, Oslo und Stockholm gibt es dafür eine Innenstadtmaut.

(Christine Westerhaus: Studie: Luftverschmutzung verursacht Fehlgeburten. Deutschlandfunk online, Köln, 15.10.2019)

M 5 Smog in Peking

AUFGABEN

1 a) Lokalisiere die Städte in M 2 (Atlas).
   b) Vergleiche ihren Wasserverbrauch.
   c) Erkläre den Zusammenhang zwischen der Lage der Städte und ihrem Wasserverbrauch.

2 Beschreibe die Herausforderungen, denen sich die Städte jetzt schon stellen müssen (M 1 bis M 6).

3 Erstelle ein Ursache-Wirkungs-Schema mit den Herausforderungen für die Städte in der Zukunft (M 1 bis M 6, Internet).

4 Notiere in Stichwörtern Vorschläge zur Verringerung der ökologischen Auswirkungen der Verstädterung. Recherchiere im Internet nach Beispielen.

5 a) Ermittle deinen eigenen Wasserfußabdruck (Internet).
   b) Überlegt in Gruppen Maßnahmen zur Verkleinerung eures Wasserfußabdrucks, die ihr selbst ergreifen könnt und gestaltet ein Plakat oder einen Beitrag für einen Internet-Blog zum Thema.

Phänomene der Verstädterung

Ordne die Satzanfänge den richtigen Satzenden zu. Bei der korrekten Zuordnung ergibt sich ein Lösungswort.

① Die Konzentration staatlicher Verwaltung ist ...

② Urbanisierung bezeichnet ...

③ Eine Megacity hat ...

④ Ein Slum hat ...

⑤ Segregation ist ...

⑥ Ein Stadtmodell gliedert ...

⑦ Das 21. Jahrhundert wird ...

⑧ Der Rückbau der Bausubstanz ist ...

... ein Zeichen für große Einkommensunterschiede. Ⓘ

... einen Stadttyp in Bereiche gleicher Funktionen. Ⓛ

... als das Jahrhundert der Städte bezeichnet. Ⓘ

... eine Metropolfunktion. Ⓑ

... mehr als 10 Millionen Einwohner. Ⓐ

... eine schlecht ausgebaute Infrastruktur. Ⓢ

... eine Maßnahme für schrumpfende Städte. Ⓐ

... das Wachstum der Städte hinsichtlich Einwohnerzahl und Fläche. Ⓡ

Lebenswelten in Großstädten

a) Werte das Schrägluftbild von Rio de Janeiro aus.

b) Schreibe eine Reportage zu den Bewohnern des Stadtteils im Vordergrund und eine zu den Bewohnern des Stadtteils im Bildhintergrund.

Außenseiter

a) Versuche, in jeder Begriffsreihe einen Begriff anhand eines selbstgewählten Kriteriums auszuschließen.

b) Vergleicht zu zweit eure Ergebnisse. Könnt ihr weitere Begriffe begründet ausschließen?

① Görlitz – Mumbai – Megacity

② Altstadt – Basar – Gated Community

③ Metropole – Stadt – Lagos – Agglomeration

④ Shrinking City – Verstädterung – Paris – Segregation

⑤ perforierte Stadt – Slum – CBD – Wasserversorgung

Grundbegriffe

CBD
Megacity
Metropole
orientalisch
perforierte Stadt
Segregation
Slum
Stadt
Verstädterung

WebGiS zu Verstädterung

Arbeite mit dem Diercke-WebGIS, wie du es auf den Seiten 36/37 kennengelernt hast, und nutze den Kartendienst „Erde – Verstädterung" (siehe unten).

a) Erstelle mindestens drei verschiedene Kartenansichten mit unterschiedlichen Legendeneinstellungen. Du kannst auch den räumlichen Fokus ändern (weltweit, Kontinent, Region).

b) Klassifiziere bei einer Karte die Ebenen neu. Begründe deine Veränderung.

c) Stelle Screenshots her oder drucke die Karten zum Einheften in dein Heft aus.

d) Formuliere einen kurzen Ergebnistext.

e) Vergleicht eure Ergebnisse und wählt besonders gelungene Karten aus. Optimal ist eine Projektion im Klassenraum.

Verstädterung

Die Karte zeigt verschiedene Aspekte der Verstädterung für die Staaten der Erde.

5 Stadtentwicklung und

aktuelle Probleme

Bangkok (Thailand)

M1 SkyTrain am Flughafen Düsseldorf

M3 Schwebebahn in Wuppertal

Neue Mobilitätskonzepte: La Paz

Die weltweite Verstädterung hat für die Menschen zahlreiche Verbesserungen ihrer Lebenssituation gebracht. Gleichzeitig ergeben sich durch die Lage der Städte (z. B. in engen Tälern), durch die starke Bebauung oder durch Umweltbelastungen ernsthafte Probleme. Die Gewährleistung der Daseinsgrundfunktionen, wie beispielsweise wohnen, sich versorgen und am Verkehr teilnehmen, ist oft hohen Nutzungskonflikten ausgesetzt.

Deshalb müssen Politiker, Stadtplaner, Architekten, Verkehrsfachleute und Ingenieure, aber auch die Bürgerinnen und Bürger in den Städten über Ideen und Konzepte nachdenken, um bestehende Schwierigkeiten zu verringern. Zu den schwerwiegendsten Problemen gehören Fragen der **Mobilität**, denn das Verkehrsaufkommen ist vielfach nicht mehr zu bewältigen.

Die zur Verfügung stehenden Flächen werden in den stetig wachsenden Städten zu einem knappen Gut. Sowohl der fließende als auch der ruhende Verkehr benötigen viel Raum. Lärm und Abgase beeinträchtigen in erheblichem Maße die Lebensqualität. Dabei nimmt die Anzahl der Pkw (M2) und Lkw weltweit weiter zu.

Alternativen existieren zum Teil schon seit Jahrzehnten, wie die Schwebebahn in Wuppertal oder schienengebundene Hochbahnen wie der Skytrain (M1) oder Hochbahnen in Hamburg, Berlin, New York oder Chicago.

In Boliviens Hauptstadt La Paz hat man seit 2014 mit einem modernen Seilbahnnetz gute Erfahrungen gemacht.

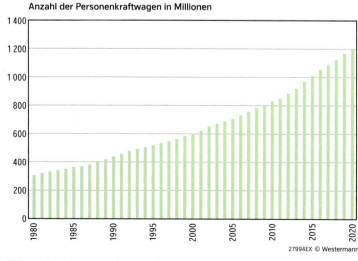

Anzahl der Personenkraftwagen in Millionen

27994EX © Westermann

M2 Weltweiter Autobestand

La Paz ist eine der am schnellsten wachsenden Städte der Welt, etwa zwei Mio. Menschen leben hier. Früher gab es öffentliche und private Sammeltaxis, Minibusse und Busse. Täglich brach der Verkehr zusammen. Tausende Pendler erreichten nur mit großen Verspätungen ihr Ziel. Um das tägliche Verkehrschaos zu bekämpfen, hat die bolivianische Regierung in La Paz seit 2014 das weltweit größte Seilbahnnetz bauen lassen. Eine österreichische Firma hat drei Seilbahnen errichtet, die trotz hoher Kosten und technischer Probleme zu einem großen Erfolg wurden. 2018 und 2020 gingen weitere Linien in Betrieb. Die Gesamtlänge des Seilbahnnetzes mit 11 Linien und mehr als 1400 Gondeln beträgt über 33 km. Täglich werden 230 000 Passagiere transportiert, bald werden es über 300 000 sein.

M 4 Daten und Fakten zur Seilbahn

M 6 Einnahmen und Ausgaben im Seilbahnnetz 2014 bis 2019

„Ich fahre jeden Tag mit der Seilbahn von El Alto hinunter zur UMSA-Universität ins Zentrum. Dafür brauche ich nur 16 Minuten. Mit dem Bus bräuchte ich mehr als eine Stunde und ein Auto kann ich mir nicht leisten. Das Seilbahnticket ist zwar nicht gerade billig, doch so erreiche ich ohne Stau mein Ziel. Zudem ist die Seilbahn ein sauberes und sicheres Verkehrsmittel. Einige Haltepunkte liegen jedoch ungünstig und ein Umsteigen in Busse ist nicht an allen Stationen möglich. Am Wochenende fahren viele Menschen aus der Stadt zum großen Markt nach El Alto hoch, um frische Lebensmittel und Kleidung einzukaufen."

M 5 Lidia Javiera berichtet.

M 7 Seilbahn in La Paz; kleines Foto: Lidia in der Seilbahn

AUFGABEN

1 Erläutere Ursachen für die weltweiten Mobilitätsprobleme in Großstädten.

2 * Sammelt in Kleingruppen Daten und Fakten (wie in M4) zu Hochbahn-/Seilbahnprojekten.

3 a) Beschreibe die Lage und wichtige Merkmale von La Paz.
b) Stelle Vorteile und Probleme des Seilbahnprojekts in La Paz in einer Tabelle stichwortartig gegenüber.

4 Plant eine Köln-Exkursion, um die Kölner Seilbahn in Hinblick auf Funktion und Bedeutung zu untersuchen.

5 Plant ein Seilbahnprojekt für eure Stadt bzw. für eine nahe Großstadt. Stellt eine Liste von Bedingungen und Kriterien zusammen, die berücksichtigt werden sollten.

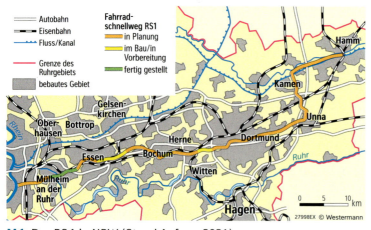

M1 Der RS 1 in NRW (Stand Anfang 2021)

Legende:
- Autobahn
- Eisenbahn
- Fluss/Kanal
- Grenze des Ruhrgebiets
- bebautes Gebiet

Fahrradschnellweg RS1
- in Planung
- im Bau/in Vorbereitung
- fertig gestellt

M3 Der RS 1 in Mülheim an der Ruhr

Der RS 1 – ein Lösungsansatz für Verkehrsprobleme?

Das Ruhrgebiet ist mit über fünf Millionen Einwohnern der größte Ballungsraum Deutschlands beziehungsweise einer der größten Europas. Viele Menschen pendeln hier täglich zu ihrem Arbeitsplatz, was bei über drei Millionen zugelassenen Pkw eine große Herausforderung für das Verkehrsnetz darstellt.

In ganz NRW pendelten 2019 von 9,3 Millionen Erwerbstätigen 4,8 Millionen über die Grenzen ihres Wohnortes zum Arbeitsplatz. Obwohl die meisten der Berufspendler einen Arbeitsweg von unter 30 Minuten hatten, fuhren jedoch über 60 Prozent mit dem Auto. Das hohe Verkehrsaufkommen schränkt die Lebensqualität der Anlieger durch Abgase und Lärm erheblich ein und belastet zudem die Umwelt. Deshalb wird über nachhaltige Lösungen verstärkt nachgedacht. Neben dem Ausbau des ÖPNV-Netzes überlegen immer mehr Planer, Fahrradschnellwege wie den Radschnellweg Ruhr (RS 1), der von Duisburg nach Hamm führen soll, anzulegen.

2015 wurde der erste Abschnitt des RS 1 eröffnet, der bei Fertigstellung über 100 Kilometer lang sein wird. 1,65 Millionen Menschen leben und arbeiten im Einzugsbereich des RS 1. Vier Universitäten werden durch den Streckenverlauf verbunden. Der RS 1 soll einen wichtigen Beitrag zum Klimaschutz leisten, denn es sollen über 50 000 Pkw-Fahrten und damit 16 000 Tonnen CO_2-Emissionen pro Jahr eingespart werden.

- Mindestlänge: 5 km; Mindestbreite: 4 m bei Zweirichtungsverkehr
- direkte Führung, möglichst geradlinig
- Unter- und Überführungen statt Kreuzungen und Ampeln
- steigungsarm
- große Kurvenradien
- spezielle Markierung und Beschilderung
- strikt getrennt von Fußgängern und Autofahrern
- innerstädtisch beleuchtet, außerhalb Beleuchtung erwünscht
- Winterdienst, regelmäßige Reinigung

M2 Kennzeichen eines Fahrradschnellwegs

AUFGABEN

1 *Charakterisiere den RS 1 in M3 mithilfe von M2.*

2 *a) Begründe die Entscheidung für die Auswahl des Ruhrgebietes und den Streckenverlauf des RS 1. Nutze dazu Atlas, digitale Kartendienste und Informationen des RVR (Regionalverband Ruhr).*
b) Sammelt Informationen über Planungs- und Bauprobleme beim RS 1.

3* *Halte ein Kurzreferat zum Radschnellwegenetz in den Niederlanden.*

AKTIV

M1 Fahrradfahrerin in der Großstadt

M2 Wohin führt der RS1?

Wir planen einen Fahrrad-schnellweg

Auch in eurer Region könnte ein Fahrrad-schnellweg geplant werden, eure Ideen dazu solltet ihr festhalten!

Arbeitsschritte

Schritt 1: Vorüberlegungen
- Grenzt zuerst euer Gebiet ein, für das ihr eure Planung angehen wollt.
- Wählt einige wichtige, anzubindende Ziele aus (M2, M3 Ⓐ).

Schritt 2: Streckenführung
- Markiert in einer Karte oder mithilfe von GoogleEarth eure Ziele.
- Markiert anschließend verschiedene Verbindungen. Beachtet dabei die vorhandene Infrastruktur und die Landschaft (M3 Ⓑ). Vermeidet große Hindernisse und nutzt verfügbare Strukturen.
- Entscheidet euch letztlich für einen Weg und begründet eure Wahl.

Schritt 3: Überprüfung
- Wo liegen die Vorteile der Strecke?
- Mit welchen Problemen muss man bei der Verwirklichung rechnen?
- Beurteilt die Konkurrenzfähigkeit im Vergleich zu anderen Verkehrsmitteln.

Ⓐ **Wo braucht meine Region einen Fahrradschnellweg am dringendsten?**
- Wo gibt es besonders viele mögliche Nutzer (Berufspendler, Schüler, Auszubildende, Studenten)?
- Welche Orte werden besonders stark besucht, weil es dort viele Arbeitsplätze, Ausbildungseinrichtungen etc. gibt?
- Wie lang sind die zurückzulegenden Strecken? Kann man diese überhaupt mit dem Fahrrad fahren?
- Welche Personengruppe pendelt (z.B. Verfügbarkeit Pkw, Einstellung zum Radfahren)?

Ⓑ **Wie kann die richtige Streckenführung gefunden werden?**
- Wo gibt es bereits bestehende Fahrradwege oder alte Bahntrassen, die genutzt werden können?
- Wo gibt es besondere Gefahrenstellen?
- Welche Strecke bietet besonders günstige Querverbindungen?
- Wo gibt es Verknüpfungsmöglichkeiten mit anderen Verkehrsmitteln, wo besteht möglicherweise eine Konkurrenz?
- Wie viele Konfliktbereiche besitzt die Strecke, z.B. durch Brücken, Unterführungen, Kreuzungen?

M3 Kriterien für den Bau eines Fahrradschnellwegs

AUFGABEN

1 *Erstellt in Kleingruppen eine Mindmap zum Thema Fahrradschnellweg. Welche Vorteile eines Fahrradschnellwegs sind für euch besonders wichtig (M1, M2)?*

2 *a) Plant in eurer Kleingruppe einen Fahrradschnellweg (Atlas / Stadtpläne / Internet) mithilfe der Schrittfolge.*
b) Präsentiert euren Streckenverlauf mitsamt seinen Vor- und Nachteilen.

Bildungsniveau der Einwohner Zürichs	2000	2019
höhere Bildung / Hochschulreife	25 %	über 42 %
mittlerer / unterer Bildungsabschluss	75 %	unter 58 %

M2 Entwicklung des Bildungsniveaus

Jahr	Bevölke- rungszahl	Ausländer- anteil
1990	356 000	23 %
2000	363 000	29 %
2010	385 000	31 %
2020	430 000	33 %
2040 (Prognose)	über 500 000	keine Angabe

M1 Neue Wohnviertel (2017) im Züricher Industrieviertel

M3 Bevölkerungsentwicklung in Zürich

Zürich im Wandel

Zürich erlebte in den letzten Jahren eine starke bauliche Entwicklung. Eine wesentliche Ursache ist die Bevölkerungssituation. Seit einigen Jahren nimmt die Bevölkerungszahl deutlich zu, auch die Zusammensetzung der Bevölkerung hat sich deutlich verändert. Im Gegensatz zum Trend des demographischen Wandels in der Schweiz sinkt das Durchschnittsalter der Einwohner. Im Jahr 2016 beispielsweise war der Anteil der 30- bis 39-Jährigen mit 21 Prozent am höchsten, während vor einigen Jahren der Anteil der 50- bis 59-Jährigen dominierte.

Die Mehrheit lebt zwar in einer Partnerschaft, doch der Anteil der Einpersonen-Haushalte hat stark zugenommen. Eine Ursache ist die Individualisierung, eine andere die Alterung der Bevölkerung. Neue Formen des Zusammenlebens sind hinzugekommen (Patchworkfamilien), die die Nachfrage nach mehr Wohnraum verstärken. Der **soziale Wandel** in Zürich erstreckt sich aber zum Beispiel auch auf Nationalität und Bildungsniveau der Einwohner.

Eine Folge dieser Bevölkerungsentwicklungen war eine hohe Nachfrage nach modernem Wohnraum. Zwischen 2000 und 2014 wurde in der Stadt Zürich jede fünfte Wohnung (40 020 Wohnungen) erneuert. Die große Mehrheit wurde im Rahmen einer Bestandserneuerung saniert oder umgebaut. Der Rest wurde abgerissen und durch einen Neubau ersetzt (Wohnersatzbau).

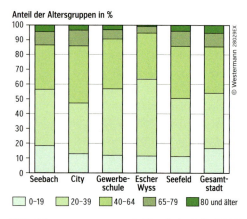

M4 Altersgruppen nach Stadtvierteln 2016

„Vor 40 Jahren gab es in der Züricher Innenstadt eine Reihe ungünstiger Entwicklungen. Viele Firmen wollten expandieren und suchten nach größeren Büroräumen, die es aber meist nicht gab. Dieser Bedarf an Büroflächen sorgte für steigende Preise und die Verdrängung von Mietwohnungen. Viele Bewohner von Stadtwohnungen konnten sich die Mieten nicht mehr leisten, was ab 1980 zu einer verstärkten Stadtflucht führte.

Parallel dazu vollzog sich eine andere problematische Entwicklung: Immer mehr Drogensüchtige hielten sich an bestimmten Plätzen der Innenstadt auf und sorgten für eine regelrechte Verslumung einiger Viertel und Ecken.

Trotz einiger Erfolge durch Verkehrsberuhigung und Verkehrsumlegung wurde Zürichs Innenstadt zu einem unattraktiven Problemgebiet. Erst zwischen 1996 und 1998 wurden erfolgreiche Maßnahmen (neue Bauordnung, liberales Gesetz für Gaststätten, Neugestaltung von Industriebrachen) ergriffen."

M5 Ein Züricher Stadtplaner berichtet.

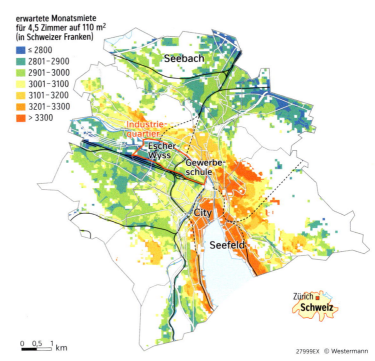

M7 Erwartete Monatsmieten in Zürich je nach Standortqualität

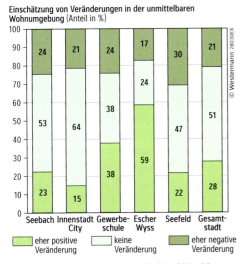

M6 Quartierumfrage in Zürich (2019)

Das Industriequartier bietet ganz andere Zürich-Sehenswürdigkeiten [...]. Das Viertel war einst reines Industriegebiet, jedoch setzte zu Beginn der 1980er-Jahre ein starker Wandel ein: Viele Betriebe fusionierten, zogen weg, wurden verkauft, gingen Konkurs oder schlossen und so lagen die meisten der Industriebauten schlichtweg brach.

In den 1990er-Jahren wurden einige der Gebäude renoviert und umgenutzt oder abgerissen und durch Neubauten ersetzt. Dadurch kam neues Leben ins Viertel: Es entstand neuer Wohnraum, Restaurants, Bars und Cafés zogen ein und insgesamt wurde das Publikum jünger. Heute zählt Zürich West und damit das Industriequartier längst als Trendviertel.

Ziemlich cool ist hier auch das „Im Viadukt", das [...] auf 500 Metern Länge verschiedene coole Shops und Restaurants bietet, darunter auch Designerläden und Künstlerausstellungen sowie eine Markthalle.

(Line Dubois: Speciality Coffee, saftige Burger und geniale Aussichten – ein perfektes Wochenende in Zürich! NYA Company GmbH, Garmisch-Partenkirchen, ohne Datum)

M8 Wandel im Industriequartier

AUFGABEN

1 Stelle stichwortartig Aspekte des demographischen und sozialen Wandels in Zürich gegenüber (Tabelle).

2 Beschreibe zusammenfassend die Verteilung der Mietpreise (M7, Atlas, Internet, Google Earth).

3 Erläutere die Notwendigkeit von Maßnahmen in Zürichs Innenstadt.

4 Untersucht in Kleingruppen Lage, Merkmale und Entwicklung des Industriequartiers (M8 und Internet). Entwerft eine Werbeanzeige bzw. einen Prospekt für neue Wohnungen in diesem Viertel.

M1 Stuttgart im Talkessel

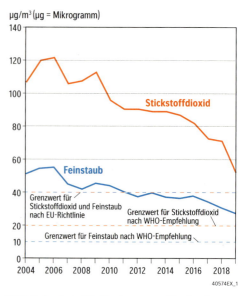

µg/m³ (µg = Mikrogramm)

Stickstoffdioxid

Feinstaub

Grenzwert für
Stickstoffdioxid und Feinstaub
nach EU-Richtlinie

Grenzwert für Stickstoffdioxid
nach WHO-Empfehlung

Grenzwert für Feinstaub nach WHO-Empfehlung

40574EX_1

M3 Schadstoffbelastung am Neckartor

Bessere Luft für Stuttgart?

Auf den Straßen der Stuttgarter Innenstadt sind jeden Tag Tausende von Pendlern auf dem Weg zur Arbeit, zum Einkaufen oder zur Uni mit Autos und Motorrädern unterwegs. Nirgendwo in Deutschland wurden an einer Messstation in Straßennähe über viele Jahre hinweg höhere Werte für **Luftschadstoffe** gemessen als am Neckartor.

Eigentlich ist der öffentliche Nahverkehr in und um Stuttgart sehr gut ausgebaut. Viele Verkehrsteilnehmer sind schon auf Bus und Bahn umgestiegen, doch das Kfz-Aufkommen ist immer noch sehr hoch.

Stuttgart liegt in einem engen Talkessel, sodass sich der Verkehr auf nur wenige Verkehrsachsen konzentriert. Einige dieser stark befahrenen Straßen werden von enger und dichter Bebauung gesäumt, sodass hier für die Anwohner eine hohe Lärm- und Abgasbelastung herrscht.

Ein Grund für die regelmäßige Überschreitung der Grenzwerte für Feinstaub und Stickstoffdioxid ist Stuttgarts Lage in einem Talkessel. Ein Luftaustausch durch frische Winde kommt nur selten zustande, denn wegen der Kessellage gibt es in Stuttgart viel zu wenig Wind, der für Entlastung sorgen könnte. Die schwierigen Windverhältnisse hängen auch mit Inversionswetterlagen (M 2) zusammen. Dadurch wird ein Luftaustausch im Stuttgarter Talkessel, der die Luftbelastung verringern könnte, stark behindert beziehungsweise ganz verhindert.

„Die schwierigen Windverhältnisse in Stuttgart werden häufig durch Inversionswetterlagen verstärkt. Unten im Talkessel gibt es Kaltluft und darüber liegt oben wie ein Deckel Warmluft. Die Kaltluft kann nicht aus dem Tal entweichen. In den bodennahen Luftschichten verbleiben daher große Mengen verschiedener Schadstoffe. Durch Autoabgase und Heizungsabluft kommen schädliche Gase hinzu. Während der Sommermonate entsteht eine Art von Sommersmog. Dadurch ergibt sich eine erhöhte Konzentration von gesundheitsschädlichem Ozon."

M2 Meteorologe Markus Günther erklärt Ursachen der Luftprobleme.

Alle EU-Mitgliedsländer müssen gesetzlich festgeschriebene Grenzwerte für Feinstaub (PM_{10}) und Stickstoffdioxid (NO_2) einhalten. [...] Für alle Gebiete und Ballungsräume, wo der Grenzwert überschritten wird, hat der betreffende EU-Mitgliedsstaat Pläne oder Maßnahmen zu verwirklichen, um die Luftverschmutzung einzudämmen und den Grenzwert einzuhalten.

Deshalb hat das Land Baden-Württemberg 2005 den ersten Luftreinhalteplan für die Landeshauptstadt Stuttgart verabschiedet. Dieser Luftreinhalteplan beinhaltete bereits über 30 Maßnahmen, die zu einer deutlichen Verbesserung der Luftschadstoff-Belastung in Stuttgart führten, jedoch noch nicht zur stadtweiten Einhaltung der Grenzwerte. Deshalb wurde der Luftreinhalteplan in den vergangenen Jahren in mehreren Versionen fortgeschrieben [...].

(ohne Autor: Luftreinhaltung in Stuttgart. www.stuttgart.de, ohne Datum)

M 4 Reduzierung der Luftbelastung

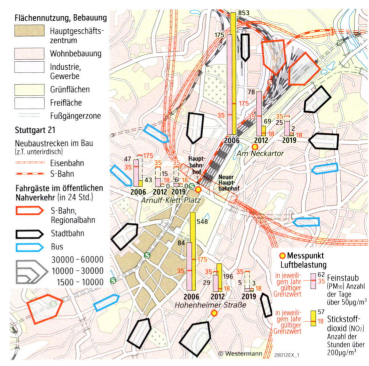

M 6 Verkehrsbelastung in Stuttgart

M 5 Hinweisschild in Stuttgart

Die Behörden in Stuttgart sind gesetzlich verpflichtet, bei Grenzwertüberschreitungen von Stickoxiden und Feinstaub Maßnahmen zur Luftreinhaltung zu ergreifen (Luftreinhalteplan). Diese Maßnahmen müssen umgehend umgesetzt und in Hinblick auf ihre Wirkung beurteilt werden. Es wurden 2008 z. B. Umweltzonen eingerichtet, die von Kfz mit hohem Feinstaubausstoß nicht mehr befahren werden dürfen (Ausnahme nur mit Plakette, die geringe Feinstaubemissionen anzeigt). Die Grenzwerte wurden im Jahr 2010 noch einmal verschärft, was deutliche Erfolge gebracht hat.

Wie in vielen anderen Städten wurde gleichzeitig der ÖPNV gefördert (Jobtickets durch Unternehmen, Stellplätze für Carsharing-Fahrzeuge, Mobilitätsberatung, Kapazitätsausbau bei Bussen und Bahnen, Serviceangebote). Auch durch gezielte Verkehrslenkung oder durch Parkraummanagement wurde eine Verbesserung erreicht.

Ziel der Maßnahmen ist es auch, die Anzahl von Fahrzeugen mit Verbrennungsmotor im Stadtzentrum um 20 Prozent zu reduzieren.

M 7 Maßnahmen in Stuttgart

AUFGABEN

1 *Begründe die Notwendigkeit von Maßnahmen für die Verbesserung der Luft in Stuttgart.*

2 *Informiere dich über den Luftreinhalteplan Stuttgarts und fasse die wichtigsten Maßnahmen stichwortartig zusammen.*

3 *Untersucht in Gruppen andere Städte in Deutschland im Hinblick auf Luftreinhaltepläne. Stellt die Ergebnisse jeweils in einer Präsentation dar.*

M1 Luftbild von Amsterdam

Rückgang/Anstieg der Bevölkerungszahlen (in %)

-18 -10 -5 0 5 10 15 23

Durchschnitt Niederlande 2030: 6

Grenzen
— Staatsgrenze
— Provinzgrenze

0 20 40 60 80 100 km

M3 Bevölkerungsprognose 2015 bis 2030

Wohnraumprobleme in Amsterdam

Amsterdam ist Landeshauptstadt der Niederlande und zugleich eines der bedeutendsten Finanz- und Kulturzentren Westeuropas. Amsterdam gehört zur „Randstad", einer der fünf wirtschaftlich bedeutendsten Metropolen Europas. Der Begriff „Randstad" wurde in den 1930er-Jahren für einen Ring von Städten im Westen der Niederlande geprägt. Dort wohnen insgesamt rund 6,6 Mio.

Einwohner, davon in Amsterdam allein über 860 000. Die Bevölkerungsdichte ist mit rund 1 200 Einwohnern pro Quadratkilometer sehr hoch (zum Vergleich: Ruhrgebiet 1 150 Einwohner pro Quadratkilometer).

Die **Wohnraumverfügbarkeit** und die Preise für **Immobilien** sind inzwischen für viele Familien und Alleinstehende zu einem großen Problem geworden.

Der Polizist Pieter Visser und seine Familie haben jahrelang in einer 60-Quadratmeter-Wohnung im Zentrum von Amsterdam gewohnt. Als das zweite Kind sich ankündigte, war die Wohnung zu klein. „Wir haben wirklich keine größere Wohnung gefunden, die wir bezahlen konnten", berichtet er. „Obwohl überall gebaut wird, gibt es kaum günstige Wohnungen!"
Der Amsterdamer Wohnungsmarkt steht seit vielen Jahren unter großem Druck. Das Angebot für Wohnungssuchende mit kleinem oder mittlerem Einkommen ist immer kleiner

geworden. Deshalb hat Familie Visser Amsterdam verlassen und ist in ein Dorf weiter nördlich gezogen. „Viele Jahrzehnte war Amsterdam eine Stadt für Menschen aller Berufsgruppen, unabhängig vom Einkommen. Doch das scheint jetzt vorbei zu sein. Nicht nur Polizisten, auch Lehrer oder Krankenpfleger verlassen die Stadt."

M2 Familie Visser sucht eine Wohnung.

Der Anteil der Sozialwohnungen ist [...] außergewöhnlich hoch: Er liegt bei 50 Prozent. Doch einst waren es 65 Prozent. Die Zahl der Luxus-Eigentumswohnungen und der allerteuersten Mietwohnungen hingegen ist aufgrund privater Investoren und Spekulanten inzwischen auf fast 30 Prozent gestiegen.

Das geht vor allem auf Kosten von Menschen mit mittleren Einkommen [...]: Wohnungen mit einer Miete bis 1100 Euro und erschwingliche Eigentumswohnungen waren schon immer knapp. In den letzten Jahren jedoch ist ihr Anteil weiter gesunken und macht jetzt nur noch 15,5 Prozent aller Wohnungen aus.

Als Gegenmaßnahme sollen nun 7500 neue Wohnungen pro Jahr gebaut werden – insgesamt 50000 bis 2025. [...] 40 Prozent der geplanten neuen Wohnungen sollen Sozialwohnungen werden und 40 weitere Prozent Mietwohnungen für die mittleren Einkommen mit einer Miete bis maximal 1000 Euro. Nur 20 Prozent sind für Reiche und Besserverdienende reserviert.

(Kerstin Schweighöfer: Amsterdam will kein „Reservat für Reiche" werden. Deutschlandfunk, Köln, 20.09.2018)

M 4 Wohnraumentwicklung in Amsterdam

M 6 Metropole Amsterdam

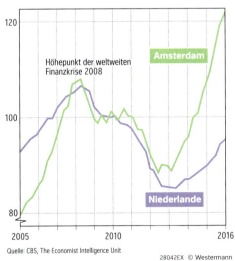

Entwicklung der Immobilienpreise in den Niederlanden
in Prozent (2010 = 100 %)

Höhepunkt der weltweiten Finanzkrise 2008

Amsterdam

Niederlande

Quelle: CBS, The Economist Intelligence Unit

28042EX © Westermann

M 5 Immobilienpreise in den Niederlanden

Der Umgang mit der Raumknappheit hat Kommunen und Stadtplaner zu zwei Strategien veranlasst: 1. Landgewinnung im Osten und 2. Entwicklung von Industriebrachen zu urbanen Mischgebieten, in denen Wohnen, Gewerbenutzung und Erholungsgebiete nebeneinander existieren. Diese Gebiete liegen in Amsterdam-Noord. Beide Strategien erfordern hohe Investitionen (z.B. Deichbau), verbindliche **Bebauungspläne** und die Einhaltung von Regelungen (z.B. zur Verhinderung von Bodenspekulation).

Einige Stadtteile (Oosterwold, Buiksloterham) sind auch in Eigenregie von Bewohnern und Unternehmen entstanden. Dabei wurden die Verteilung von Verkehrs-, Grün-, Wasser- und Landwirtschaftsflächen sowie deren Bebauung gemeinsam festgelegt.

M 7 Strategien der Raumentwicklung

AUFGABEN

1 Beschreibe Ursachen der Wohnraumprobleme in Amsterdam (M1 – M3, Atlas).

2 Stelle in einer Tabelle Vorteile der Entwicklungsmaßnahmen und Schwierigkeiten bei der Umsetzung gegenüber.

3 * Vergleiche die Wohnraum-Entwicklung in Amsterdam mit der in München oder Berlin (Internet).

M1 Modell der klimaneutralen Stadt Masdar City

M2 Masdar City im Emirat Abu Dhabi

Masdar City – Ökostadt der Superlative?

Etwa 30 Kilometer von Abu Dhabi entfernt soll eine ökologische Vorzeigestadt in den Vereinigten Arabischen Emiraten entstehen. Masdar City heißt das Projekt, das durch Wissenschaftler 2005 entwickelt wurde. Das Hauptziel war es, Klimaneutralität zu erreichen. Das bedeutet, dass sie keinen CO_2-Ausstoß verursacht und sich nur über erneuerbare Energien versorgen soll.

Da die Stadt mitten in der Wüste liegt, sind die Gebäude so positioniert, dass sie sich gegenseitig Schatten spenden. Außerdem gibt es Windtürme, die die Luft durch Bewegung und Verdunstung abkühlen sollen.

Der komplette Strom wird über Fotovoltaikanlagen vor der Stadt produziert und eingespeist. Der Energiebedarf pro Kopf soll durch viele Maßnahmen auf ein Viertel des Gewohnten reduziert werden.

Anstelle von Autos sollen kleine, programmierte Elektroschienenfahrzeuge durch die Stadt fahren (M3). Sie fahren und bremsen automatisch und sollen beispielsweise die Studenten von ihren Wohnungen in das im Stadtzentrum gelegene Masdar Institute of Science and Technology bringen.

Insgesamt sollen 50 000 Menschen in Masdar City leben.

AUFGABEN

1 *Beschreibe ausführlich die Lage von Masdar City (M2, Atlas). Beziehe dich dabei auch auf Klima- und Vegetationszone.*

2 *Fasse die Maßnahmen der nachhaltigen Stadtplanung in Masdar City für eine Werbebroschüre zusammen.*

3 *a) Sammle für eine Nachhaltigkeitsbewertung Argumente aus verschiedenen Perspektiven und Bereichen und trage sie in die Tabelle ein (M4, M6).*
b) Tauscht euch in Kleingruppen aus und ergänzt Argumente.
c) Formuliert ein abschließendes Urteil unter Berücksichtigung der Kriterien.

M 3 Personal Rapid Transport (PRT) in Masdar

M 5 Windturm zur Kühlung der Luft

Da Masdar City in der Wüste liegt, ist die angestrebte Nachhaltigkeit der Stadt sehr aufwendig. Jegliches Wasser für die Bewohner muss in Meerwasserentsalzungsanlagen gewonnen werden, was einen hohen Energiebedarf erfordert. Da Masdar City Strom zwar über die Fotovoltaikanlagen produzieren kann, aber dieser nicht ausreicht, müssen Dieselgeneratoren aushelfen. Die Fotovoltaikanlagen haben außerdem das Problem der Wartung, denn ständig liegt Wüstensand und -staub auf den Anlagen, der die Wirtschaftlichkeit deutlich verringert. Die Kosten für eine nachhaltige Stadt mitten in der Wüste sind enorm und die Sinnhaftigkeit kann deshalb angezweifelt werden. Verzögerungen beim Bauprozess (hervorgerufen vor allem durch die weltweite Finanzkrise nach 2008) verdeutlichen, dass der technische und damit finanzielle Aufwand sehr hoch ist. Viele Investitionen kamen zum Erliegen, das PRT (M 3) fährt nur zu Demonstrationszwecken im Kreis. Die Bautätigkeit ist inzwischen wieder aufgenommen worden. Ob die Stadt wirklich CO_2-neutral betrieben werden kann, wird sich erst zeigen, wenn sie (nach aktueller Planung) 2030 fertiggestellt ist.

M 4 Kritik am Projekt Masdar City

Nachhaltigkeit setzt sich aus den vier Dimensionen Ökologie, Ökonomie (Wirtschaft), Gesellschaft und Politik zusammen. Ziel ist es, Pro- und Kontraargumente in diesen vier Bereichen zu finden.

Ob ein Argument positiv oder negativ ist, hängt von der Perspektive des Betrachters ab. Die Rinderzucht in Brasilien ist aus Sicht des Züchters z. B. als finanziell rentabel, aus der Perspektive eines Umweltschützers aber aufgrund des hohen Flächenverbrauchs negativ zu bewerten. Weitere Beispiele für Perspektiven sind Umweltschützer, Politiker, Unternehmer, Bürger usw.

Bevor man ein Urteil fällt, notiert man sich die Argumente in einer Tabelle. Danach wägt man ab, welche Argumente einem am stärksten erscheinen, und fällt ein Urteil. Je mehr Argumente man vorher gefunden hat, desto besser kann man abwägen und sachlich begründen.

	Pro	Kontra
Öko-nomie	Die Nutzung erneuerbarer Energien spart Kosten. (Politiker)	Die Kosten für das Projekt sind extrem hoch. (Bürger)
Öko-logie	...	...
Gesell-schaft	...	...
Politik	...	...

Das abschließende Urteil sollte sein:
• ausgewogen,
• sachlogisch,
• wohlbegründet
• mehrperspektivisch.

M 6 Sachlich urteilen und diskutieren

Ballungsraum Frankfurt/Rhein-Main

a) Nenne und erkläre die Probleme, die Frankfurt mit dem Pilotprojekt „Fahrradparkhaus" versucht zu bewältigen.

b) Beurteile das Projekt auf seine Nachhaltigkeit hin.

c) Nimm Stellung zur Aussage: „Mit dem Fahrradparkhaus werden wir das Verkehrsaufkommen durch die Pendler und die damit verbundenen Probleme endlich in den Griff bekommen." Nutze dazu auch die Tabelle.

Wohnort der Frankfurter Beschäftigten	Anteil
Frankfurt	36 %
anderswo in Hessen	47 %
andere Bundesländer	17 %

Erstes Fahrradparkhaus eröffnet

Frankfurt macht Schule und eröffnete im Mai 2016 auf der Südseite des Hauptbahnhofes das erste Fahrradparkhaus nach dem Vorbild der Radstation in Münster. Es schließt an das neu eröffnete Autoparkhaus (350 Plätze) an und bietet 420 Fahrrädern Platz. Das Verkehrsdezernat wirbt bei der Eröffnung: „So wird vernetzte Mobilität in den Städten wie Frankfurt bestmöglich ausgestaltet."

Preise: ein Euro pro Tag von 6:00 bis 22:00 Uhr; Dauertarife von zehn Euro pro Monat oder 100 Euro pro Jahr. Eine Reparaturwerkstatt und eine Waschanlage gehören dazu. Der Vorsitzende der Betreibergesellschaft sagt dazu: „Wir verbinden Auto, Bahn, Carsharing und Fahrrad und definieren damit Möglichkeiten urbaner Mobilität neu." Direkt daneben wird der Fernbus-Bahnhof neu gestaltet.

Stadtentwicklung und aktuelle Probleme

Belege die Richtigkeit der Aussagen mithilfe jeweils eines hier abgebildeten Materials sowie deines erworbenen Wissens.

① In Deutschland ist der Anteil von Kfz am Verkehr sehr groß.

② Die Luftbelastung in Großstädten muss durch Messstationen präzise ermittelt werden, um Maßnahmen (z.B. Fahrverbote) zu ergreifen.

③ Die Verfügbarkeit von Wohnraum ist in vielen Ballungsräumen, auch in Europa, ein Problem.

④ Nachhaltige Stadtentwicklung wird bereits umgesetzt, jedoch gibt es trotzdem Probleme.

Düsseldorf, Corneliusstraße

Stadtentwicklung in München

a) Beschreibe aus deiner Sicht heutige und künftige Herausforderungen für das tägliche Leben in Metropolen. Gehe auch auf deine Ansprüche als Jugendliche bzw. Jugendlicher ein.

b) Erstelle (ausgehend von a) einen Brief an die Stadtverwaltung in München, in dem du Wünsche und nachhaltige Lösungsansätze für die Herausforderungen darstellst.

Grundbegriffe
Bebauungsplan
Immobilie
Luftschadstoff
Mobilität
sozialer Wandel
Wohnraum-
verfügbarkeit

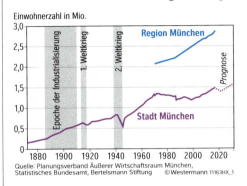

Einwohnerzahl in Mio.

Quelle: Planungsverband Äußerer Wirtschaftsraum München, Statistisches Bundesamt, Bertelsmann Stiftung   © Westermann 11163HX_1

Durchschnittliche Wohnungsmiete in München in € pro m²

Quelle: www.immowelt.de   © Westermann 11164HX_1

Autobahn (A 96) in München

Ludwigstraße in München

Karikaturauswertung

a) Werte die Karikaturen aus. Wird die Aussage/Kritik präzise vermittelt?

b) Wahlaufgabe: Recherchiere nach weiteren Karikaturen zum Thema Stadtentwicklung und werte sie aus oder zeichne eine eigene Karikatur zu einem Schwerpunkt der aktuellen Stadtentwicklung.

Die ganze Welt in deinem Zimmer?

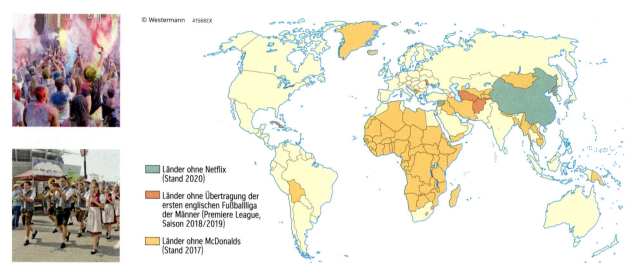

Länder ohne Netflix
(Stand 2020)

Länder ohne Übertragung der
ersten englischen Fußballliga
der Männer (Premiere League,
Saison 2018/2019)

Länder ohne McDonalds
(Stand 2017)

M1 Kulturelle Vernetzung der Welt (Bild oben: indisches Holifest in Köln; Bild unten: bayerisches Oktoberfest in den USA)

Globalisierung – vernetzte Welt

Als **Globalisierung** bezeichnet man den Prozess der zunehmenden weltweiten Verflechtungen. Das heißt, dass in bedeutenden Lebensbereichen, beispielsweise in der Kommunikation, der Wirtschaft, der Politik und der Gesellschaft, die Beziehungen zwischen den einzelnen Menschen, den Institutionen oder den Staaten immer enger werden.

Zu den Antriebskräften der Globalisierung zählt zum einen der technische Fortschritt, insbesondere in der Kommunikationstechnologie sowie im Transport (M 3). Zum anderen gehört dazu aber auch der stetige Abbau von Beschränkungen im weltweiten Handel,

beispielsweise durch die Abschaffung von Zöllen. Die Globalisierung ist allerdings nicht nur auf die zunehmende Verflechtung der Wirtschaft beschränkt. Sie betrifft auch andere Lebensbereiche wie die Umwelt.

Daher müssen in der Politik immer mehr Entscheidungen auf internationaler Ebene getroffen werden. Ebenso lassen sich einige Umweltprobleme nur noch global lösen. Im kulturellen Bereich sorgt die Globalisierung einerseits für eine größere Vielfalt, andererseits für eine scheinbar immer einheitlichere Weltkultur.

Politik
internationale Institutionen/
Konflikte/Zusammenarbeit, ...

Kommunikation
fortschreitende Vernetzung,
leistungsfähigere Datenübertragung,
intensiver Wissensaustausch, ...

Wirtschaft
Öffnung der Märkte,
internationale Arbeitsteilung,
Anstieg der Warenströme,
internationale Konkurrenz, ...

GLOBALISIERUNG

Gesellschaft
gegenseitige Beeinflussung
beim Lebensstil, Konsum,
Kultur; bei allgemeinen
Werten (z.B. Menschenrechten,
politischen Ideen), ...

Umwelt
grenzüberschreitende Gefahren,
Umweltbelastungen, neue Technologien,
grenzübergreifende Umweltprobleme und Lösungsstrategien, ...

41556EX

M 2 Verschiedene Bereiche der Globalisierung

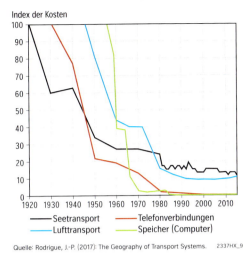

Quelle: Rodrigue, J.-P. (2017): The Geography of Transport Systems. 2337HX_9

M 3 Transport- und Kommunikationskosten

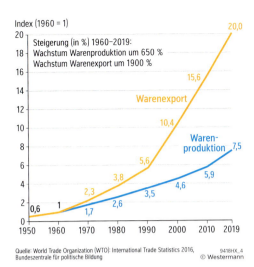

Quelle: World Trade Organization (WTO): International Trade Statistics 2016, Bundeszentrale für politische Bildung 9418HX_4 © Westermann

M 5 Entwicklung der Weltwirtschaft

Einhergehend mit den niedrigen Transportkosten führten zahlreiche weitere wirtschaftliche Veränderungen zu einer Globalisierung der Märkte. So findet die Produktion von Waren oftmals nicht mehr in einer einzigen Firma statt, sondern verteilt sich auf unterschiedliche Länder mit verschiedenen Standortvorteilen.

Der Abbau von Handelshemmnissen sorgt zudem dafür, dass es globale Absatzmärkte mit neuen Kunden für Produkte gibt. Dadurch steigt wiederum der Konkurrenzkampf zwischen Firmen aus unterschiedlichen Ländern. Dies sorgt dafür, dass man unterschiedlichste Produkte aus verschiedenen Ländern kaufen kann und dadurch auch eine kulturelle Annäherung der Länder stattfindet.

M 4 Wirtschaftliche Hintergründe der Globalisierung

Die Globalisierung der Lebensbereiche sorgt auch dafür, dass viele Krisen eine globale Dimension annehmen. So stellt z. B. der anthropogene Klimawandel eine Gefahr dar, die alle Menschen der Erde betrifft. Auch Wirtschaftskrisen in einem Land wirken sich viel schneller auf andere Länder aus, da die verschiedenen Länder wirtschaftlich eng miteinander verbunden sind. Eng mit der wirtschaftlichen Vernetzung hängen auch soziale Aspekte, wie z. B. die Auslagerung schwerer Arbeit in Länder mit niedrigen Arbeitslöhnen, zusammen.

Als Reaktion auf die zahlreichen globalen Probleme wurden internationale Institutionen gegründet, da nur durch eine Zusammenarbeit der unterschiedlichen Länder die Probleme gelöst werden können.

M 6 Probleme der Globalisierung

AUFGABEN

1 *Diskutiert das Kapitelauftaktbild. Bezieht auch M 1 ein. Fallen euch weitere Beispiele aus eurem Alltag ein? Welche positiven und negativen Auswirkungen seht ihr?*

2 *Ordnet den unterschiedlichen Bereichen der Globalisierung (M 2) verschiedene Beispiele zu.*

3 * *a) Notiere einen Tag lang nach der Schule, welche Produkte du benutzt und informiere dich, woher diese stammen.*

b) Beurteile abschließend, inwiefern dein Lebensstil globalisiert ist. Beziehe dafür auch M 1 und M 2 ein.

4 * *Beschreibe die Zusammenhänge zwischen der Entwicklung von Transport und Kommunikationskosten sowie der weltweiten Entwicklung von Produktion und Exporten und dem Globalisierungsprozess (M 3 und M 4).*

Quelle: Kearney 2018 Global City report

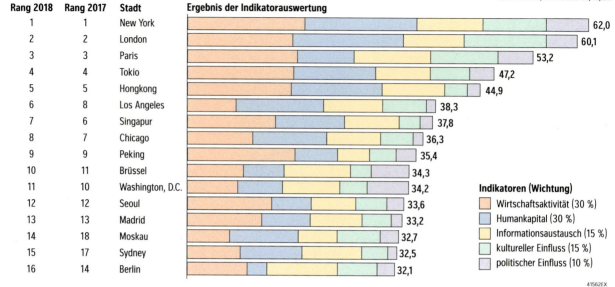

Rang 2018	Rang 2017	Stadt	Ergebnis der Indikatorauswertung
1	1	New York	62,0
2	2	London	60,1
3	3	Paris	53,2
4	4	Tokio	47,2
5	5	Hongkong	44,9
6	8	Los Angeles	38,3
7	6	Singapur	37,8
8	7	Chicago	36,3
9	9	Peking	35,4
10	11	Brüssel	34,3
11	10	Washington, D.C.	34,2
12	12	Seoul	33,6
13	13	Madrid	33,2
14	18	Moskau	32,7
15	17	Sydney	32,5
16	14	Berlin	32,1

Indikatoren (Wichtung)
- Wirtschaftsaktivität (30 %)
- Humankapital (30 %)
- Informationsaustausch (15 %)
- kultureller Einfluss (15 %)
- politischer Einfluss (10 %)

41562EX

M1 Global Citys nach Indikatoren

Global Citys – Schaltstellen der Globalisierung

Manche Städte besitzen eine über ihr Umland hinausgehende Bedeutung: etwa als Standort des Hauptsitzes internationaler Firmen oder dank ihrer bedeutenden Flug- oder Seehäfen als Güterumschlagplätze. Städte, die sogar eine weltweit bedeutende Stellung einnehmen, werden **Global Citys** genannt. Eine Zuordnung allein anhand der Bevölkerungszahl, wie bei einer Megacity, ist nicht möglich.

In der Wissenschaft wird versucht, die Bedeutung der Global Citys mithilfe bestimmter Indikatoren (Anzeiger) zu messen. Ein solches Städteranking nutzt beispielsweise die Indikatoren Wirtschaftsaktivität, Humankapital, Informationsaustausch, Kulturangebot und Politik (M1, M2).
Klassische Beispiele für Global Citys sind New York, London, Paris und Tokyo.

Für die *Wirtschaftsaktivität* sind die Hauptsitze internationaler Großkonzerne, Banken und anderer Finanzdienstleister (z.B. Ratingagenturen) sowie die großen Börsen entscheidend. Diese haben den größten wirtschaftlichen und finanziellen Einfluss.

Mit *Humankapital* wird das Vorhandensein gut ausgebildeter Arbeitskräfte bezeichnet. Dafür sind international anerkannte Schulen und Universitäten nötig. Auch eine hohe Internationalität bei Studierenden wird als vorteilhaft angesehen.

Unter dem Aspekt *Informationsaustausch* wird bewertet, wie viele internationale Nachrichtenagenturen in der Stadt ansässig sind, ob ohne Zensur berichtet werden darf und wie viele Bewohner einen freien Zugang zu Nachrichten im Fernsehen und im Internet haben.

Der *kulturelle Einfluss* wird durch die internationale Bedeutung von Museen und Großveranstaltungen (z.B. in Sport und Kunst), durch die Attraktivität für Touristen und selbst durch das kulinarische Angebot bestimmt. Auch internationale Städtepartnerschaften spielen eine Rolle.

Der *politische Einfluss* ergibt sich aus dem Vorhandensein von Botschaften anderer Länder, Think Tanks und anderer internationaler Organisationen. Wichtig ist auch, ob weltpolitisch bedeutende Konferenzen, z.B. zu Friedensverhandlungen oder zum Klimawandel, stattfinden.

M2 Indikatoren des Städterankings in M1

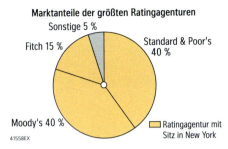

Marktanteile der größten Ratingagenturen

Sonstige 5 %
Fitch 15 %
Standard & Poor's 40 %
Moody's 40 %
Ratingagentur mit Sitz in New York
41558EX

Ratingagenturen bewerten, wie zuverlässig Staaten und Unternehmen bei der Rückzahlung von Schulden sind. Die Bewertungen gehen dabei von AAA (sehr zuverlässig) bis D (zahlungsunfähige Schuldner).
Die Bewertungen der Ratingagenturen sind für die Staaten und Unternehmen wichtig. Je schlechter die Bewertung ist, desto mehr Zinsen müssen bei der Aufnahme neuer Kredite gezahlt werden. Die Ratingagenturen besitzen durch ihre Bewertungen daher eine große wirtschaftliche Macht.

M 3 Ratingagenturen

Die Stadt New York besitzt 27 Universitäten und Hochschulen mit insgesamt über 200 000 Studierenden, die aus der ganzen Welt kommen und nach dem Studium oftmals in der Stadt zum Arbeiten bleiben. Mit der Columbia University (Rang 17, 39 % internationale Studierende) und der New York University (Rang 26, 34 % internationale Studierende) gibt es in New York zwei Einrichtungen, die zu den besten 50 Universitäten der Welt gehören.

M 4 Universitätsstandort New York

AUFGABEN

1 Erläutere anhand der in M 2 vorgestellten Indikatoren die Bedeutung von New York als Global City (M 3 – M 7, Atlas, Internet).
2 „Global Citys sorgen dafür, dass die ganze Welt stärker vernetzt ist". Nimm zu dem Zitat Stellung. Nutze auch die Karte im hinteren Bucheinband.
3* a) Beurteile, ob Global Citys als Schaltstellen der Globalisierung bezeichnet werden können.
b) Nenne Voraussetzungen, damit sich Global Citys entwickeln können.

In New York gibt es etwa 200 Museen, unter anderem das weltberühmte Museum of Modern Art und das größte Kunstmuseum der USA, das Metropolitan Museum of Art. Zudem findet man zahlreiche weltberühmte Sehenswürdigkeiten wie die Freiheitsstatue. Mit der Grand Central Station steht zudem der größte Bahnhof der Welt in New York. Weltweite Aufmerksamkeit erreichen Spiele der New York Knicks (Basketball), der New York Yankees (Baseball) oder der New York Jets (American Football). Der Broadway (siehe Foto) ist die berühmteste Theaterstraße der Welt: 2019 kamen knapp 15 Mio. Besucher.

M 5 Sport und Kultur in New York

Die New York Times hatte 2019 eine weltweite Auflage von etwa 2,7 Mio. gedruckten Exemplaren (davon knapp 0,5 Mio. in den USA). Bis zum Jahr 2025 sollen zehn Mio. Abonnenten (digital und print) erreicht werden, davon zwei Millionen Abonnenten aus dem Ausland.
Auch zahlreiche deutsche Medien wie ARD, ZDF oder RTL haben in New York ein Auslandsstudio, um über aktuelle Entwicklungen zu berichten.

M 6 Internationale Medien in New York

Die Vereinten Nationen (UN) haben ihr Hauptquartier seit 1952 in New York. Hier wird über globale Probleme debattiert, so wie auch am 03.12.2020 über die Corona-Pandemie (siehe Foto).
Neben den UN haben auch weitere Institutionen wie UNICEF (Kinderhilfswerk der UN), das Council on Foreign Relations (außenpolitische Denkfabrik) oder Human Rights Watch (NGO zur Wahrung der Menschenrechte) ihren Sitz in New York.

M 7 New York als Sitz internationaler Organisationen

M1 Sitz des Bundestags im Reichstagsgebäude

M3 Britische Botschaft

Berlin – (k)eine Global City?

Berlin nimmt als Deutschlands Hauptstadt eine besondere Stellung ein. Sie ist nicht nur mit Abstand Deutschlands größte Stadt, sondern auch politisches Zentrum. Seit der Wiedervereinigung nimmt Berlin eine immer größere Bedeutung in der Welt ein. Auch historisch und kulturell hat Berlin viel zu bieten. So können neben den historischen Highlights wie der Berliner Mauer und dem Brandenburger Tor auch zahlreiche Museen besucht werden.

Trotzdem taucht Berlin in manchen, vor allem auf Wirtschaft fokussierten Rankings nicht als Global City auf. Andere Rankings sehen Berlin hingegen als Global City an. Ob Berlin als Global City eingestuft wird, hängt mit den verschiedenen Schwerpunkten der Rankings zusammen.

Berlins Wirtschaft ist vor allem von Dienstleistungen geprägt. In keinem Bundesland lag der Dienstleistungsanteil im Jahr 2019 so hoch wie in Berlin. Der Tourismus nimmt mit den Hotel- und Gastronomiebetrieben einen zentralen Bereich der Dienstleistungen ein. Positiv beeinflusst werden diese Branchen auch dadurch, dass die Messe- und Kongresswirtschaft in Berlin eine große Rolle spielt. Auch die IT- und Internetwirtschaft erlebte in den letzten Jahren in Berlin ein starkes Wachstum. Damit eng zusammen hängt, dass über 500 Start-ups pro Jahr in Berlin gegründet werden.

Dagegen ist die Finanzwirtschaft in Berlin nicht so stark wie in anderen Global Citys aufgestellt. Das liegt daran, dass sich in Deutschland der Finanzsektor hauptsächlich in Frankfurt a. M. konzentriert.

Berlin gilt vor allem als Medienstadt, da knapp 40 000 Unternehmen aus den Bereichen Rundfunk, Presse und Fernsehen hier angesiedelt sind. Nicht nur regionale und nationale Medien haben hier ihren Sitz, auch einige internationale Medienhäuser wie die BBC haben hier Zweigstellen. Da es in Berlin keine große Finanzbranche gibt, macht die Medienbranche zusammen mit der Kreativwirtschaft einen Anteil von ca. 15% der Wirtschaftsleistung Berlins aus. Eine Studie zeigte, dass weltweit nur in London die Medienbranche eine so hohe Bedeutung wie in Berlin besitzt.

M2 Berlins Wirtschaft

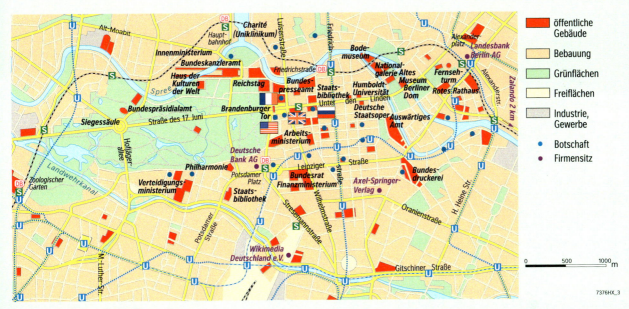

M4 Stadtplan von Berlin

Berlin wird auch häufig als Kulturhaupt-stadt bezeichnet. Ein vielfältiges Kultur-angebot sorgt dafür, dass immer mehr Menschen aus der Kreativwirtschaft in die Stadt ziehen und kulturinteressierte Menschen angelockt werden. Insgesamt gibt es ca. 200 Museen, 400 Galerien, 150 Theater und drei Opernhäuser in der Stadt. Eines der Zentren der Kultur stellt sicherlich die Museumsinsel dar. In der Gesamtanlage, die ein UNESCO-Weltkulturerbe ist, sind insgesamt fünf Museen angesiedelt.

M5 Berlin als Kulturstadt

Stadt	Rang als Global City 2018	Monatsmiete für ein Ein-bettzimmer (Innenstadt)
New York	1	2796 Euro
London	2	1919 Euro
Paris	3	1181 Euro
Berlin	16	901 Euro
San Francisco	20	2944 Euro
Amsterdam	22	1604 Euro
Frankfurt a. M.	29	1046 Euro

M7 Mietpreisvergleich mit anderen Global Citys

„Frankfurt hat sich aus historischen Grün-den zum Finanzzentrum Deutschlands und zu einem der wichtigsten Finanzzentren der Welt entwickelt. Nicht nur die deutsche Börse, sondern auch die europäische Zentral-bank und zahlreiche andere wichtige Banken und Versicherungen haben hier ihren Haupt-sitz. Da das zentrale Stadtgebiet von einem Grüngürtel umgeben ist, kann das Stadtzen-trum nicht erweitert werden. Die Boden-preise sind daher sehr hoch und die Banken bauen sich Wolkenkratzer."

M6 Eine Bankerin berichtet aus Frankfurt.

AUFGABEN

1 a) Bewerte, ob Berlin für dich eine be-deutende Global City ist.
b) Überprüfe, ob sich deine Bewertung von Berlin mit der Bewertung auf S. 120 in M1 deckt.
c) Diskutiert mögliche Unterschiede.
2 Erkläre das Zitat „Frankfurts Stärke wird zu Berlins Schwäche" (M2, M6).
3 * Stelle Vermutungen an, was sich durch einen Bedeutungszuwachs Berlins für die Stadt verändern könnte.

M1 Der größte Containerhafen der Welt in Shanghai

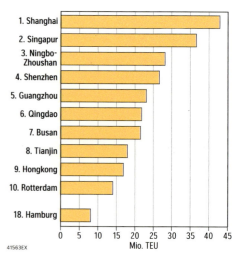

41563EX

M3 Die größten Containerhäfen (2020)

Weltweiter Handel durch Globalisierung

Die Globalisierung steht in einem engen Zusammenhang mit dem **Welthandel**. Viele Global Citys sind daher auch Zentren des Umschlags von Güterverkehr. Der Schiffsverkehr macht dabei etwa 90 Prozent aus und ist die Grundlage des Welthandels. In den letzten Jahrzehnten hat die Welthandelsschifffahrt immer weiter zugenommen. Leistungsfähigere Transportschiffe, sinkende Ölpreise, steigende Nachfrage und vor allem die Entwicklung des Containers führten dazu, dass der Transport stetig anstieg und heute Produkte aus aller Welt günstig zu erhalten sind.

Immer wieder waren Fässer mit Bier aus einer deutschen Brauerei auf dem Seeweg in die USA abhanden gekommen. Den Spediteur Malcolm McLean ärgerte dies, denn er musste für die verloren gegangene Ware haften. 1956 hatte er deshalb die Idee, alle Fässer in großen Blechkisten zu transportieren: Der moderne Container war erfunden. Heute sind alle Container weltweit genormt. Die einheitliche Größe erleichtert den Transport und passt auf alle Systeme. TEU (Twenty Feet Equivalent Unit) ist die einheitliche Maßeinheit für Container.

M4 Die perfekte Kiste

Jahr	Kapazität (TEU)	Länge (in m)	Breite (in m)	Tiefgang max. (in m)
1956 – 1970	500 – 1 000	135 – 200	< 25,0	9,0
1971 – 1980	1 000 – 3 000	200 – 215	< 28,0	10,8
1981 – 1988	3 000 – 4 500	250 – 294	< 32,2	13,5
1989 – 1995	4 500 – 5 000	280 – 305	< 41,1	14,5
1996 – 2005	5 000 – 10 000	300 – 350	40,0 – 43,0	15,5
2006 – 2012	10 000 – 15 000	350 – 400	45,0 – 55,0	16,0
2013 – 2020	15 000 – 24 000	350 – 400	50,0 – 60,0	16,5

M2 Größenwachstum der Containerschiffe

© Westermann

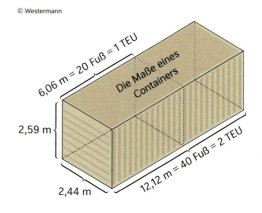

5242HX_4

M5 Ein Standardcontainer

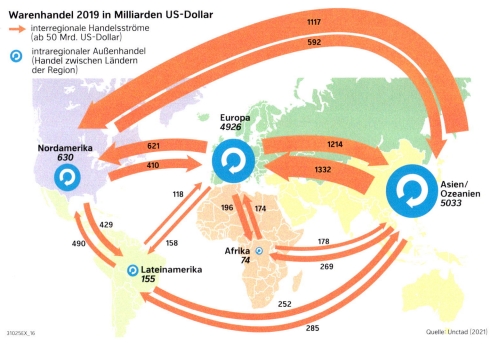

Warenhandel 2019 in Milliarden US-Dollar

→ interregionale Handelsströme (ab 50 Mrd. US-Dollar)

↻ intraregionaler Außenhandel (Handel zwischen Ländern der Region)

Europa *4926*

Nordamerika *630*

Asien/ Ozeanien *5033*

Lateinamerika *155*

Afrika *74*

1117
592
621
410
1214
1332
118
196
174
429
490
158
178
269
252
285

31025EX_16

Quelle: Unctad (2021)

M 6 Globale Handelsströme

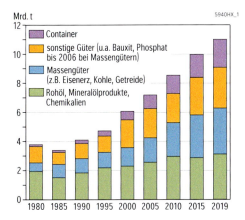

5940HX_1

Mrd. t

- Container
- sonstige Güter (u.a. Bauxit, Phosphat bis 2006 bei Massengütern)
- Massengüter (z.B. Eisenerz, Kohle, Getreide)
- Rohöl, Mineralölprodukte, Chemikalien

1980 1985 1990 1995 2000 2005 2010 2015 2019

M 7 Zahlen zur Welthandelsschifffahrt

Da nicht jedes Land gleich viele Waren exportiert wie importiert (siehe M 6), müssen auch viele leere Container zu den jeweiligen Häfen transportiert werden. Weltweit sind etwa 30 Prozent der Seecontainer ohne Ladung unterwegs. Der Transport und die Lagerung der leeren Container verursachen hohe zusätzliche Kosten.

Durch starken Seegang kommt es auch immer wieder dazu, dass Container vom Schiff ins Meer rutschen. Durchschnittlich gehen im Jahr knapp über 600 Container verloren, was zu Umweltproblemen führen kann.

M 8 Nachteile der Containerschifffahrt

AUFGABEN

1 Beschreibe die Entwicklung der Welthandelsschifffahrt.

2 a) Erläutere die Bedeutung des Containers für den Welthandel.
b) Erläutere stichpunktartig, wieso auch zwangsweise leere Container transportiert werden müssen.

3 * Erkläre, wieso im Zusammenhang mit dem Welthandel oft von einer „Handelstriade" gesprochen wird.

4 a) Beschreibe die Entwicklung der Schiffsgrößen.
b) Recherchiere im Internet am Beispiel der Stadt Hamburg, inwiefern der Hafen und die Elbe an die veränderten Schiffsgrößen angepasst werden müssen und welche Probleme sich daraus ergeben können.

A Wolfsburg Hbf.
B Mittellandkanal
C Konzern-Forum, Eingang zur Autostadt:
  D ZeitHaus
  E Kundencenter
  F Autotürme
  G Park mit Ausstellungshäusern verschiedener Automarken
H Kraftwerk
I Werkshallen
J Zug-Verladestation
K Volkswagen-Academy

M1 Volkswagen-Werk in Wolfsburg (überdachte Fläche 1,5 Mio. m² ≙ Fläche Monacos)

Volkswagen – Global Player aus Deutschland

Eng im Zusammenhang mit dem steigenden Welthandel, der globalen Konkurrenz und der internationalen Vernetzung stehen die sogenannten **Global Player**, die eine führende Stellung auf dem Weltmarkt einnehmen. Neben Volkswagen gehören zu den deutschen Global Playern etwa Siemens, Adidas und die Allianz Gruppe.

Volkswagen wurde 1938 von den Nationalsozialisten gegründet. Am Mittellandkanal bei Wolfsburg wurde das erste Werk gebaut. Der internationale Aufstieg begann mit ersten Exporten 1947 in die Niederlande. Nach 1949 setzte die Unternehmensleitung in Wolfsburg verstärkt auf internationale Expansion: Exporte, aber auch die Gründung von Tochtergesellschaften in Europa und Übersee förderten die Entwicklung zu einem internationalen Unternehmen. Seit Mitte der 1980er-Jahre ist Volkswagen in der Volksrepublik China tätig, wo das Unternehmen heute eine führende Position besitzt.

2015 erschütterte der Skandal um Manipulationen bei Abgaswerten den Konzern. Trotz des Skandals und Entschädigungszahlungen verzeichnete das Unternehmen, vor allem aufgrund des guten Absatzes in China, Gewinne.

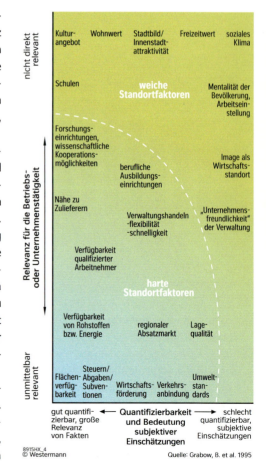

M2 Standortfaktoren

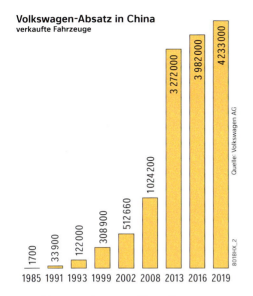

Volkswagen-Absatz in China
verkaufte Fahrzeuge

Quelle: Volkswagen AG

M3 Chinas Bedeutung für Volkswagen

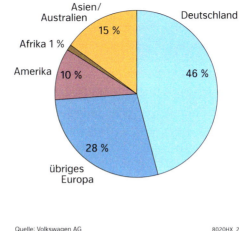

Quelle: Volkswagen AG   8020HX_2

M5 Herkunft der Beschäftigten

China steht seit einigen Jahren in der Kritik für den Umgang mit der uigurischen Minderheit in der chinesischen Provinz Xinjiang. In dieser Provinz betreibt der Volkswagen-Konzern ein Werk zur Produktion des Typs „Santana". Die Konzern-Führung steht in der Kritik, da in einer Region Autos produziert werden, obwohl Menschenrechtsverletzungen an der Tagesordnung sind. Dies wirkt sich auch negativ auf das Image des Konzerns aus. Kritiker sagen, dass Volkswagen von der chinesischen Regierung abhängig ist und deswegen keine klare Stellung zu den Menschenrechtsverletzungen einnimmt. Menschenrechtler meinen, dass eine Werksschließung ein wichtiges Zeichen an die chinesische Regierung wäre.

M4 Standortwahl in der Kritik

	2010	2012	2015	2019
Inland	181 300	249 500	275 900	294 800
Ausland	218 100	300 300	328 500	373 000
gesamt	399 400	549 800	604 400	667 800

M6 Entwicklung der Beschäftigtenzahlen

	2010	2015	2019
Europa / übrige Märkte	3 562 000	4 505 000	4 856 000
Nordamerika	549 000	932 000	956 000
Südamerika	888 000	559 000	607 000
Asien-Pazifik	2 141 000	3 935 000	4 538 000

M7 Entwicklung des Fahrzeugabsatzes weltweit

AUFGABEN

1 *a) Was macht einen Global Player aus? Stelle Kriterien auf, woran dies festgemacht werden kann.*
b) Erkläre anhand der Kriterien, wieso man den Volkswagen-Konzern als Global Player bezeichnen kann.

2 *a) Formuliere eine Definition für Standortfaktoren.*
b) Überlege, ob sich die Relevanz von Standortfaktoren für ein Unternehmen auch verändern kann (M2).

3 *Erstelle eine Tabelle: Welche Vorteile hat Volkswagen durch die Produktion in China und welche Nachteile können dadurch entstehen?*

4 *Recherchiere über einen Global Player aus NRW und vergleiche diesen anhand der Kriterien aus Aufgabe 1 mit dem Volkswagen-Konzern.*

Das Smartphone – ein weitgereistes Produkt

An der Herstellung eines Smartphones sind zahlreiche Länder beteiligt. Vom Entwurf bis zum Verkauf laufen mehrere Produktions- und Verarbeitungsprozesse in verschiedenen Ländern ab. Das Smartphone legt daher bis zu seiner Fertigstellung einen weiten Weg zurück. Der Transport der benötigten Rohstoffe und der fertigen Produkte verursacht entsprechend eine große Menge CO_2-Ausstoß. Zudem findet die Produktion oft in Ländern statt, in denen geringe Umwelt- und Sozialstandards vorhanden sind. Die Produktion wird daher oft als nicht sehr nachhaltig kritisiert.

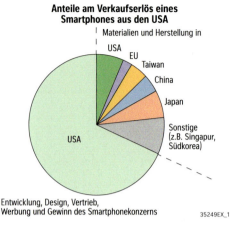

Anteile am Verkaufserlös eines Smartphones aus den USA

Materialien und Herstellung in
USA
EU
Taiwan
China
Japan
Sonstige (z.B. Singapur, Südkorea)
USA
Entwicklung, Design, Vertrieb, Werbung und Gewinn des Smartphonekonzerns

35249EX_1

M2 Anteile am Verkaufserlös (2018)

Wie werden Smartphones produziert?

„Über 70 Stunden in der Woche am Fließband stehen und im Akkord Elektrogeräte für den Weltmarkt produzieren, das ist der Arbeitsalltag vieler Arbeiter in den Fabriken der Zulieferfirmen von Smartphoneherstellern.

Menschenrechtsorganisationen berichten von Selbstmorden unter den Arbeitern, die als Arbeitsunfälle dargestellt werden. Sie haben die Arbeitsbedingungen in den Fabriken untersucht und bei einigen festgestellt, dass die Arbeiter, die mit gefährlichen chemischen Stoffen arbeiten, keine Schutzkleidung zur Verfügung gestellt bekommen. Außerdem gibt es oft nur kleine, betriebseigene Wohn- und Schlafräumen, die für bis zu 14 Personen ausgelegt sind. Dort gibt es keine Privatsphäre. Die Räume werden nur zum Schlafen benötigt, da es eigentlich keine Freizeit gibt.

Für ihre harte Arbeit erhalten die Arbeiter Löhne zwischen 200 Euro und 400 Euro. Da die Arbeiter keine Alternative sehen, arbeiten sie unter diesen katastrophalen Bedingungen weiter, denn sie wollen überleben."

M1 Aus einem Zeitungsartikel

„Beim Abbau von Coltan im Kongo werden große Bereiche des Regenwaldes abgeholzt, in denen unter anderem die sehr stark gefährdeten Berggorillas leben. Durch den Abbau werden unter anderem giftige Schwermetalle freigesetzt. Da beim Abbau auch viel Wasser eingesetzt wird, gelangen die Schwermetalle in die umgebende Umwelt und vergiften diese.

Aber auch die Menschen vor Ort leiden stark unter dem Abbau. Der Bergbau vergiftet die Menschen und immer mehr Kinder kommen mit Behinderungen zur Welt. Von den riesigen Gewinnen hingegen sieht die Bevölkerung vor Ort so gut wie nichts."

M3 Ein Umweltschützer berichtet.

AUFGABEN

1 *Ordne den Texten von M4 die passenden Bilder zu.*

2 *Erstelle mithilfe von M4 ein Fließdiagramm, das die Produktionskette eines Smartphones darstellt.*

3 *Stelle mithilfe einer Weltkarte die Herstellungskette räumlich dar und berechne mithilfe des Maßstabes, wie viele Kilometer ein Smartphone von der Idee bis zur Verwendung in Deutschland zurückgelegt hat.*

4 *Der Vorstandsvorsitzende eines amerikanischen Herstellers von Smartphones wird gefragt, warum er das Smartphone nicht komplett in den USA produzieren lässt. Antworte für ihn und beziehe neben den Erkenntnissen dieser Seite den Aspekt der Standortfaktoren (S. 126 M2) heran.*

5 *Erstelle ein eigenes kleines Mystery zu der Thematik „Smartphone und Nachhaltigkeit (M5).*

Ⓐ Smartphones werden z.B. in Kalifornien (Apple) oder in Südkorea (Samsung) entwickelt. Bevor der Designprozess und die technische Entwicklung beginnen, werden hier zunächst grundlegende Aspekte wie der Preis oder die Wünsche der Zielgruppe festgelegt.

Ⓑ Weltweit besitzt jeder dritte Mensch ein Smartphone. In Deutschland sind es sogar 80 Prozent der Menschen. Neue, verbesserte Modelle sorgen dafür, dass sich viele Verbraucher in Deutschland bereits nach zwei Jahren oder weniger ein neues Smartphone kaufen.

Ⓒ Die Weiterverarbeitung der Erze zu Bauteilen für die Herstellung des Smartphones findet an verschiedenen Orten der Welt statt. Elektrobauteile wie Kondensatoren werden zum Beispiel in Tschechien hergestellt. Die Bauteile werden anschließend größtenteils in China zusammengefügt.

Ⓓ Die Rohstoffe werden in verschiedenen Ländern der Welt gewonnen. Der Abbau findet meist unter menschenunwürdigen Bedingungen statt. So wird z.B. Coltan in der Demokratischen Republik Kongo gewonnen. Dort lagern 80 Prozent des weltweiten Coltan-Vorkommens.

Ⓔ Ungefähr 40 Prozent aller weltweit verkauften Elektrogeräte werden von der Firma Foxconn in China aus den einzelnen Bauteilen zusammengebaut. Foxconn ist Zulieferer, z.B. für Apple, Samsung, Sony und Microsoft. In 35 Werken arbeiten insgesamt 1,2 Millionen Menschen.

Ⓕ Kupfer wird zu etwa 30 Prozent in Chile abgebaut. Die größte Kupfermine der Welt liegt in Chuquicamata. Pro Jahr werden hier mitten in der Wüste ca. 600 000 Tonnen Kupfer gewonnen. Aufgrund der Produktion gilt die Umgebung inzwischen als verseucht, sodass hier keine Menschen mehr leben können.

M4 Herstellung eines Smartphones: von der Planung bis zum Verkauf

1. Überlege dir eine interessante „mysteriöse" Frage zum Thema Smartphone und dessen nicht nachhaltiger Produktion.
2. Versuche, um die Frage herum eine Geschichte zu erzählen, die Inhalte zur Produktion von Smartphones verwendet.
3. Gliedere die Geschichte in kleine Abschnitte, die du auf Karten schreibst.
4. Überprüfe, ob mithilfe der Karten die Fragestellung beantwortet werden kann.

M5 Was bei der Erstellung eines Mysterys beachtet werden sollte.

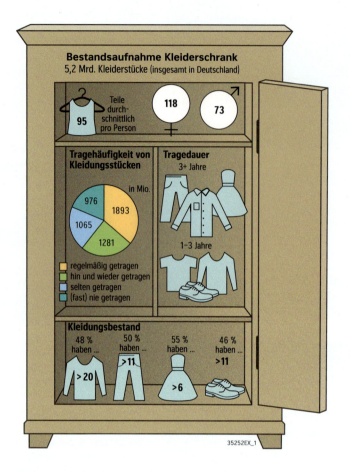

M1 Bestandsaufnahme Kleiderschrank

Wie global lebe ich?

Globalisierung ist nicht nur eine Theorie, die deutlich macht, dass weltweite Verflechtungen immer weiter zunehmen. Globalisierung zeigt sich auch in unserem alltäglichen Leben. Das können die Lebensmittel sein, die weit entfernt angebaut und nach Deutschland transportiert wurden, oder weitere Produkte, die in anderen Ländern hergestellt werden.

Aber auch hinsichtlich der kulturellen Aspekte findet eine immer stärkere Internationalisierung statt. So ist es inzwischen normal, dass man verschiedenste Speisen auf der ganzen Welt bekommen kann. Streaminganbieter zeigen viele Serien und Filme gleichzeitig auf der ganzen Welt und Fußballspiele werden in über 100 Länder übertragen. Am deutlichsten wird uns die Globalisierung vermutlich, wenn wir in andere Länder reisen und trotzdem viele Dinge wiederfinden, die wir aus Deutschland kennen.

Auf der Doppelseite kannst du überprüfen, wie stark dein eigenes Leben durch die Globalisierung geprägt ist.

Lebensmittel	Herkunft	Transportweg (in km)
Äpfel (Granny Smith)	Südafrika	10 000
Äpfel	Bodensee	10 – 300
Kakao	Ghana	5 600
Milch	Allgäu	10 – 300
Bio-Orange	Italien	1 000
Orangensaft	Brasilien	11 000
Cornflakes	England	1 700
Getreideflocken	Gäuboden	10 – 300
Tomaten	Niederlande	700
Weintrauben	Spanien	2 300

M2 Herkunft von Lebensmitteln (Auswahl)

① „Blinding Lights" – The Weeknd (Kanada)

② „Dance Monkey" – Tones and I (Australien)

③ „Roller" – Apache 207 (Deutschland)

④ „Roses" – SAINt JHN (USA)

⑤ „Breaking Me" – Topic feat. A7S (Deutschland)

⑥ „Emotions" – Ufo361 (Deutschland)

⑦ „Savage love" – Jawsh 685 & Jason Derulo (Neuseeland, USA)

⑧ „Rockstar" – DaBaby feat. Roddy Ricch (USA)

⑨ „Ride It" – Regard (Kosovo)

⑩ „Fame" – Apache 207 (Deutschland)

M3 Top 10 Singles in Deutschland 2020

1. Lebensmittel: Überprüfe, woher das Gemüse und Obst zu Hause stammen.

- kein Gemüse und Obst aus dem Ausland = 0 Punkte
- ein wenig Gemüse und Obst aus dem Ausland = 1 Punkt
- vor allem Gemüse und Obst aus dem Ausland = 3 Punkte

2. Kleidung: Wie viele Kleidungsstücke, die nicht in Deutschland produziert wurden, besitzt du?

- Jungen: 1 – 72 = 1 Punkt; mehr als 72 = 3 Punkte
- Mädchen: 1 – 117 = 1 Punkt; mehr als 117 = 3 Punkte

3. Musik: Überprüfe die letzten 10 Lieder, die du gehört hast. Wie viele der Künstlerinnen und Künstler haben keine deutsche Staatsangehörigkeit?

- 0 Künstler/-innen = 0 Punkte
- 1 – 3 Künstler/-innen = 1 Punkt
- 4 – 7 Künstler/-innen = 2 Punkte
- 8 – 10 Künstler/-innen = 3 Punkte

4. Reisen: Wohin ging deine letzte Reise, die mindestens eine Woche dauerte?

- Deutschland = 0 Punkte
- innerhalb der EU = 1 Punkt
- außerhalb der EU = 3 Punkte

Bewertung: *0 – 4 Punkte:* Dein Leben wird in den überprüften Bereichen nicht sehr stark von der Globalisierung geprägt. Fallen dir andere Bereiche ein, in denen dein Leben von internationalen Beziehungen beeinflusst wird?

5 – 8 Punkte: In einigen Bereichen wird dein Leben von der Globalisierung beeinflusst, in anderen nicht so stark. Welche weiteren Bereiche fallen dir ein, in denen dein Leben von der Globalisierung geprägt ist?

9 – 12 Punkte: Dein Leben ist in diesen Bereichen überdurchschnittlich stark von globalen Einflüssen geprägt. Fallen dir noch weitere Bereiche ein, in denen dein Leben so stark international beeinflusst wird?

M 4 Bewertung des Lebensstils

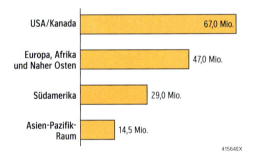

Netflix-Abonnenten nach Regionen im September 2019
(gesamt 157,5 Mio.; im 1. Quartal 2021 bereits 208 Mio.)

- USA/Kanada: 67,0 Mio.
- Europa, Afrika und Naher Osten: 47,0 Mio.
- Südamerika: 29,0 Mio.
- Asien-Pazifik-Raum: 14,5 Mio.

41564EX

M 5 Netflixanteile weltweit

Fernreisen 2019 – Marktanteile nach Weltregionen
Fernreisen hatten 2019 einen Anteil von 8,4 % aller Reisen.

23 % · 5 % · 4 % · 8 % · 11 % · 14 % · 18 % · 11 % · 6 %

41565EX
© Westermann

M 6 Fernreisen der Deutschen

AUFGABEN

1 *a) Überprüfe, wie global dein Leben in den Bereichen Kleidung, Lebensmittel, Musik und Reisen ist. Schreibe dir die Punkte auf und addiere sie für die Bewertung (M 4).*
b) Erstellt ein Ranking eurer Ergebnisse in der Klasse. Was sagen die Ergebnisse über euer Leben aus?

2 *Recherchiert die aktuellen Top 10 der deutschen Single-Charts und vergleicht diese mit der Top 10 von anderen Ländern. Gibt es viele Gemeinsamkeiten oder Unterschiede? Was sagt dies über die Globalisierung von Kultur aus?*

3 *Diskutiert in Partnerarbeit folgendes Zitat: „Die Globalisierung sorgt dafür, dass sich jugendliche Lebensformen weltweit anpassen und die kulturelle Einzigartigkeit von Ländern verloren geht."*

M1 Kreuzfahrten zur Insel Santorin (Griechenland)

M4 Tourismusziel Griechenland

Tourismus – Phänomen der Globalisierung

Mit zunehmendem Wohlstand in den Industrieländern und den längeren Urlaubszeiten begann auch langsam die Globalisierung des Tourismus. Begünstigt wird diese Entwicklung durch immer leistungsfähigere Informations-, Kommunikations- und Transporttechnologien.

Umgekehrt kann der Tourismus selbst als eine der stärksten Triebkräfte für die Globalisierung betrachtet werden. Mit jährlichen Einnahmen von etwa 1300 Mrd. US-Dollar weltweit trägt der Tourismus beträchtlich zur Weltwirtschaft bei. Für viele Länder wie Griechenland stellt der Tourismus daher eine zentrale Säule der Wirtschaft dar. Auch der kulturelle Austausch wird durch den Tourismus weiter vorangetrieben.

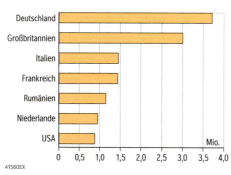

M3 Touristenankünfte in Griechenland nach Herkunftsländern (2017)

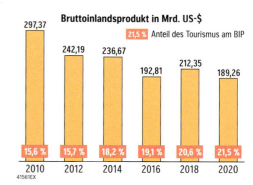

M5 Bedeutung des Tourismus für Griechenland

„Dass die Touristen für die Wirtschaft unserer Insel wichtig sind, ist mir klar. Ich freue mich auch darüber, dass die Straßen ausgebaut wurden. Trotzdem gefällt es mir nicht, wie sich unsere Insel immer weiter verändert. In den letzten Jahren wurden mehrere große Hotels gebaut, welche die Landschaft verschandeln. Am Strand entstehen immer mehr Restaurants für die Touristen. Und von den Menschenmassen, wenn die Kreuzfahrtschiffe anlegen, will ich erst gar nicht anfangen…"

M2 Eine Anwohnerin berichtet.

AUFGABEN

1 Erkläre, wie sich Globalisierung und Tourismus wechselseitig beeinflussen.

2 Erläutere, wie der Tourismus die griechischen Inseln verändert.

3 Diskutiert, ob die hohe wirtschaftliche Bedeutung des Tourismus für Griechenland auch zu Problemen führen kann.

4* Erläutere, wieso gerade Griechenland ein so beliebtes Touristenziel ist (Atlas).

METHODE

Wir arbeiten mit dem Wertequadrat – Entwicklungen kritisch bewerten

Oft ist es nicht leicht, sich über komplexe Themen eine Meinung zu bilden. Um Folgen einer Entwicklung als positiv oder negativ einschätzen zu können, ist es sinnvoll, diese mithilfe vorgegebener Werteskalen einzuordnen. Argumente können sich beispielsweise mehr auf die Umwelt oder auf die Wirtschaft beziehen und als positive oder negative Entwicklung bewertet werden. Die Position innerhalb eines Wertequadrates entspricht dieser Einordnung. Auch beim Thema Tourismus in Griechenland gibt es Argumente, die für oder gegen eine Ausweitung des Tourismus sprechen.

Arbeitsschritte

Schritt 1: Vorbereitung

- Lege in deinem Heft ein Wertequadrat nach der Vorlage M 1 an.

Schritt 2: Durchführung

- Verorte die einzelnen Argumente in deinem Quadrat. Ist ein Argument eher für eine Ausweitung des Tourismus, wird das Kreuz z. B. auf der horizontalen Linie links gesetzt. Je nachdem, ob sich das Argument stark auf die Wirtschaft oder stark auf die Umwelt bezieht, wandert das Kreuz in die obere oder untere Hälfte des Quadrates.
- Notiere neben jedem Kreuz die Nummer des jeweiligen Arguments.
- Wenn das Wertequadrat vollständig ausgefüllt ist, überlege, wo du dein eigenes Kreuz am ehesten setzen würdest und begründe deine Entscheidung.

Schritt 3: Reflexion

Reflektiert kritisch im Klassenverband, warum ihr eure eigenen Kreuze an die ausgewählten Stellen gesetzt habt.

- Wieso habt ihr unterschiedliche Ergebnisse?
- Haben euch die anderen Argumente nicht überzeugt?
- Bezieht ihr eine Mittelposition?
- Welche Argumente habt ihr unterschiedlich eingeordnet?
- Welche Einordnung fiel euch besonders schwer und warum?

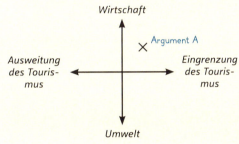

M 1 Beispiel für ein Wertequadrat

1. Zur bereits bestehenden Müllproblematik aufgrund der Insellage kommt durch die Touristen noch mehr Müll hinzu. Das macht die griechischen Inseln wiederum für andere Touristen unattraktiver.
2. An den Touristen hängen auch viele andere Arbeitsplätze, z. B. in der Gastronomie.
3. Der Stromverbrauch und damit auch der CO_2-Ausstoß steigen in der Hochsaison durch die stromintensive Nutzung von Klimaanlagen.
4. Durch den hohen Wasserverbrauch der Touristen, gerade in den warmen Jahreszeiten, wird das Trinkwasser auf den Inseln knapp.
5. In der Coronapandemie hat man die wirtschaftliche Abhängigkeit von Touristen besonders stark gemerkt.
6. Die Meere werden in der Hochsaison von Fischern überfischt, um den Touristen lokale Spezialitäten anbieten zu können.
7. Damit keine Touristen abgeschreckt werden, soll die Müllproblematik nun angegangen werden.
8. Die meisten Touristen kommen aus fernen Ländern. Durch die Anreise per Flugzeug werden Unmengen an CO_2 ausgestoßen.
9. Die Einnahmen durch die Touristen werden dazu genutzt, die Infrastruktur weiter auszubauen.

M 2 Argumente für oder gegen eine Ausweitung des Tourismus

AUFGABEN

1 *Erstelle ein Wertequadrat mithilfe der Arbeitsschritte. Nutze dafür die Argumente in M 2.*

M1 Die UN (United Nations, deutsch: Vereinte Nationen) als internationale Dachorganisation

Probleme und Lösungen werden globaler

Durch die internationalen wirtschaftlichen Vernetzungen wirken sich wirtschaftliche Veränderungen in einem Land schnell auch auf die Wirtschaften anderer Länder aus. Viele **Lieferketten** verteilen sich über die ganze Welt, weshalb die beteiligten Unternehmen auf die Produktion in anderen Ländern angewiesen sind.

Zahlreiche der heutigen Probleme, wie beispielsweise Klimawandel, Wirtschaftskrisen, Pandemien, die wirtschaftliche Ausbeutung des Globalen Südens oder militärische Kon-

flikte, finden auf einer globalen Ebene statt. Dabei sind verschiedenste Akteure der Weltgemeinschaft einbezogen.

Globale Probleme können nicht von einem Land alleine gelöst werden, es bedarf der Zusammenarbeit von vielen Ländern, um Maßnahmen zu ergreifen und Gesetze zu erlassen. Diese Politik wird auch als **Global Governance** bezeichnet. Der Global Governance kommt in allen Bereichen der Globalisierung (siehe M2 auf S. 118) eine immer größere Bedeutung zu.

Als Global Governance wird ein internationaler Rahmen von Prinzipien, Regeln oder Gesetzen bezeichnet. Damit diese durchgesetzt und kontrolliert werden können, werden staatenübergreifende Institutionen benötigt. Beispiele hierfür sind die Vereinten Nationen mit der UN-Kinderrechtskonvention (siehe S. 51 M6) und die Welthandelsorganisation (siehe S. 52/53).

Im Zuge der Global Governance werden auch internationale **NGOs** immer wichtiger, die die Einhaltung von Regeln prüfen oder neue Regeln fordern. Ein Beispiel ist die NGO Amnesty International, die sich für die Einhaltung der Menschenrechte einsetzt.

M2 Global Governance

Das Coronavirus hat deutlich gemacht, dass es riskant ist, in bestimmten Bereichen von anderen Ländern abhängig zu sein. So sollen in Zukunft bestimmte lebensnotwendige Produkte, wie z.B. Masken, Schutzkleidung und Medikamente, auch wieder in Deutschland hergestellt werden. Viele Firmen überlegen zudem, in Zukunft wieder größere Lager einzurichten, sodass sie bei Lieferschwierigkeiten erst einmal weiterproduzieren können. Auch die Verteilung der Lieferungen auf Zulieferer aus unterschiedlichen Ländern könnte eine Strategie darstellen, um nicht so abhängig von einzelnen Ländern zu sein.

M3 Reaktionen auf die Coronapandemie

Frage: „Im Laufe der Coronakrise wurde oftmals bemängelt, dass es zu wenig globale Zusammenarbeit gibt, um der Krise angemessen entgegenzuwirken. Was genau ist damit gemeint?"

Antwort: „Das Coronavirus macht nicht an Grenzen halt und länderübergreifende Hilfe kann gerade in Krisensituationen wichtig sein. Es bringt beispielsweise nichts, wenn in einem Land viele Intensivstationen belegt sind und im Nachbarland viele Intensivbetten ungenutzt bleiben. Hier hätte man, beispielsweise in der EU, durch eine schnellere Kooperation viele Probleme vermeiden können."

Frage: „Was schlagen Sie vor, damit in zukünftigen Krisen angemessen reagiert werden kann?"

Antwort: „Es müssen länderübergreifende Institutionen, z. B. auf EU-Ebene, gegründet werden. Die Weltgesundheitsorganisation (WHO), welche bei Gesundheitsfragen und Pandemien für die Zusammenarbeit der gesamten Welt zuständig ist, hat beispielsweise nur einen Etat von vier Milliarden Euro. Zum Vergleich: Der Etat von Deutschland im Gesundheitswesen lag 2019 bei über 15 Milliarden Euro. Ich plädiere daher für mehr Global Governance."

Frage: „Gibt es auch Kritik an Global Governance, zum Beispiel an der WHO?"

Antwort: „Ja, gibt es. Da die WHO auf Spenden angewiesen ist, fürchten Kritiker eine Abhängigkeit von den Spendern und fordern daher Pflichtbeiträge für Mitgliedsstaaten."

INFO

Die Weltgesundheitsorganisation (WHO) ist eine Teilorganisation der UN mit 194 Mitgliedsstaaten. Ihre Aufgabe ist die weltweite Verbesserung der Gesundheitsversorgung. Dafür koordiniert sie z. B. den Kampf gegen übertragbare Krankheiten und die Durchführung von Impfprogrammen.

M4 Interview zur Global Governance mit einer WHO-Expertin

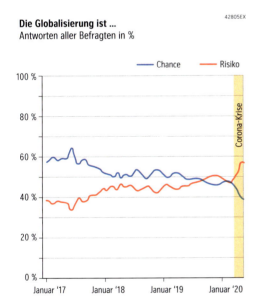

M5 Umfrage zur Globalisierung

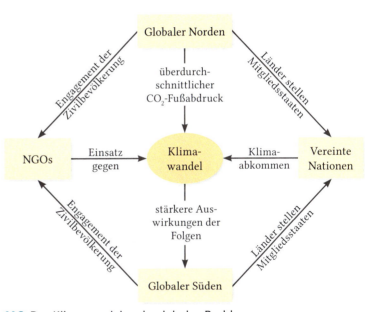

M6 Der Klimawandel – ein globales Problem

AUFGABEN

1 a) Nenne internationale Organisationen und Abkommen, die du bereits aus der Thematik des Klimawandels kennst (M6). b) Erkläre, warum diese Organisationen und Abkommen als Teil der Global Governance eingestuft werden können.

2 Erkläre, wie sich Pandemien auf die globale Wirtschaft auswirken können und warum bestimmte Produkte wieder im eigenen Land produziert werden sollen.

3 Diskutiert das Zitat: „Als exportorientierte Nation ist Deutschland besonders von globalen Problemen betroffen". Bezieht dabei auch die Umfrage in M5 mit ein.

4 Entwirf ein eigenes Schaubild zu einem globalen Problem mit möglichen Ansatzpunkten der Global Governance, ähnlich wie M6.

Was hat das mit Globalisierung zu tun?

Erläutere, wie die folgenden Bilder und Begriffe mit der Globalisierung zusammenhängen.

Umwelt-
problem

Produktionskette

Transportkosten

Klimawandel

Standortfaktoren

soziale Netzwerke

Kultur-
austausch

Globalisierung als globale Ungerechtigkeit?

Oftmals gibt es Kritik an den Arbeitsbedingungen und der Bezahlung von großen Textilfirmen im Ausland. Die Produktionskosten des Trikots der Fußballnationalmannschaft der Männer machen beispielsweise nur einen kleinen Teil der Gesamtkosten des Trikots aus.

a) Erkläre, wieso die Kosten für Herstellung und Transport nur so einen kleinen Anteil ausmachen.
b) Informiere dich, welche Möglichkeiten es gibt, dafür zu sorgen, dass auch die Beschäftigten der ausländischen Textilbranchen einen fairen Arbeitslohn erhalten.

41559EX

Wer verdient am Trikot? Preiszusammensetzung eines Deutschland-Trikots von Adidas (2018)

- Marketing 2,60 €
- Vertrieb 2,25 €
- Lizenzgebühr DFB 5,50 €
- Herstellung, Transport 8,60 €
- Sporthandel 39,64 €
- Mehrwertsteuer 14,36 €
- Adidas (Rohgewinnmarge) 17,00 €

Produktionsketten

a) Schau dir die Auftaktfotos des Kapitels auf S. 116/117 an. Recherchiere im Internet, welchen Herstellungsprozess vom Design bis zum Verkauf einige der Produkte (z. B. technische Geräte, Kleidung) durchlaufen haben und wo dieser stattgefunden hat.

b) Diskutiert, ob es sinnvoll ist, die Produkte mit einer Flagge zu kennzeichnen.

Nachhaltige Smartphones?

„Der Besitz eines Smartphones kann als ein nicht nachhaltiges Verhalten bezeichnet werden."

a) Erläutere, inwiefern die Produktion eines Smartphones als nicht nachhaltig bezeichnet werden kann.

b) Informiert euch, wie man ein nachhaltigeres Verhalten bei der Nutzung von Smartphones erreichen kann.

Grundbegriffe

Global City
Global Governance
Global Player
Globalisierung
Lieferkette
NGO
Welthandel

Deutschland als Reiseweltmeister?

a) Deutschland wird gerne als „Reiseweltmeister" bezeichnet. Diskutiert in Partnerarbeit die Statistik und beachtet auch die unterschiedliche Bevölkerungsanzahl der Länder.

b) Die vielen Urlaubsreisen ins Ausland werden mit Blick auf den Klimawandel von vielen Umweltschützern stark kritisiert. Welche Möglichkeiten gibt es, der Problematik der vielen internationalen Reisen mit Blick auf die Umwelt entgegenzuwirken?

Land (Anteil an Weltbevölkerung in %)	Anteil an internationalen Ankünften im Jahr 2018 (in %)
USA (4,2)	10,0
China (18,4)	8,9
Deutschland (1,1)	6,5
Großbritannien (0,9)	5,9
Frankreich (0,8)	3,7
Südkorea (0,7)	3,5
Japan (1,6)	3,1
Kanada (0,5)	2,9
Russland (1,9)	2,5
Australien (0,3)	2,3

Global und lokal = Glokal

Der Begriff „glokal" soll deutlich machen, dass sich die globale und die lokale Maßstabsebene gegenseitig beeinflussen. Damit ist gemeint, dass viele lokale Ereignisse einen globalen Einfluss nehmen können und gleichzeitig die Globalisierung Einfluss auf viele lokale Ereignisse ausübt.

Überlege, welche aktuellen Beispiele es gibt, in denen lokale Ereignisse globale Auswirkungen haben.

Mietprobleme durch Globalisierung?

In Global Citys kommt es aufgrund der hohen Mietpreise immer wieder zu Protesten seitens der Bevölkerung, die sich die Mieten nicht mehr leisten kann.

a) Erkläre, warum gerade in Global Citys oft sehr hohe Mietpreise in der Stadt gezahlt werden müssen.

b) Informiert euch, woher der Begriff „Mainhattan" stammt und was dieser mit der Mietpreisproblematik zu tun hat.

7 Digitalisierung

Lieferdrohne

Industrieroboter

Serverraum

Automated drive
Destination: 22° 34' 40.32" N   5° 11' 38.149" E
Arrival: 01:55 pm - Distance 46 miles

TCP/IP:192.74.375.961.1
SYNC: enabled | Sensors: | Cameras: active

Automated drive
Destination: 35° 23' 33.12" N   6° 10' 55.294" E
Arrival: 05:45 pm - Distance 483 miles

TCP/IP:192.   684.1
SYNC: enabled | Sensors: active | Cameras: active

Automated drive
Destination: 22° 52' 50.11" N   6° 14' 35.174" E
Arrival: 02:55 pm - Distance 143 miles

TCP/IP:192.88.621.241.8
SYNC: enabled | Sensors: active | Cameras: active

Automated drive
Destination: 50° 43' 50.34" N   6° 1
Arrival: 08:55 pm - Distance 783 mil

TCP/IP:192.56.327.684.1
SYNC: enabled | Sensors: active | C

Autonomer Verkehr

M1 Digitalisierung in der Landwirtschaft

LIVE 👁 54.4k

M3 Social Media: Live-Reisebericht

Digitalisierung und Raum – Aufbruch in eine bessere Welt?

INFO

GAFAM steht für die fünf großen US-amerikanischen Technologieunternehmen Google, Amazon, Facebook, Apple und Microsoft.

Seydlitz GEOGRAPHIE ZOOM westermann

Digitalisierung und die damit verbundene Transformation unseres Alltags gewinnt immer mehr an Bedeutung. Durch das Smartphone gelangt die Welt in unsere Hosentasche. Durch Innovationen von Technologiekonzernen vollzieht sich der Wandel in einer rasanten Geschwindigkeit.

Beispielsweise beeinflussen mittlerweile digitale Systeme die Art, wie wir einkaufen. Der Einfluss auf die unterschiedlichen Industriezweige ist enorm. Ferngesteuerte Erntemaschinen in der Landwirtschaft, miteinander kommunizierende Roboter im produzierenden Gewerbe oder softwarebasierte Gesundheitsberatung via App sind mittlerweile in vielen Industrienationen wie Deutschland keine Seltenheit mehr.

Aber auch in vielen Bildungseinrichtungen verändert sich das Lehren und Lernen. Schulen sind mit der Herausforderung konfrontiert, digitale Home-Schooling-Konzepte zu entwerfen. Der Unterricht muss neu gedacht werden, um auch das Lernen auf Distanz zu ermöglichen.

Die Digitalisierung führt aber auch zu einer Monopolbildung von Digitalkonzernen. Gerade wenn es um Software und Dienstleistungen geht, bestimmen die GAFAM den Markt. Einige Experten meinen, dass beispielsweise Amazon nicht etwa ein großer Anbieter im Onlinemarkt ist, Amazon sei der Markt. Doch wie gehen wir mit dieser veränderten Lebenswelt heute und in Zukunft um? Welche Chancen bieten uns derartige Technologien in Fragen des Klimaschutzes oder einer gerechteren Welt? Wie gehen wir um mit dem enormen Energieverbrauch durch Digitalisierung oder Fragen des Datenschutzes?

„Onlinekurse von Universitäten ermöglichen mir auch einen Abschluss aus der Ferne."

„Im Onlinehandel kann ich endlich diese speziellen Schuhe kaufen. Übermorgen sind sie da!"

„Durch den digitalen 3D-Kartendienst kann ich virtuell nach Bali reisen, wie cool!"

„Moderne Fahrdienstleister wie Uber vernichten Arbeitsplätze."

„Die moderne Gesichtserkennung ermöglicht es in manchen Ländern, öffentliche Plätze sicherer zu machen."

„In den sozialen Medien habe ich diese wunderschöne und entlegene Region in Indien entdeckt und sie 2019 bereist."

M2 Zitate zum Thema Digitalisierung

AUFGABEN

1 *Beschreibe unterschiedliche Bereiche, bei denen die Digitalisierung heutzutage deutlich wird.*

2 *Erstelle eine Tabelle, in der du Chancen und Risiken der Digitalisierung einander gegenüberstellst. Recherchiere zusätzlich im Netz nach weiteren Aspekten.*

3 *Beurteilt kritisch die Zitate zur Digitalisierung. Tauscht euch dazu zu zweit aus.*

METHODE

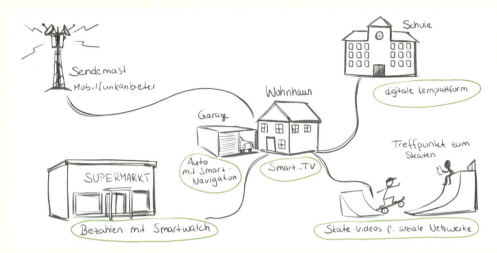

M 1 Mental-Map von Janno (**14**)

Wir erstellen eine Mental-Map

Bei Mental-Maps handelt es sich meist um handgezeichnete Karten der eigenen Lebenswelt. Sie spiegeln die persönliche Wahrnehmung der Umgebung wider. Der Gang zur Schule kann so bei jedem Schüler und jeder Schülerin auf einer handgezeichneten Karte anders aussehen, je nachdem, was er oder sie entlang dieses Weges wahrnimmt.

Arbeitsschritte
Schritt 1: Vorbereitung / Vorüberlegung
- Nimm ein weißes Blatt Papier. Bevor du anfängst zu zeichnen, entscheide dich, ob ein Hoch- oder Querformat als Grundlage für deine Karte geeignet ist.
- Überlege, wo in deinem Umfeld Spuren der Digitalisierung zu finden sind und wo sie zu verorten sind.
- Nun hast du eine Vorstellung davon, was du in deine Mental-Map zeichnest und wie du das Blatt einteilst

Schritt 2: Beschreibung
- Zeichne zuerst dein Wohnhaus. Bedenke dabei, dass Objekte in Karten vereinfacht dargestellt werden.

- Zeichne nun, ausgehend von deinem Wohnhaus, die Wege zu deinen anderen Orten ein. Du kannst auch markante Wegpunkte eintragen, die dir bei der Orientierung helfen.
- Beschrifte die wichtigsten Punkte auf deiner Mental-Map.

Schritt 3: Reflexion
- Schaue dir unterschiedliche Mental Maps aus der Klasse an und notiere dir Gemeinsamkeiten und Unterschiede.
- Diskutiert anschließend zu zweit diese Gemeinsamkeiten und Unterschiede.

TIPP
Achte bei deiner Mental-Map darauf, dass die Thematik deiner Karte ersichtlich ist.

AUFGABEN

1 *Beschreibe die Vorstellung von Janno.*
2 *Erstelle eine Mental-Map zur Digitalisierung in deinem Umfeld.*
3 *Vergleiche deine Mental-Map mit der von Janno. Erläutere Gemeinsamkeiten und Unterschiede.*

M 2 Onlinebestellung und mobiles Bezahlen

M 3 Ein Geschäft in einer Innenstadt

Die Einkaufwelt in der Hosentasche

Große **multinationale Konzerne**, wie zum Beispiel Amazon, Alibaba oder Wish, bieten auf ihren Verkaufsplattformen eine Vielzahl von Produkten an, die häufig viel günstiger zu erhalten sind als im Geschäft in der Innenstadt. Zudem sind Auswahl, Bestellung und Bezahlung etwa über das Smartphone jederzeit und unkompliziert möglich. Die Ware erreicht den Kunden dann über die Paketdienste innerhalb kürzester Zeit.

Seit es den Versandhandel gibt, gibt es auch Retouren. Versandhandelsunternehmen müssen sich den Vorwurf gefallen lassen, dass die zurückgeschickten Waren massenhaft vernichtet werden, weil dies günstiger ist als eine erneute Aufnahme ins Sortiment. Bei einer Größenordnung von rund vier Milliarden Sendungen pro Jahr (Stand 2020) und einer Rücksendequote zwischen 10 und 50 Prozent kommen gigantische Müllberge zusammen.

Während der Anteil des **Onlinehandels** seit Jahren kontinuierlich steigt, schließen immer mehr traditionelle Geschäfte in den Fußgängerzonen der Städte. Oft können sich nur noch große Warenketten behaupten. Amazon installiert dagegen zunehmend eigene Paketstationen. Im Jahr 2020 gab es bereits über Tausend in Deutschland. Das Bild vieler Innenstädte ändert sich daher zusehends.

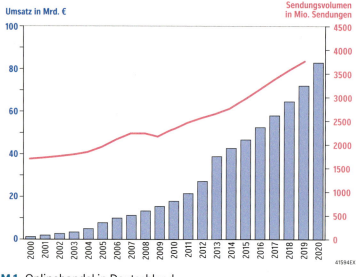

M 1 Onlinehandel in Deutschland

Brutto-E-Commerce-Umsatz in Deutschland 2020 in Mio. €

Bekleidung	16 338
Elektronikartikel, Telekommunikation	14 697
Computer, Zubehör, Spiele, Software*	6 657
Haushaltswaren und -geräte	5 799
Möbel, Lampen, Dekoration	5 425
Schuhe	4 840
Bücher, E-Books, Hörbücher	4 073
Hobby, Freizeitartikel	3 691
Bild- und Tonträger, Video, Musik*	3 117
Drogerieartikel	2 811

insgesamt: 83,2 Mrd. €
Wachstum gegenüber Vorjahr: +14,6 %

* inklusive Downloads
Basis: 40 000 Befragte (ab 14 Jahren) in Deutschland
Quelle: bevh

M 4 Was wird online bestellt?

Art des Arbeits-platzes	2017	2018	2019
Minijob	804 000	803 000	812 000
Teilzeit-stelle	1 089 000	1 110 000	1 125 000
Vollzeit-stelle	1 171 000	1 176 000	1 174 000
gesamt	3 064 000	3 090 000	3 112 000

M5 Arbeitsplätze im deutschen Einzelhandel

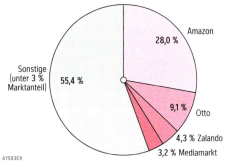

Marktanteil am Umsatz der 100 größten Onlineshops 2019

Amazon 28,0 %
Sonstige (unter 3 % Marktanteil) 55,4 %
Otto 9,1 %
Zalando 4,3 %
Mediamarkt 3,2 %

41593EX

M7 Die größten Onlineshops in Deutschland

Mit dem Boom des Onlinehandels steigt der Konkurrenzdruck für den Einzelhandel. Während lokale Geschäfte in den Innenstädten hohe Mieten zahlen müssen, können Versandhändler ihre Warenlager an günstigeren Standorten, z. B. im ländlichen Raum, ansiedeln. Handelsverbände fürchten daher mittelfristig den Verlust von Arbeitsplätzen im Einzelhandel.

Allerdings entstehen durch den Onlinehandel auch neue Jobs. Dies sind vor allem gering qualifizierte Arbeitsplätze in Warenlagern und bei Zustelldiensten. Für den Ausbau und die Planung des Onlinegeschäfts sowie für IT-Dienstleistungen wie die Analyse der Kundendaten werden sogar hoch qualifizierte Jobs geschaffen. Langfristig könnten auch im Onlinegeschäft Arbeitsplätze wegfallen. Lagerarbeiten könnten in Zukunft durch digitale Unterstützung nahezu vollständig automatisiert werden. Laut einer Studie könnten knapp 20 Prozent der Arbeitsplätze in Deutschland dieses Schicksal in Zukunft teilen.

M6 Arbeitsplätze im Wandel

© Westermann 41739EX_2

Nützen
Hamburg
Bremerhaven
Bremen Winsen
Achim
Emsbüren
Werne Oelde
Garbsen Hannover
Brieselang Berlin
Schönefeld
Rheinberg Essen
Krefeld Dortmund
Mönchen-Gladbach Bochum
Dormagen Düsseldorf
Köln Wolfhagen
Aachen
Sülzetal
Leipzig
Dresden
Bad Hersfeld
Raunheim
Koblenz
Hof
Gernsheim Eggolsheim
Frankenthal Mannheim Nürnberg
Pforzheim
Tübingen Olching
Graben München

| | Logistikzentrum | | Verteilzentrum | | Forschungs- und Entwicklungszentrum |
| | Sortierzentrum | | Unternehmenszentrale (Deutschland) | |

0 50 100 150 km

M8 Standorte von Amazon in Deutschland (im Jahr 2021 rund 28 000 Mitarbeiter)

AUFGABEN

1 a) Liste einige deiner letzten Einkäufe auf (außer Produkte des täglichen Bedarfs). Markiere diejenigen, die du online erworben hast.
b) Beschreibe die Gründe, die für deine Onlinebestellung entscheidend waren.

2 Charakterisiere den Onlinehandel in Deutschland (M1, M4).

3 Bewerte räumliche Veränderungen, die mit dem zunehmenden Onlinehandel einsetzen.

4 Stelle eine begründete Vermutung auf, welche Arbeitsplätze in Bezug auf die Qualifikation durch Amazon geschaffen werden (M6, M8).

5 Der multinationale Konzern Amazon stand schon oft in der Kritik. Recherchiere verschiedene Kritikpunkte und ordne sie den Nachhaltigkeitsdimensionen zu.

M 1 Milchfarm in den USA mit digitaler Erfassung

M 2 Erdbeerernte in Mexiko

Digitalisierung im Agrarsektor – Gefahr oder Chance für die Welternährung?

Die Landwirtschaft unterliegt einem ständigen Wandel. Gab es im Jahr 1950 in Deutschland rund zwei Mio. Bauernhöfe, waren es im Jahr 2019 nur noch 266 000. Der technische Fortschritt in der Landwirtschaft hat nicht nur in Deutschland dazu geführt, dass Maschinen menschliche Arbeitskraft zunehmend ersetzen. Heute arbeiten hierzulande nur noch rund 1,6 % der Beschäftigten in der Land- und Forstwirtschaft.

Auch in Schwellen- und Entwicklungsländern sind Intensivierung und Mechanisierung mit digitaler Unterstützung auf dem Vormarsch. Hinter der Technik stehen dabei meist Großkonzerne, die sich zunehmend mit anderen landwirtschaftlichen Wirtschaftszweigen verzahnen. Zudem lohnt sich der Einsatz von Hightech-Maschinen erst ab einer bestimmten Betriebsgröße, weshalb Kleinbauern derartige Systeme und die damit verbundenen Vorteile häufig nicht nutzen können.

Um die wachsende Weltbevölkerung mit Nahrungsmitteln und weiteren Rohstoffen zu versorgen, werden weltweit immer mehr Flächen in landwirtschaftliche Nutzflächen umgewandelt. Zusätzlich führte die Entwicklung von chemischen Dünge- und Pflanzenschutzmitteln zu einer entsprechenden Ertragssteigerung.

Durch die intensive landwirtschaftliche Nutzung sind jedoch viele Böden kaum noch nutzbar. Außerdem werden die Ertragssteigerungen auf Kosten der Biodiversität erzielt.

AUFGABEN

1 Beschreibe die Entwicklung des Agrarsektors mit eigenen Worten.

2 Vor welchen Herausforderungen steht die Landwirtschaft zukünftig? Beurteile kritisch die Entwicklung der Ackerfläche pro Kopf weltweit.

3 Beschreibe die Merkmale des Programms AgriShare mit eigenen Worten.

4 Erörtere den Einsatz digitaler Unterstützung in der Landwirtschaft.

5 Recherchiere im Internet nach weiteren Beispielen für die Digitalisierung in der Landwirtschaft und stelle diese in einer Übersicht dar.

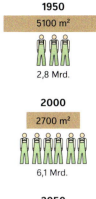

1950
5100 m²
2,8 Mrd.

2000
2700 m²
6,1 Mrd.

2050
2000 m²
41589EX 9,8 Mrd.

M 4 Entwicklung von Ackerfläche pro Kopf und Weltbevölkerung

Precision Farming

... beschreibt die zielgerichtete Bewirtschaftung landwirtschaftlicher Nutzflächen. Anstatt einer pauschalen Bearbeitung erfassen Sensoren in Echtzeit Eigenschaften der Felder, um z.B. die Düngemenge anzupassen. Zudem werden hierbei Landmaschinen mit GPS-Unterstützung gesteuert, sodass die Fläche optimal bewirtschaftet werden kann.

Smart Farming

... beschreibt die Anwendung und Vernetzung von Informations- und Kommunikationstechnologien in der Landwirtschaft mit dem Ziel der Effizienzsteigerung. So können beispielsweise spezielle Drohnen einen Schädlingsbefall oder Trockenheit genau erfassen. Diese Daten werden dann zentral verarbeitet und Gegenmaßnahmen können so passgenau getroffen werden.

Sharing Economy

... bezeichnet die gemeinschaftliche Nutzung von Gütern, z.B. zum Leihen, Mieten oder Tauschen. Ziele sind u.a. eine bessere Auslastung von Geräten sowie die Ressourcenschonung. Meist geschieht dies über digitale Plattformen.
Was für Schwellen- und Entwicklungsländern häufig eine Chance darstellt, wird in Industrieländern als Konkurrenz zu bestehenden Strukturen durchaus kontrovers diskutiert.

AgriShare – ein Programm der Welthungerhilfe

Insbesondere in Entwicklungsländern haben Kleinbauern aufgrund der oft unzureichenden finanziellen Möglichkeiten kaum Zugang zu notwendigen Ressourcen.
Mit der AgriShare-App will die Welthungerhilfe Bauern und Serviceanbieter miteinander vernetzen. So kann beispielsweise ein Traktor für eine bestimmte Zeit gebucht werden. Ein eigener Traktor ist nämlich für die meisten Bauern unerschwinglich.
Seit 2019 wird die App im südafrikanischen Land Simbabwe genutzt und ständig weiterentwickelt. Nach dem Prinzip der Shared Economy entstand so ein erfolgreiches landwirtschaftliches Netzwerk.

M 3 Bereiche der Digitalisierung in der Landwirtschaft

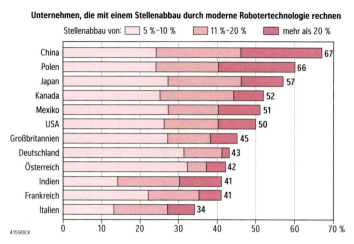

Unternehmen, die mit einem Stellenabbau durch moderne Robotertechnologie rechnen

Stellenabbau von: 5 %–10 % | 11 %–20 % | mehr als 20 %

Land	Wert
China	67
Polen	66
Japan	57
Kanada	52
Mexiko	51
USA	50
Großbritannien	45
Deutschland	43
Österreich	42
Indien	41
Frankreich	41
Italien	34

41590EX

M1 Arbeitsplatzverlust durch Robotisierung

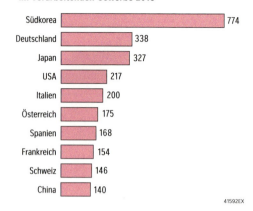

Anzahl der Industrieroboter je 10 000 Beschäftigte im Verarbeitenden Gewerbe 2018

Land	Wert
Südkorea	774
Deutschland	338
Japan	327
USA	217
Italien	200
Österreich	175
Spanien	168
Frankreich	154
Schweiz	146
China	140

41592EX

M3 Robotisierung weltweit

Wandel im sekundären Sektor durch Digitalisierung

INFO

Industrie 4.0 ist ein in Deutschland entstandener Begriff. Dieser beschreibt die enge Verzahnung von Produktion mit Informations- und Kommunikationstechnik.

Seit dem Beginn der Industrialisierung hat sich die Produktion fortwährend verändert. Um das Jahr 1800 startete die erste Massenproduktion. Die ersten Maschinen wurden jedoch noch überwiegend durch menschliche Kraft betrieben. Danach folgten Wasserkraft und Dampfmaschinen.

Durch die Nutzung von Elektrizität Ende des 19. Jahrhunderts wurde die Arbeit zum Beispiel am Fließband weiter automatisiert. Telegramme und Telefonate ermöglichten eine intensivere Vernetzung. Automobile, Nahrungsmittel und Kleidung erfuhren eine rege Nachfrage, weshalb die Produktion weiter angekurbelt wurde. Menschliche Arbeitskraft wurde dabei zunehmend durch Maschinen ersetzt.

Im 20. Jahrhundert ermöglichten eine verbesserte Elektronik und die ersten Computer eine weitere Intensivierung und Spezialisierung der Produktion. Parallel verlagerten viele Unternehmen der Industrieländer die industrielle Fertigung in Länder mit geringem Lohnniveau, etwa nach China oder Polen. Arbeit wird immer mehr durch Software wie Künstliche Intelligenzen und Roboter geleistet. Einige Firmen der Automobilindustrie setzen mittlerweile nicht nur im Karosseriebau Roboter ein, sondern auch bei feinmotorischen Arbeiten. Mensch und Maschine arbeiten zum Beispiel bei Präzisionsarbeiten zur Feuchtigkeitsisolierung an Türen zusammen. Durch die Digitalisierung wird die Produktion außerdem verstärkt vernetzt (M4).

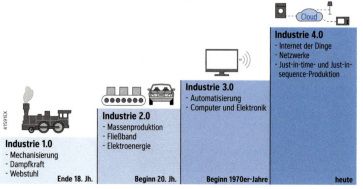

41591EX

Industrie 1.0
- Mechanisierung
- Dampfkraft
- Webstuhl

Ende 18. Jh.

Industrie 2.0
- Massenproduktion
- Fließband
- Elektroenergie

Beginn 20. Jh.

Industrie 3.0
- Automatisierung
- Computer und Elektronik

Beginn 1970er-Jahre

Industrie 4.0
- Internet der Dinge
- Netzwerke
- Just-in-time- und Just-in-sequence-Produktion

Cloud

heute

M2 Stufen der industriellen Produktion

Bei der **Just-in-time**-Produktion werden zugelieferte Teile genau zur richtigen Zeit und in passender Menge geliefert und weiterverarbeitet. Eine Erweiterung dazu ist die **Just-in-sequence**-Produktion. Die angelieferten Teile werden bereits in der Reihenfolge, in der sie montiert werden sollen, vorsortiert angeliefert.

Die termingenaue und flexible Lieferung sorgt für eine enorme Verkürzung des Arbeitsprozesses und macht große Lager überflüssig, z. B. in der Automobilindustrie.

M4 Moderne Produktionsverfahren

M 5 Industrieroboter bei BPW

Vorteile des Wirtschaftsstandorts Niederschlesien (Auswahl)

- Polen ist Mitglied der EU (größter Binnenmarkt der Welt); Zugang zu EU-Fördermitteln, z. B. für den Bau von Forschungszentren wie EIT+
- Universitätsstadt Breslau mit 135 000 Studierenden
- gute Autobahnanbindung, auch nach Deutschland
- eher geringes Lohnniveau im europäischen Vergleich
- hohe Leistungsbereitschaft der Arbeitnehmer, auch für Schichtarbeit

Ausländische Unternehmen in Niederschlesien (Auswahl)

- Colgate (Zahnpflegeprodukte)
- Daimler (Motoren- und Kfz-Batterien)
- Electrolux (Haushaltsgeräte)
- LG (TV-Geräte)
- Toyota (Motoren und Getriebe)
- Volkswagen (Motoren)
- Volvo (Omnibusse)

Die Transportindustrie ist ein wichtiger Faktor der deutschen Wirtschaft. Die Bergischen-Patent-Achsenwerke (BPW) aus Wiehl bieten digitale Technologien an, damit die in Lkw transportierten Waren sicher und schnell an ihrem Bestimmungsort ankommen. So können unterschiedliche Fahrzeug- und Ladungsdaten in Echtzeit übermittelt werden, z. B.: Wann kommt der Lkw an? Ist die Ware noch entsprechend gekühlt? Sind die Bremsbeläge ausreichend? Jeder dritte Lkw-Auflieger in Europa ist mittlerweile mit Produkten von BPW ausgestattet. Zur Produktion benötigte Teile werden im Just-in-time-Verfahren angeliefert. Die einst große Lagerhalle wurde 2018 abgerissen und in energiesparende Büros umgewandelt. Die Transportindustrie ist jedoch in hohem Maße vom globalisierten Warenhandel abhängig und die Konkurrenz in diesem Wirtschaftsbereich ist groß.

M 6 Die Bergischen-Patent-Achsenwerke (BPW) aus dem Oberbergischen Kreis

Industriebeschäftigte in Polen
- 1999: 3 426 659 ≙ 21,8 %
- 2019: 3 251 378 ≙ 20,6 %

Industriebeschäftigte in Niederschlesien
- 2019: 281 746 ≙ 24,1 %

	Anteil der Industrie am BIP (2020)	Breitbandzugang Haushalte (2020)
Polen	24,6 %	90 %
Deutschland	22,9 %	95 %
EU-Durchschnitt	19,4 %	89 %

M 7 Niederschlesien (Polen) – ein Wirtschaftsraum im Wandel?

AUFGABEN

1 Beschreibe mit eigenen Worten die industrielle Entwicklung von 1800 bis heute.

2 Ordne M 5 begründet einer Stufe der industriellen Entwicklung zu (M 2).

3 „Das Internet ist die Dampfmaschine des 21. Jahrhunderts." Erläutere die Aussage.

4 Begründe, warum das Unternehmen BPW so abhängig vom globalisierten Warenhandel ist.

5 * a) Untersuche die Dominikanische Galerie in Breslau auf Merkmale der Globalisierung (Google Streetview).
b) Analysiere den Wirtschaftsraum Niederschlesien (M7).
c) Erstelle eine begründete Vorhersage, wie sich der sekundäre Sektor in Niederschlesien in Bezug auf Wirtschaftskraft und Beschäftigtenzahl entwickeln könnte.

Land	Stundensatz (in US-$)	Land	Stundensatz (in US-$)
USA	65 – 120	Ungarn	44 – 57
Deutschland	bis 110	Rumänien	31 – 51
Polen	45 – 69	Brasilien	35 – 50
Kroatien	32 – 63	China	25 – 50
Ukraine	30 – 60	Südafrika	25 – 45
Tschechien	39 – 58	Indien	19 – 40

M1 Durchschnittliche Stundensätze für Software-Entwickler im Jahr 2021 (abhängig von Region und Berufserfahrung)

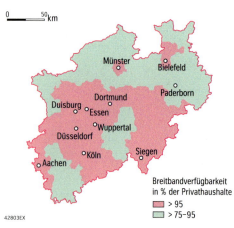

42803EX

M3 Breitbandversorgung in NRW

Arbeitsplatzverlagerung durch Digitalisierung

Durch immer günstigere und schnellere Kommunikations- und Informationstechnik im Zuge der Digitalisierung wird es für Unternehmen zunehmend leichter, sich auch weltweit zu vernetzen. Einige Aufgaben werden sogar in andere Länder ausgelagert. Beim sogenannten **Outsourcing** schließt ein Unternehmen Verträge mit externen Unternehmen ab, um beispielsweise Kosten zu sparen und so im weltweiten Wettbewerb konkurrenzfähig zu sein.

Die Arbeitsplatzverlagerung kann aber auch anders vonstatten gehen. Noch vor wenigen Jahren konnten sich viele Arbeitgeber nicht vorstellen, ihre Mitarbeiter von zu Hause aus arbeiten zu lassen. Doch insbesondere durch die Corona-Pandemie scheint es in bestimmten Berufszweigen ein Umdenken in Bezug auf das **Homeoffice** gegeben zu haben.

In vielen Dienstleistungsberufen ist dafür eine gute Internetverbindung nötig, denn Dateien und Programme werden nicht mehr lokal auf einzelnen Rechnern gespeichert, sondern auf den Servern der Unternehmen. Um beispielsweise Videokonferenzen abzuhalten, wird eine Geschwindigkeit von 50 Mbit/s als ausreichend angesehen. Doch das wird nicht überall erreicht.

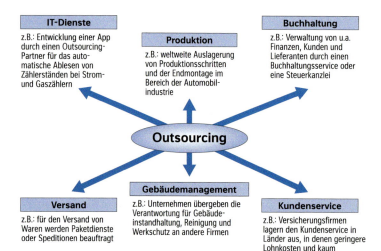

© Westermann 9985HX_1

M2 Möglichkeiten des Outsourcings

AUFGABEN

1 a) Beschreibe das Arbeitsmodell des Homeoffice mit eigenen Worten.
b) Beurteile, ob der Standort NRW für den Einsatz des Homeoffice geeignet ist.
c) Vergleiche mithilfe des Breitbandatlas die Breitbandversorgung in NRW mit der Gesamtdeutschlands.

2 Erläutere, wo die Digitalisierung beim Outsourcing Auswirkungen auf einen Unternehmensstandort hat (M2).

3 Ein Smartphone benötigt Software. Erweitere dein Fließdiagramm aus Aufgabe 2 von Seite 128 um den Aspekt des Outsourcings.

METHODE

Was wird am Homeoffice besonders positiv eingeschätzt?

kein Arbeitsweg — 78 %

freiere Arbeitszeitgestaltung — 63 %

kein Dresscode — 50 %

Möglichkeit, andere Dinge neben der Arbeit zu erledigen (z.B. Hausarbeit) — 49 %

weniger Stress — 43 %

41595EX

M1 Umfrage zum Homeoffice (2020)

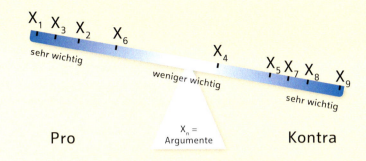

X_1 X_3 X_2 X_6 — sehr wichtig — X_4 — X_5 X_7 X_8 X_9 — weniger wichtig — sehr wichtig

Pro — X_n = Argumente — Kontra

M2 Beispiel für eine Argumentationswippe

Wir gewichten Argumente mit einer Argumentationswippe

Bei einer Entscheidungsfindung ist oft nicht nur die reine Anzahl der Argumente ausschlaggebend, sondern auch welchen Wert wir ihnen beimessen. Die Argumentationswippe soll daher helfen, Argumente hinsichtlich ihrer Relevanz und Wichtigkeit abzuwägen.

Arbeitsschritte

Schritt 1: Argumente sammeln

- Überlegt zuerst selbst und dann in einer Kleingruppe entsprechende Pro- und Kontraargumente in Hinblick auf die Fragestellung und notiert sie auf kleinen Kärtchen.

Schritt 2: Argumente gewichten

- Weist den einzelnen Kärtchen eine genaue Position auf der Wippe zu. Gewichtigere Argumente positioniert ihr weiter außen.
- Richtet nun die Wippe entsprechend des Ergebnisses aus.

Schritt 3: Reflexion des Ergebnisses

- Besprecht eure Ergebnisse.
- Inwiefern hat euch das Modell der Argumentationswippe dabei helfen können, euch eine Meinung zu bilden?

AUFGABEN

1 Führe dir die Arbeitssituation in der eigenen Familie vor Augen. Beurteile mithilfe der Argumentationswippe die Eignung des Homeoffice für deine Familie.

Im Frühjahr 2020 verbreitete sich das Coronavirus weltweit. Deutschland schränkte das öffentliche Leben ein, um eine weitere Ausbreitung des Virus zu verhindern. Da auch Schulen geschlossen wurden, waren die Schülerinnen und Schüler gezwungen, von zu Hause aus zu arbeiten. Auch Arbeitgeber mussten für die Beschäftigten flexible Lösungen finden. Während dieser Zeit arbeiteten so viele Menschen im Homeoffice wie nie zuvor in Deutschland. Jedoch ist diese Form des Arbeitens für viele nicht akademische Berufsgruppen schwer möglich gewesen.

M3 Die Covid-19-Pandemie

Homeoffice – ein nachhaltiges Arbeitsmodell?

- Die Vermischung von Arbeits- und Privatleben wird als belastend empfunden.
- Durch Berufspendler bedingte Staus werden reduziert.
- In den größeren Städten stehen zunehmend Büroflächen leer.
- Wenn weniger Büros gebraucht werden, fallen Arbeitsplätze, z.B. bei Putzfirmen, weg.
- Ländliche Regionen könnten wieder attraktiver werden.

M4 Mögliche Argumente

2 Nimm kritisch Stellung zu der Aussage: „Durch die weltweite Covid-19-Pandemie erlebte das Arbeitsmodell des Homeoffice einen wahren Boom."

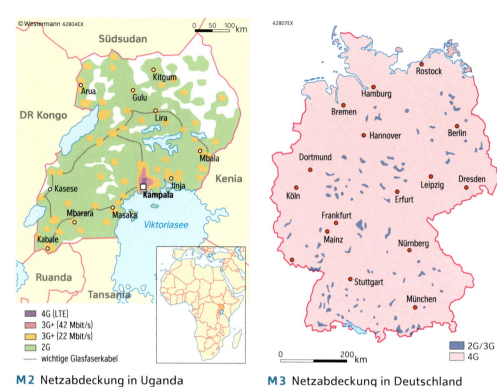

INFO

5G-Technologie

Mit dem Mobilfunk-
standard 5G können
Datenmengen bis zu
100-mal schneller als
mit 4G (LTE) übertragen
werden. Während in
Deutschland dieser
Standard seit 2019
umfangreich ausgebaut
wird (vor allem in den
Städten), hatten die
Menschen in Uganda im
Jahr 2020 noch keinen
Zugang dazu.

4G (LTE)
3G+ (42 Mbit/s)
3G+ (22 Mbit/s)
2G
······· wichtige Glasfaserkabel

M2 Netzabdeckung in Uganda

2G/3G
4G

M3 Netzabdeckung in Deutschland

Mobiles Internet in Uganda – ausschließlich eine Erfolgs-geschichte?

M1 Rahuma beim
Einzahlen von Geld

Rahuma Nantayi (15 Jahre) berichtet aus Uganda: „Vor einigen Jahren kaufte sich unsere Familie ein Handy. Mit dem konnten wir nicht nur Freunde anrufen, sondern auch mobil Geld überweisen und erhalten. So müssen wir nicht mit dem teuren Bus in die weit entfernte Stadt zur Bank fahren.

Nur wenige Familien im Dorf haben überhaupt einen Zugang zu einem regulären Bankkonto. Dafür verdienen sie als einfache Bauern zu wenig. Geldtransfers über mobile Dienstleister stellen da eine gelungene Alternative dar. Mein Onkel sendet uns zum Beispiel jeden Monat einen kleinen Betrag als Unterstützung.

Er arbeitet in der großen Stadt Masaka. Mittlerweile haben wir ein Smartphone und sind über unterschiedliche soziale Netzwerke und eine immer besser werdende Mobilfunkverbindung miteinander verbunden.

Manchmal werde ich ganz schön neidisch, wenn ich sehe, wie viel Geld anderen Familien in den Industrieländern der westlichen Welt zur Verfügung steht. Durch das mobile Internet entstehen uns hohe Kosten. Daher überlegen wir uns genau, wofür und wie lange wir es nutzen.

Meine Tante wollte vor einiger Zeit an einem Protestmarsch für bessere Lebensbedingungen in der Hauptstadt Kampala teilnehmen. Dazu verabredete sie sich über ein soziales Netzwerk. Dies wurde aber von der Regierung kurze Zeit später mit hohen Steuern belastet, vermutlich, um den Protest zu erschweren. Ich werde das Gefühl nicht los, dass man uns so noch mehr kontrollieren will.

Digitales Homeschooling wie in vielen westlichen Ländern gibt es bei uns nicht. Sollte die Schule mal ausfallen, bin ich auf mich alleine angewiesen. Aber ich bin zuversichtlich, denn neben der täglichen Hausarbeit verbringe ich ohnehin viel Zeit mit meinen Schulbüchern."

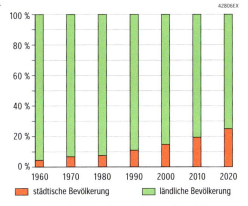

M4 Anteil der Stadt- und Landbevölkerung

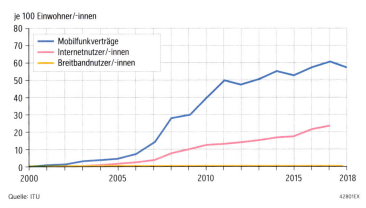

Quelle: ITU

M7 Verbreitung moderner Kommunikationstechnik in Uganda

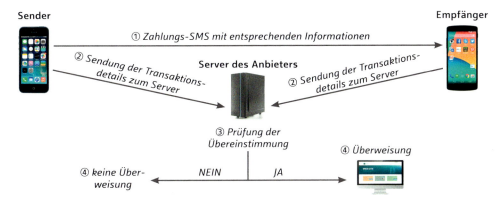

M5 Schematische Darstellung des Mobile-Money-Systems

INFO

Mobile Money bezeichnet einen Vorgang, ähnlich wie bei einem Prepaid-Guthaben, mittels Mobiltelefon, z. B. durch SMS, Geld an andere zu transferieren bzw. Geld zu empfangen.

Die Nutzung des Internets ist in Uganda allgegenwärtig. So nutzen zum Beispiel viele mobile Fahrdienstleister Messengerdienste und soziale Netze, um mit ihren Kunden zu kommunizieren. Insbesondere im Dienstleistungssektor eröffnet dies vielfältige Möglichkeiten. Jedoch passiert dies häufig am Staat vorbei. Den Behörden fehlen dann dringend benötigte Abgaben und Steuern. Jedoch wird versucht, durch entsprechende Strafen und Kontrollen dem entgegenzuwirken.

M6 Mobiles Internet als Chance für Kleinunternehmer?

Edda **16th December 2020 at 7:02 pm**
Dear Twaha, thank you so much for the breathtaking safari. I'm so glad that I found your website online. I will definitely recommend you! Best wishes from Germany, Edda.

> *Twaha* **17th December 2020 at 3:15 pm**
> Hello Edda, thank you for your feedback. I would be happy if you shared my contact details. I hope we see each other again. Webali nyo!

M8 Gästebucheintrag nach einer Safari in Uganda

AUFGABEN

1. *Beschreibe mit eigenen Worten das Prinzip des Mobile Money.*
2. *Stelle die Chancen und Risiken des mobilen Internets in einer Tabelle gegenüber.*
3. *Beurteile die Auswirkungen der Digitalisierung für die ländlichen Räume in Uganda.*
4. *Nimm Stellung zur Aussage: „Das Internet ist für den Tourismus ein Segen!"*

M1 „Social-Media-Schlange" am Roys Peak (Neuseeland)

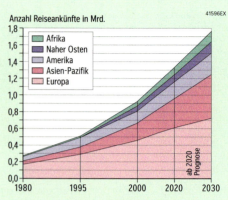

Anzahl Reiseankünfte in Mrd.

41596EX

- Afrika
- Naher Osten
- Amerika
- Asien-Pazifik
- Europa

ab 2020 Prognose

M3 Reiseankünfte nach Regionen

Verändertes Reiseverhalten durch soziale Netzwerke

Der Tourismussektor erscheint heutzutage ohne Onlinedienste und soziale Medien kaum vorstellbar. Vor einigen Jahren suchten die meisten Menschen noch eines der vielen Reisebüros auf, um sich dort über die entsprechenden Urlaubsziele informieren zu lassen.

2019 reisten die Deutschen so viel wie nie zuvor und gaben dabei rund 73 Mrd. Euro aus. Die Reiseziele wurden im Verlauf der letzten Jahrzehnte allerdings immer exotischer. Heutzutage informieren sich viele Leute überwiegend im Internet, etwa in Reiseblogs, oder sie lassen sich von Urlaubsbildern von Freunden in sozialen Netzwerken inspirieren. Durch die mediale Präsenz von selbst einst entlegenen Regionen der Erde erhalten Reisende entsprechende Einblicke, die zuvor nur schwer möglich gewesen sind.

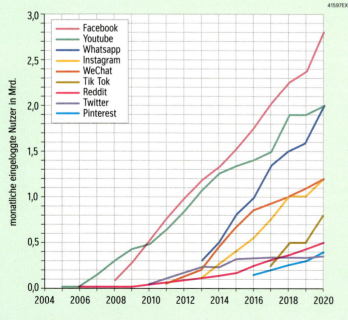

M2 Anzahl der monatlichen Nutzer sozialer Medien

AUFGABEN

1. Zählt in der Klasse auf, welche Urlaubsziele euch in den sozialen Netzwerken zuletzt angepriesen wurden.

2. Erläutere mögliche Zusammenhänge zwischen M1 und M2.

3. Diskutiert zu zweit mögliche Vor- und Nachteile des Einflusses sozialer Medien auf den Tourismus auf globaler und lokaler Ebene.

4. Recherchiere im Netz nach beliebten Reisezielen, die durch ihre Drehortkulisse bekannt geworden sind und liste diese auf. Wo würdest du gern hinfahren?

5. a) Erstelle ein Wirkungsgefüge zu den Auswirkungen des Tourismus an der Maya Bay.
   b) Recherchiere im Internet die aktuelle Situation in der Bucht.

M4 Maya Bay in den Jahren 2000 (links) und 2017 (rechts)

M5 Lage von Maya Bay (Thailand)

Maya Bay gesperrt

Die Bekanntheit von Maya Bay war für die Region Fluch und Segen zugleich. Nun soll die Bucht jedoch aufgrund des Besucheransturmes bis 2021 für den Tourismus gesperrt werden. Als Gründe nannte eine Sprecherin der Behörden die starke Umweltbelastung sowie die fortgeschrittene Zerstörung der umgebenden Natur.

M7 Aus einem Zeitungsartikel von 2018

„Nach dem Kinofilm ‚The Beach' im Jahr 2000 kamen immer mehr Touristen zu uns, um diesen traumhaften Strand zu sehen. Manchmal habe ich mich gefragt, warum die Gäste andauernd auf ihre Smartphones schauen, anstatt die wunderschöne Natur zu genießen. Aber viele teilen direkt ihre Eindrücke in sozialen Netzwerken. Ich weiß, dass die Bucht im Netz mittlerweile einen riesigen Bekanntheitsgrad erlangt hat. Eigentlich ist das gar nicht so schlecht. Leider hinterlassen die Besucher viel Müll. Durch die vielen Boote sind die Korallen mittlerweile in einem schlechten Zustand. Viele der anderen Guides kenne ich gar nicht. Sie werden von internationalen Reiseveranstaltern gebucht und kommen von außerhalb. Die Konkurrenz wird immer größer und ich verdiene nicht mehr so viel wie früher. Jetzt wollen die Behörden die Bucht sperren. Wer weiß, womit ich in ein paar Jahren mein Geld verdienen muss?"

M6 Ein lokaler Tourguide berichtet.

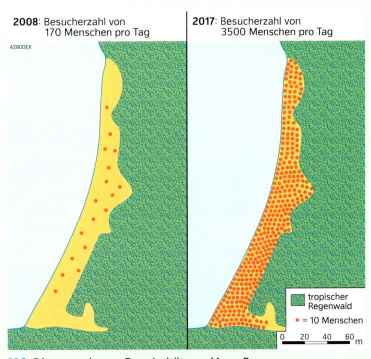

M8 Die gewachsene Popularität von Maya Bay

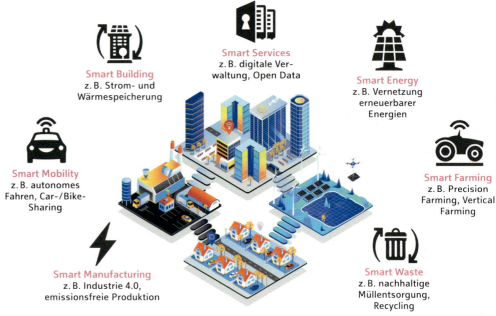

M1 Ausgewählte Aspekte einer Smart City

Labels in figure:

Smart Building
z. B. Strom- und
Wärmespeicherung

Smart Services
z. B. digitale Ver-
waltung, Open Data

Smart Energy
z. B. Vernetzung
erneuerbarer
Energien

Smart Mobility
z. B. autonomes
Fahren, Car-/Bike-
Sharing

Smart Farming
z. B. Precision
Farming, Vertical
Farming

Smart Manufacturing
z. B. Industrie 4.0,
emissionsfreie Produktion

Smart Waste
z. B. nachhaltige
Müllentsorgung,
Recycling

Kopenhagen – eine Smart City?

Das Konzept einer **Smart City** zielt darauf
ab, moderne digitale Technologien aus unterschiedlichen Bereichen, wie beispielsweise Mobilität, Energie oder Verwaltung, zu
vernetzen und so auch die Lebensqualität
der Bevölkerung zu verbessern (M1). Dafür
gibt es kein einheitliches Konzept, vielmehr
suchen Städte nach eigens angepassten
Lösungen.

Ein Beispiel ist das *Copenhagen-Intelligent-
Traffic-Solutions*-Projekt. Ziele sind die Verbesserung des Verkehrsflusses (M5) und die
Emissionsreduktion. Da Dänemark bis 2025
CO_2-neutral sein möchte, wird die Verkehrs-

infrastruktur mit digitaler Unterstützung
fahrradfreundlich umgebaut. Das Pendeln
zum Arbeitsplatz innerhalb Kopenhagens
erfolgt daher zunehmend mit dem Fahrrad
sowie dem ÖPNV.

Außerdem arbeitet in Dänemark die öffentliche Verwaltung fast ausschließlich digital
und ist so für die Bürgerinnen und Bürger
leichter zugänglich. Sozialleistungen und
Gesundheitsdaten werden digital verwaltet.
Dazu gehört auch, dass Personen oder auch
Geräte in öffentlichen und privaten Räumen
Daten zur Verfügung stellen. Das **Internet
der Dinge** spielt dabei eine zentrale Rolle.

AUFGABEN

1 *Erkläre, warum in einer Smart City das
Internet der Dinge eine wichtige Rolle
spielt.*

2 *a) Erläutere die Vorteile des digital vernetzten Personenverkehrs in Kopenha-
gen (M2, M3).*
*b) „Um das Wegenetz des Fuß- und Rad-
verkehrs attraktiver gestalten zu können,
müssen nutzerbezogene Daten genutzt
werden." Überprüfe für diese These, ob
Kopenhagen auf einem guten Weg ist.*

*c) Beantworte begründet die Frage der
Überschrift.*

3 * *Analysiere den Einfluss der Digitalisierung
auf den Wirtschaftsraum Kopenhagen.*

4 *Bewerte vor dem Hintergrund globaler
städtischer Entwicklungen die Notwendigkeit von smarten Stadtentwicklungs-
konzepten. Nutze auch M1.*

5 * *Recherchiere im Internet nach einer
deutschen Smart City und ihren Konzepten. Präsentiere dein Ergebnis.*

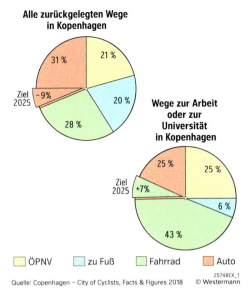

Alle zurückgelegten Wege in Kopenhagen

21 %
20 %
28 %
Ziel 2025 –9 %
31 %

Wege zur Arbeit oder zur Universität in Kopenhagen

25 %
25 %
6 %
43 %
Ziel 2025 +7 %

☐ ÖPNV ☐ zu Fuß ☐ Fahrrad ☐ Auto

Quelle: Copenhagen – City of Cyclists, Facts & Figures 2018
25748EX_1
© Westermann

M 2 Modal Split in Kopenhagen

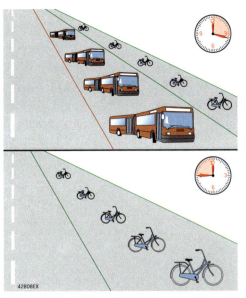

42808EX

M 5 Zukünftige intelligente Verkehrswege

25876EX_3

Schweden
Dänemark
Kopen-hagen
Deutschland
0   100   200 km

M 8 Lage von Kopenhagen

Um die eigenen Klimaziele zu erreichen, setzt Kopenhagen vor allem auf den Radverkehr, der auch digital unterstützt wird. Fahrradstaus soll zukünftig mit intelligenten Wegweisern begegnet werden, die mögliche Umfahrungen anzeigen. Eine App zeigt schon heute den optimalen Weg über die Fahrradhighways zum Zielort.
In ganz Dänemark gibt es bereits eine Ticket-App, die alle genutzten Verkehrsmittel einschließt. Das erleichtert den sogenannten Modal Split, also die Nutzung unterschiedlicher Verkehrsträger.

M 3 Kopenhagens smartes Verkehrskonzept

„Die allermeisten Dänen stehen der Digitalisierung sehr offen gegenüber und einige reden davon, dass die Städte dadurch lebenswerter werden. Aber wenn alle Dinge intelligent sind und die Fahrzeuge autonom fahren, wo bleiben dann die Arbeitsplätze für die Menschen? Ich als Busfahrer kann wohl kaum noch zum Programmierer umgeschult werden. Natürlich nutze ich auch die digitale Verwaltung, man hat ja als Kopenhagener bis auf wenige Ausnahmen auch gar keine Wahl mehr. Aber werden wir durch die digitale Vernetzung vor dem Staat und auch vor den Konzernen nicht zu gläsernen Bürgern? Und was ist mit dem Energieverbrauch durch die Verarbeitung der Daten?"

M 6 Kritik an der digitalen Vernetzung

Seit 2016 gibt es in Kopenhagen die vom japanischen Konzern Hitachi entwickelte Datenplattform *City Data Exchange*. Die Aufgabe der Plattform ist die Bündelung und Bereitstellung von Daten aus zahlreichen Themenfeldern, wie z. B. Infrastruktur, Wirtschaft oder Umwelt. Die Daten von sowohl öffentlichen als auch privaten Anbietern können beispielsweise Unternehmen helfen, etwa indem Informationen zur Verkehrslage und zu neuen rechtlichen Verordnungen schnell und unkompliziert verfügbar gemacht werden. Diesen, allerdings nicht kostenfreien, Datenservice nutzen bereits Apps oder auch Planungsbehörden.

M 4 Datennutzung in Kopenhagen

Ein intelligentes Energiesystem (EnergyLab) steuert im Stadtteil Nordhavn die Versorgung. So wird der aus erneuerbaren Energien gewonnene Strom in großen Batterien gespeichert und je nach Verbrauch intelligent verteilt.

Elektroautos im Parkhaus können je nach Bedarf Energie erhalten oder in das Stromnetz einspeisen.

Straßenlaternen sind mit Sensoren ausgestattet, um den Energieverbrauch anzupassen.

Mülleimer haben Sensoren für eine optimierte Abfallentsorgung. Die Routen der Entsorgungsfahrzeuge können wegsparend geplant werden.

M 7 Internet der Dinge in Kopenhagen

Mental-Map

Du hast dich auf den letzten Seiten damit beschäftigt, wie Digitalisierung unser Leben und den Raum verändert. Ergänze deine bereits erstellte Mental-Map mit deinem neu erlangten Wissen und mache dies durch farbliche Markierungen sichtbar. Tausche dich anschließend mit deinem Tischnachbarn über euren Lernzuwachs aus. (z.B. Welche Thematik war besonders spannend für mich? Welche Dinge waren für mich neu?)

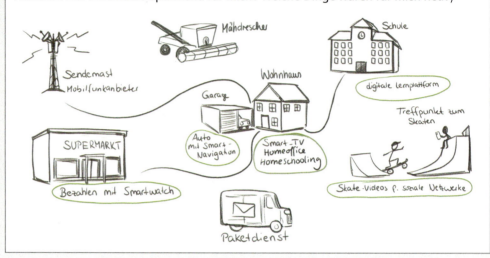

Zukunftsaussichten einer Stadt

„Hallo, ich bin Josi. Ich bin 15 Jahre alt und komme aus einer mittelgroßen Stadt im Oberbergischen.

Als ich vor einiger Zeit in der Innenstadt mit meiner Schwester für einen Geburtstag shoppen gehen wollte, fiel mir auf, dass es viel Leerstand gibt. Leider haben wir kaum etwas für den Geburtstag gefunden. Wenn das so weiter geht, dann geht bald gar keiner mehr in unsere Innenstadt. Ich bestelle jetzt doch besser alles im Internet. Da habe ich viel mehr Auswahl und die Lieferung ist schnell. Zudem ist es häufig günstiger als im Geschäft. Schade, dass ich an diesem Nachmittag so viel Zeit verschwendet habe."

Verfasse eine kritische Rückmeldung zu Josis Beitrag. Nutze dabei dein erlerntes Wissen.

Richtig oder Falsch?

Welche Aussagen treffen zu? Begründe deine Entscheidung!

① Der Begriff „just in time" bedeutet, immer pünktlich zu sein.

② Der mobile Geldtransfer hat in den letzten Jahren in Ostafrika stark zugenommen.

③ Durch das Internet entstehen für Touristikunternehmen deutlich mehr Nachteile.

④ Der Onlinehandel hat in den letzten Jahren rasant zugenommen.

⑤ In Deutschland gibt es eine gleichmäßig verteilte Versorgung mit Breitbandinternet.

⑥ Viele Menschen beeinflussen sich gegenseitig in sozialen Netzwerken bei der Urlaubsplanung.

Was passt zusammen?

Ordne die Fachbegriffe (Zahlen) begründet den passenden Erklärungen (Buchstaben) zu.

(A) ... steht für die fünf großen US-amerikanischen Technologieunternehmen.

(3) Home Office

(E) ... bezeichnet die gemeinschaftliche Nutzung von Gütern.

(C) ... beschreibt das flexible Arbeiten von zu Hause.

(1) Internet der Dinge

(B) ... beschreibt den Datenaustausch zwischen Maschinen oder Geräten.

(4) GAFAM

(5) Smart Farming

(D) ... beschreibt die Anwendung und Vernetzung von Informations- und Kommunikationstechnologien in der Landwirtschaft.

(2) Shared Economy

Grundbegriffe

Digitalisierung
Homeoffice
Internet der
 Dinge
just in sequence
just in time
multinationaler
 Konzern
Onlinehandel
Outsourcing
Smart City

Digital durch Zeit und Raum

„Die Digitalisierung verändert den Raum."
Nimm Stellung zu dieser Aussage.

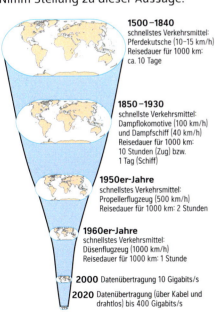

1500 – 1840
schnellstes Verkehrsmittel:
Pferdekutsche (10–15 km/h)
Reisedauer für 1000 km:
ca. 10 Tage

1850 – 1930
schnellste Verkehrsmittel:
Dampflokomotive (100 km/h)
und Dampfschiff (40 km/h)
Reisedauer für 1000 km:
10 Stunden (Zug) bzw.
1 Tag (Schiff)

1950er-Jahre
schnellstes Verkehrsmittel:
Propellerflugzeug (500 km/h)
Reisedauer für 1000 km: 2 Stunden

1960er-Jahre
schnellstes Verkehrsmittel:
Düsenflugzeug (1000 km/h)
Reisedauer für 1000 km: 1 Stunde

2000 Datenübertragung 10 Gigabits/s

2020 Datenübertragung (über Kabel und drahtlos) bis 400 Gigabits/s

Smart City – eine Stadt der Zukunft

Erstelle mithilfe der Grafik ein Kurzreferat, in dem du die Idee einer Smart City erklärst. Nutze dabei ausschließlich dein zuvor erlangtes Wissen sowie die Grafik.

8 Räume in Europa

M1 Die EU vereint unterschiedliche Länder; Foto: links Griechenland (Kreta), rechts Finnland (Lappland).

Die EU – in Vielfalt geeint

Seit ihrer offiziellen Gründung hat sich die Europäische Union (EU), gemessen am Bruttoinlandsprodukt (BIP), zum größten gemeinsamen Wirtschaftsraum der Welt entwickelt.

Das Leben der knapp 450 Millionen Menschen in der EU ist aber teilweise sehr unterschiedlich. So sind beispielsweise Griechenland und Finnland schon aufgrund ihrer geographischen Lage und Geschichte sehr verschieden.

Dies wirkt sich auch auf die wirtschaftliche Situation der Länder aus. Während Finnland beispielsweise im Jahr 2019 ein BIP pro Kopf von 43 480 Euro aufwies, lag das BIP pro Kopf in Griechenland bei 17 500 Euro.

Genauso wie zwischen den Ländern gibt es oft auch innerhalb der Länder große Disparitäten: Fast jedes Land hat sowohl strukturschwache als auch strukturstarke Regionen. Eines der zentralen Ziele der EU ist es, die strukturschwachen Regionen zu fördern. Dadurch soll der wirtschaftliche und soziale Zusammenhalt innerhalb der Länder und zwischen den Ländern gestärkt werden.

Land	Fläche (in km²)	Bevölkerungszahl	Einwohner pro km²
Belgien	30 688	11 549 900	376
Bulgarien	110 994	6 951 500	63
Deutschland	357 581	83 166 700	233
EU gesamt	4 132 796	447 706 200	108
Finnland	338 465	5 525 300	16
Griechenland	131 957	10 709 700	81
Kroatien	56 594	4 058 200	72
Italien	301 338	60 244 600	200
Rumänien	238 391	19 318 000	81

M2 Verschiedene Länder der EU im Vergleich (2020)

Die EU ist ein Staatenbündnis aus 27 Ländern. Sie geht auf ein Wirtschaftsbündnis zurück, das bereits 1957 gegründet wurde. Seitdem wurden innerhalb der EU die Binnengrenzen entfernt, sodass man sich in der EU ohne Grenzkontrollen von einem in ein anderes Land bewegen kann. Zentren der EU sind Brüssel (Europäischer Rat) und Straßburg (Europäisches Parlament). Innerhalb der EU gibt es zudem 19 Länder, die als gemeinsame Währung den Euro benutzen. Unterschieden werden muss zudem zwischen dem Staatenverbund EU und dem geographischen Kontinent Europa.

M3 Die Europäische Union

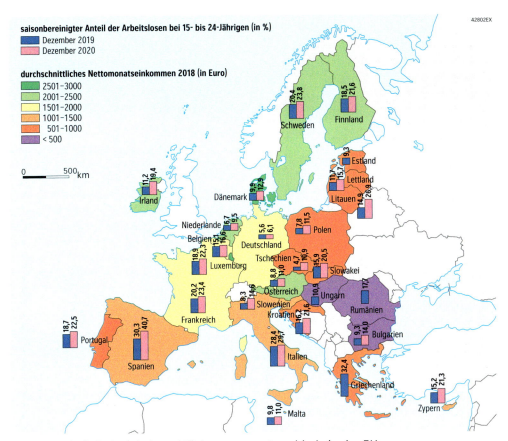

saisonbereinigter Anteil der Arbeitslosen bei 15- bis 24-Jährigen (in %)
- Dezember 2019
- Dezember 2020

durchschnittliches Nettomonatseinkommen 2018 (in Euro)
- 2501–3000
- 2001–2500
- 1501–2000
- 1001–1500
- 501–1000
- < 500

0   500 km

42802EX

M 6 Flagge der EU

M 4 Jugendarbeitslosigkeit und Einkommensunterschiede in der EU

AUFGABEN

1 a) Schaut euch in Partnerarbeit das Foto auf S. 158/159 an. Hier wird eine der folgenden Städte dargestellt: Uppsala, Sofia oder Antwerpen.
b) Recherchiert in eurem Atlas zu den drei Städten nach folgenden Kategorien: Klima/Vegetation, Relief, Einwohnerzahl.
c) Stellt, basierend auf eurer Recherche, eine begründete Vermutung an, um welche Stadt es sich auf dem Foto handelt.

2 Erstellt zu zweit eine Tabelle, in welcher ihr Gemeinsamkeiten und Unterschiede innerhalb der EU auflistet.

3 „In Vielfalt geeint" ist das Motto der EU. Erkläre, warum dieses Motto auf die EU zutrifft.

4 Erläutere, wieso ein länderübergreifender Staatenbund wie die EU trotz der Unterschiede zwischen den Ländern sinnvoll sein kann.

„Dass es zwischen den EU-Staaten große wirtschaftliche Unterschiede gibt, ist nicht verwunderlich. Die Länder besitzen teilweise sehr verschiedene natürliche Voraussetzungen und die Wirtschaft hat sich über Jahrzehnte unterschiedlich entwickelt.

Um die strukturschwachen Regionen zu unterstützen, gibt es von der EU einen Fonds für regionale Entwicklung. Dadurch sollen Programme unterstützt werden, die etwas mit den Bereichen Forschung und Innovation, der digitalen Agenda und der CO_2-armen Wirtschaft zu tun haben. Mit diesen Förderprogrammen sollen vor allem kleine und mittlere Unternehmen unterstützt werden.

Langfristig soll durch die Investition in solche Zukunftsbereiche die Wirtschaft gestärkt werden, sodass auch strukturschwache Regionen eine aussichtsreiche Zukunft haben.

Auch wenn es im EU-Parlament viele Streitigkeiten um Förderprogramme und die politische Ausrichtung der EU gibt, muss betont werden, dass die EU-Staaten viele Gemeinsamkeiten und gemeinsame Interessen haben. Ansonsten wäre ein solcher Staatenbund wie die EU auch gar nicht möglich."

M 5 Eine Politikerin aus Brüssel berichtet.

Lombardei	
Einwohnerzahl (2020)	10,0 Mio.
regionales BIP (2019)	392 Mrd. Euro
Luftfrachtverkehr	698 000 t
Arbeitslosenquote (2019)	5,6 %
Ausgaben für Forschung und Entwicklung (2018)	5,2 Mrd. Euro

Südosten	
Einwohnerzahl (2020)	20,2 Mio.
regionales BIP (2018)	386 Mrd. Euro
Luftfrachtverkehr	26 000 t
Arbeitslosenquote (2019)	17,9 %
Ausgaben für Forschung und Entwicklung (2018)	3,7 Mrd. Euro

M 2 Gliederung Italiens nach Regionen

M 3 Wirtschaftsmotor Lombardei

Italien – ein Land, zwei Welten?

Während der Norden von wirtschaftsstarken Städten wie Mailand, Turin oder Genua geprägt ist, hat der Süden mit zahlreichen Problemen wie Misswirtschaft und Abwanderung von Fachkräften sowie mit der Mafia zu kämpfen.

Die Unterschiede im Land zeigen sich aber nicht nur in wirtschaftlichen Aspekten, auch kulturell gibt es große Unterschiede zwischen dem Norden und dem Süden. Dies führt soweit, dass sich einige Bürger eher als „nordisti" oder „sudisti" statt als Italiener sehen.

Verschiedene Initiativen wurden bereits von der italienischen Politik und von der EU gestartet, um den Süden zu fördern. Die spezielle Förderung des Südens wiederum führte oftmals zu Streitigkeiten mit dem Norden.

Frage: „Wie genau versuchen Sie, politisch gegen die wirtschaftliche Spaltung Italiens vorzugehen?"
Antwort: „Schon seit Jahrzehnten gibt es verschiedene Förderprogramme für die strukturschwachen Regionen. Die Gelder kommen aus Förderprogrammen der EU, aber auch aus regionalen Förderprogrammen Italiens. Die Förderprogramme Italiens werden auch durch die strukturstarken Regionen finanziert. Das Problem ist allerdings wesentlich komplexer, als dass es sich alleine mit Geld lösen lässt."
Frage: „Was genau meinen Sie damit?"
Antwort: „Ein wichtiger Punkt ist, dass viel Geld aufgrund von Korruption gar nicht erst an der richtigen Stelle ankommt. Unsere Müllproblematik steht exemplarisch für die Probleme in Südtalien. In einigen Regionen ist es so, dass die Mafia mit dem Müll Geld macht. Sie schließt mit müllproduzierenden Unternehmen Verträge und garantiert die Müllentsorgung für sehr günstige Preise. Diese können sie aber nur einhalten, weil Müllberge oft an abgelegenen

Straßen entsorgt oder einfach angezündet werden. Durch den giftigen Rauch werden inzwischen sogar die Anwohner krank. Die Mafia ist aber nicht alleine an der Problematik schuld. Auch viele Politiker und Institutionen profitieren von der Müllentsorgung und arbeiten mit der Mafia zusammen."
Frage: „Welche Folgen hat das alles?"
Antwort: „Viele gut ausgebildete junge Leute sind von der Situation so frustriert, dass sie in den Norden ziehen, wo sie auch Arbeit finden. Wir nennen das auch ‚fuga di cervelli', was ‚Flucht der Gehirne' bedeutet.
Zudem müssen wir aufpassen, dass wir die Unterstützung des Nordens nicht überstrapazieren. Viele Norditaliener sind genervt, dass Steuergelder in Südtalien eingesetzt werden, dort aber wenig bewirken. Das geht teilweise soweit, dass sich verschiedene politische Initiativen gründeten, die eine politische Trennung zwischen Norden und Süden anstreben."

M 1 Interview mit einem Politiker

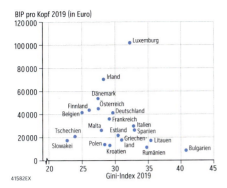

BIP pro Kopf 2019 (in Euro)

41582EX

Der Gini-Index gibt an, wie das Einkommen innerhalb eines Landes verteilt ist. Bei einem Wert von 0 ist das Einkommen absolut gleich verteilt. Bei einem Wert von 100 hingegen ist das Einkommen maximal ungleich verteilt.

M4 Gini-Index und BIP pro Kopf in der EU

M5 Illegale Mülldeponie in ehemaliger, EU-geförderter Kompostierungs-Anlage bei Caserta (Kampanien)

Wirtschaftsbericht zu Süditalien

Der italienische Süden gilt als wachstumsschwach, infrastrukturell rückständig und [...] in Umweltbelangen sind die Zustände vielerorts prekär. [...]
Wo könnte Italien also besser mit dem geplanten Green New Deal anfangen, als im „Mezzogiorno", dem Landesteil, der die Regionen Kampanien, Apulien, Kalabrien, Molise, Abruzzo, Basilicata, Sizilien und Sardinien umfasst? Der Mezzogiorno trägt fast ein Viertel zum italienischen Bruttoinlandsprodukt (BIP) bei [...] und verfügt neben dem hohen Tourismusappeal und einigen größeren Industriezentren über ein enormes Potenzial in der Bioökonomie.

Rund 10 Prozent des Produktionswertes in Süditalien sind [...] der Bioökonomie zuzurechnen [...]. Zur Bioökonomie zählen neben Agrar-, Fisch- und Lebensmittelindustrie, die Abfall-, Recycling- und Wasserwirtschaft, die erneuerbaren Energien [...] sowie Biotech und grünes Plastik. Schon jetzt vermeldet der Süden ein hohes Wachstum an Bioökonomie-Patenten. Auch die Zahl der Biotechfirmen wächst dort [...] deutlich stärker als auf nationalem Niveau.

(Oliver Döhne: Grüne Wende könnte Süditalien zugutekommen. Germany Trade and Invest, Berlin, 24.01.2020)

AUFGABEN

1 Beschreibe Italiens wirtschaftliche Situation. Nutze auch das Diercke-WebGIS (siehe S. 36/37, Kartendienste: Arbeitslosigkeit bzw. Wirtschaftskraft in der EU).

2 a) Erläutere, was der Gini-Index über die Ungleichheit in Italien aussagt.
b) Diskutiert, inwiefern BIP und Gini-Index eines Landes zusammenhängen.

3 Diskutiert, welche weiteren Probleme sich aus der wirtschaftlichen Ungleichheit für eine Gesellschaft ergeben können.

4 Verfasst einen Brief, in welchem ihr der EU mitteilt, was eurer Meinung nach getan werden muss, damit sich die unterschiedliche Entwicklung in Italien verändert.

INFO

Der Green New Deal bezeichnet ein Förderprogramm der EU zum Klima- und Umweltschutz. Von 2021 bis 2027 sollen EU-weit z. B. 100 Mrd. Euro bereitgestellt werden.

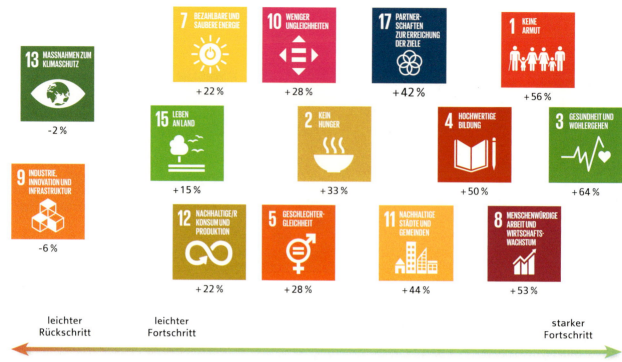

leichter Rückschritt   leichter Fortschritt   starker Fortschritt

M1 Entwicklung der SDGs (Auswahl) über die letzten fünf Jahre in der EU (2019)

Programme zur Förderung einer nachhaltigen Entwicklung

Damit die regionalen Disparitäten in der EU nicht zu groß und der wirtschaftliche und soziale Zusammenhalt nicht gefährdet werden, setzt die EU verschiedene Entwicklungsprogramme auf, um regionale Entwicklungen gezielt zu fördern.

Ein besonderer Schwerpunkt wird dabei auf eine nachhaltige Entwicklung gelegt. Da-durch soll erreicht werden, dass die EU ihre selbstgesteckten, auf den 17 SDGs basierenden Ziele erreicht. Diese bilden den Handlungsrahmen für die politische Gestaltung. Wie sich der Fortschritt bei den bis zum Jahr 2030 zu erreichenden Zielen der EU entwickelt, wird regelmäßig überprüft und in Berichten veröffentlicht.

Die EU-Programme haben verschiedene Schwerpunkte, die Projekte innerhalb der EU fördern. Das EU-Programm zur Regionalförderung soll dabei die wirtschaftliche Entwicklung unter dem Aspekt der Nachhaltigkeit fördern. In der letzten Förderperiode von 2014 bis 2020 wurden dabei insgesamt 1,2 Mrd. Euro für Projekte in NRW zur Verfügung gestellt. Zudem gibt es ein EU-Programm zur nachhaltigen Entwicklung der Landwirtschaft und des ländlichen Raums, durch welches NRW von 2014 bis 2020 618 Mio. Euro für Projekte erhielt.

M2 Entwicklungsprogramme der EU auch in NRW

AUFGABEN

1 Beschreibe, wie sich die SDGs in den letzten fünf Jahren in der EU entwickelt haben. Zeigen sich Unterschiede zwischen ökologischen und sozialen Zielen?

2 Erkläre, wie EU-Programme zu einer nachhaltigen Entwicklung beitragen können.

3 Diskutiert in Partnerarbeit, warum es auch sinnvoll ist, wirtschaftlich starke Regionen in NRW im Bereich der SDGs zu fördern. Haltet eure Ergebnisse stichpunktartig fest.

Wir bearbeiten kollaborativ Aufgaben

In vielen Berufen wird heutzutage von zu Hause aus oder über verschiedene Standorte hinweg gearbeitet. Damit im Team über die Entfernung trotzdem effektiv zusammengearbeitet werden kann, gibt es viele kollaborative digitale Angebote.

Unter kollaborativ wird dabei die produktive und teilweise gleichzeitige Zusammenarbeit von mindestens zwei Personen an einem Produkt verstanden. Durch digitale Angebote kann gleichzeitig übers Internet an einem Dokument gearbeitet werden. Auch das Teilen von Dokumenten oder das gleichzeitige Arbeiten an einer Präsentation sind inzwischen möglich.

Damit das kollaborative Arbeiten jedoch nicht im Chaos endet, müssen verschiedene Aspekte beachtet werden.

Arbeitsschritte

Schritt 1: Vorbereitung

- Besprecht mit eurer Lehrkraft Aufgabenstellung und Gruppeneinteilung.
- Diskutiert, welches Programm ihr verwenden wollt (M1). Beachtet dabei auch die in M2 angemerkten Punkte.
- Führt eine kurze Recherche und / oder ein Brainstorming (Tipp: Whiteboard-Funktion bei Cryptpad) zum Thema durch, um einen ersten Überblick zu erhalten.
- Überlegt euch eine erste Gliederung zum Thema, damit ihr Arbeitsaufträge vergeben könnt.

Schritt 2: Durchführung

- Sammelt individuell Informationen entsprechend eurer Arbeitsaufträge.
- Arbeitet eure gesammelten Ergebnisse auf und tragt sie in das Gruppen-Dokument ein.
- Klärt euer weiteres Vorgehen zwischendurch immer wieder ab und vergebt überschaubare Arbeitsaufträge. Tipp: Haltet euer Vorgehen und die Termine für die Arbeitsaufträge für alle sichtbar fest.
- Präsentiert zum Schluss eure Ergebnisse und Auswertungen.

Schritt 3: Schlussfolgerungen

- Diskutiert, was bei eurem kollaborativen Arbeiten gut funktioniert hat und wo es noch Probleme gab.
- Überlegt, wie sich die Probleme in Zukunft vermeiden lassen.

Eine Möglichkeit, kollaborativ zu arbeiten, ist das kostenlose Tool Cryptpad (*www.cryptpad.fr*). Hier können z. B. gemeinsam Textdateien, Präsentationen, Tabellen und Umfragen erstellt werden. Auch das Hochladen von Dokumenten ist möglich.

Das besondere an Cryptpad ist aber die hohe Datensicherheit. So müssen keine persönlichen Daten eingegeben werden und auch die Betreiber der Internetseite können nicht in die Dokumente einsehen. Über einen eigenen anonymen Account kann bei Bedarf direkt auf alle wichtigen Dateien zugegriffen werden.

M1 Cryptpad als Möglichkeit, digital kollaborativ zu arbeiten

- Informiert euch, wann und wie Dokumente gespeichert werden, damit die Inhalte nicht verlorengehen.
- Wenn eure Arbeit nicht anonym sein soll, könnt ihr in vielen Programmen eure Namen eintragen. Dadurch lässt sich besser zurückverfolgen, wer was kommentiert hat. Häufig gibt es auch einen Chat.
- Informiert euch bei der Auswahl des Programms, ob und wie dieses den Datenschutz beachtet.
- Teilt euer Dokument nur mit Personen, die darauf Zugriff haben sollen und vertrauenswürdig sind. Ansonsten können auch andere Personen eure Arbeit verändern und löschen.
- Bedenkt, dass es manchmal sinnvoll, aber manchmal auch verwirrend sein kann, gleichzeitig an einem Dokument zu arbeiten.

M2 Hinweise zum digitalen kollaborativen Arbeiten

AUFGABEN

1. Erstellt in einer Kleingruppe kollaborativ ein Dokument und fertigt eine Tabelle an, in welche ihr Vor- und Nachteile der digitalen Gruppenarbeit schreibt.

2. Erläutert anhand der vier Nachhaltigkeitsdimensionen, inwiefern es sich beim Projekt „WALDband" in NRW um ein nachhaltiges Projekt handelt. Orientiert euch an den Arbeitsschritten.

TIPP

Bearbeitet die Aufgaben zu den Nachhaltigkeitsdimensionen auf den Seiten 166/167 und 168/169 kollaborativ und erstellt dazu eine Präsentation.

M1 Phoenix-See in Dortmund – teils mit EU-Geldern gefördert

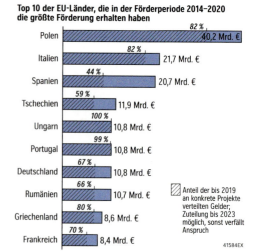

Top 10 der EU-Länder, die in der Förderperiode 2014–2020 die größte Förderung erhalten haben

Land	Anteil	Förderung
Polen	82 %	40,2 Mrd. €
Italien	82 %	21,7 Mrd. €
Spanien	44 %	20,7 Mrd. €
Tschechien	59 %	11,9 Mrd. €
Ungarn	100 %	10,8 Mrd. €
Portugal	99 %	10,8 Mrd. €
Deutschland	67 %	10,8 Mrd. €
Rumänien	66 %	10,7 Mrd. €
Griechenland	80 %	8,6 Mrd. €
Frankreich	70 %	8,4 Mrd. €

Anteil der bis 2019 an konkrete Projekte verteilten Gelder; Zuteilung bis 2023 möglich, sonst verfällt Anspruch

41584EX

M3 EU-Länder mit größter Förderung

EU-Förderung auch in Deutschland?

Durch europäische Förderprogramme sollen auch in Deutschland vor allem strukturschwache Regionen gefördert werden. Im Zeitraum von 2014 bis 2020 flossen insgesamt knapp 30 Milliarden Euro in Projekte nach Deutschland.

Die Fördergelder verteilen sich jedoch nicht gleichmäßig. Den strukturschwachen Regionen werden mehr Fördergelder zugewiesen als den strukturstarken Regionen. Die Fördergelder sollen dafür eingesetzt werden, die Wirtschaft aufzubauen und Arbeitsplätze zu schaffen. Ein Schwerpunkt soll dabei auf Projekte gelegt werden, die die nachhaltige Bewirtschaftung und den Klimaschutz berücksichtigen.

Die EU hat verschiedene Förderprogramme. Der „Europäische Fonds für regionale Entwicklung" (EFRE) ist dafür da, um strukturschwache Regionen zu unterstützen. Dabei soll vor allem die Wettbewerbsfähigkeit von kleinen und mittleren Unternehmen gefördert werden. Der „Europäische Sozialfonds" (ESF) soll vor allem Arbeitslosen dabei helfen, eine neue Stelle zu finden.

41583EX

- Anpassung an den Klimawandel 4,1 %
- technische Hilfe 3,7 %
- Forschung und Innovation 35,5 %
- Wettbewerbsfähigkeit von kleinen und mittleren Unternehmen 21,8 %
- CO_2-arme Wirtschaft 22,5 %
- Schutz von Umwelt und Ressourceneffizienz 6,4 %
- soziale Inklusion und Bekämpfung von Armut 6,0 %

(Bereiche der Förderungen im Bezugszeitraum 2014 – 2020)

M2 Fördergelder aus EFRE und ESF

Einteilung der deutschen Förderregionen nach Kriterien von ESF und EFRE

Dortmund

Jena

41587EX

- weniger entwickelte Regionen (BIP/Kopf < 75 % des EU-Durchschnitts)
- Übergangsregionen (BIP/Kopf ≥ 75 % und < 90 % des EU-Durchschnitts)
- hoch entwickelte Regionen (BIP/Kopf ≥ 90 % des EU-Durchschnitts)

M4 Förderregionen in Deutschland

M 5 EU-Förderung der Universität Jena

Das mit etwa 14 Millionen Euro von der EU geförderte Projekt „Phoenix-See" wird oft beispielhaft für den Strukturwandel im Ruhrgebiet herangezogen. Wo früher einmal ein riesiges Stahlwerk stand, ist inzwischen ein Areal der Naherholung mit Wohn- und Gewerbegebieten entstanden. Zukunftsorientierte Firmen, z.B. aus der Mikro- und Nanotechnologie, haben ihre Standorte auf das ehemalige Stahlindustriegelände verlegt.

Der Phoenix-See selbst erfüllt dabei verschiedene Funktionen. Bei schönem Wetter wird er von vielen Menschen zur Naherholung genutzt. Er ist außerdem in die Renaturierung der Emscher eingebunden und dient für seltene Vögel als Rückzugsort. Zudem soll er als Rückhaltebecken genutzt werden, wenn Hochwassergefahr besteht.

Durch die Aufwertung des Stadtteils Hörde, in welchem der Phoenix-See liegt, kommt es aber auch zu steigenden Mietpreisen. Diese können sich viele der ursprünglichen Anwohner allerdings nicht leisten.

M 6 Förderung des Phoenix-Sees

Am 07.09.2020 wurde der Grundstein für den Neubau des „Campus am Inselplatz" in Jena gelegt. Dort sollen in Zukunft viele Neubauten, wie beispielsweise für das Institut für Psychologie, Mathematik und Informatik sowie für Naturwissenschaften, eine Bibliothek und eine Mensa entstehen. Zudem soll ein großes Parkhaus errichtet werden, um die Infrastruktur für die Studierenden zu verbessern. Dieses Projekt wird durch den EFRE mit 190 Millionen Euro kofinanziert. Thüringens Ministerpräsident Bodo Ramelow befürwortet das Projekt: „Der Campus Inselplatz ist das wichtigste und mit seinem Bauvolumen von rund 190 Millionen Euro auch das größte aktuelle Bauprojekt des Landes hier in Jena und darüber hinaus. Das Bauvolumen für Landesbauten in Thüringen beträgt seit 1991 bis heute insgesamt rund 4,6 Milliarden Euro, davon floss etwa die Hälfte in den Hochschulbau. Dies zeigt, welche Bedeutung die Landesregierung der Bildung unseres wissenschaftlichen Nachwuchses zumisst."

M 7 EFRE-Förderung der Universität in Jena

AUFGABEN

1 Beschreibe mit einem Pfeildiagramm das Ziel der EU-Förderung an einem ausgewählten Beispiel.

2 Erläutere an den Beispielen Deutschland und Italien (S. 162/163), wieso die EU nur Regionen und nicht ganze Länder fördert.

3 Beurteilt in Gruppenarbeit die Förderung der Projekte durch die EU anhand der Nachhaltigkeitsdimensionen (M 6, M 7).

4 Informiert euch im Internet über weitere Projekte, die durch den EFRE gefördert werden und stellt ein Projekt eurer Wahl in der Klasse vor.

M 1 Maschinelle Ernte südlich von Bukarest in Giurgiu (links) und Kleinbauern in Zentralrumänien (rechts)

Rumänien – nachhaltige Förderung?

Rumänien hatte mit 11 440 Euro (2019) nach Bulgarien das geringste BIP pro Kopf innerhalb der EU-Staaten (EU-Durchschnitt 31 080 Euro 2019). Es ist daher nicht verwunderlich, dass Rumänien Gelder aus den Förderprogrammen der EU erhält. In dem Zeitraum vom 2014 bis 2020 konnte Rumänien insgesamt 23 Milliarden Euro aus EU-Fördergeldern abrufen.

Für die nächste Periode von 2020 bis 2027 sind insgesamt weitere 79 Milliarden Euro vorgesehen. Dabei soll vor allem der ländliche Raum gefördert werden, sodass viele Gelder in landwirtschaftliche und infrastrukturelle Projekte fließen. Bei diesen soll insbesondere darauf geachtet werden, die Förderung auch nachhaltig auszurichten. Trotzdem kommt Kritik auf, dass die Förderung vor allem Großbetrieben zugutekommt. Andere befürchten sogar, dass durch die Förderung Arbeitsplätze auf dem Land verloren gehen könnten.

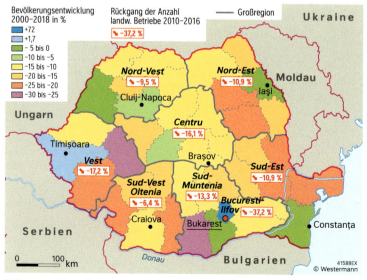

M 2 Karte Rumäniens

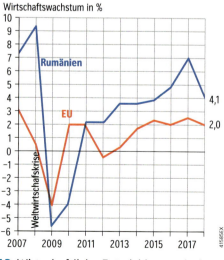

M 3 Wirtschaftliche Entwicklung seit dem EU-Beitritt Rumäniens 2007

Frage: „Lieber Herr Popa, berichten Sie bitte kurz, womit Sie ihr Geld verdienen und inwiefern die EU dabei eine Rolle spielt."

Antwort: „Ich habe einen kleinen Bauernhof mit vier Hektar Land. Auf diesem baue ich vor allem Getreide an. Die EU unterstützt mich jedes Jahr mit Geld. Die Menge des Geldes orientiert sich dabei an der Größe des landwirtschaftlich bearbeiteten Landes. Diese Art der Verteilung von Geld ist ein Problem für mich."

Frage: „Wie kann die Verteilung von Geld ein Problem darstellen?"

Antwort: „Da sich die Menge des Geldes an der Hektargröße orientiert, bekommen große Landwirtschaftsbetriebe wesentlich mehr Fördergelder als die Kleinbauern, von denen es wesentlich mehr gibt. Fairerweise muss man dazu sagen, dass die ersten Hektar Land am meisten Geld einbringen. Es gibt aber Landwirtschaftsbetriebe mit mehreren Tausend Hektar Land, die über hunderttausend Euro

bekommen. Dadurch können die sich Maschinen leisten, welche die riesigen Flächen bearbeiten. Was sich erst einmal gut anhört, führt dazu, dass die Großbetriebe billiger produzieren können und die Preise senken. Mit den billigen Produkten können wir nicht mithalten."

Frage: „Welche Konsequenzen hat das für Sie?"

Antwort: „Da wir im Wettbewerb mit den Großbetrieben nicht mithalten können, müssen viele Kleinbauern ihre Betriebe schließen. Da die Großbetriebe durch die Maschinen nicht so viele Arbeitskräfte brauchen, sind viele von uns danach arbeitslos und wandern in Städte oder ins Ausland, z.B. auch nach Deutschland, aus. Das sind aber nicht die einzigen Probleme, die sich ergeben. Was viele nicht bedenken ist, dass auch die Natur unter den Großbetrieben leidet. In kleinen Landwirtschaftsbetrieben, die ihre kleinteiligeren Felder nicht mit riesigen Traktoren bearbeiten, gibt es insgesamt eine wesentlich höhere Biodiversität als auf großflächigen Feldern."

M 4 Interview mit dem Kleinbauern Adrian Popa

Durch die verbesserte Infrastruktur und die Digitalisierung soll der Standort Rumänien für Firmen interessanter werden. Damit auch genug qualifiziertes Personal vorhanden ist, werden viele Fördergelder für die Digitalisierung der Schulen verwendet. Beim Standortfaktor Infrastruktur wird ein Schwerpunkt auf die Modernisierung und den Ausbau von Straßen und Autobahnen sowie von Trinkwasser- und Abwasserversorgung gelegt. Zudem sollen für die Landwirtschaft die Be- und Entwässerungssysteme verbessert werden, um stärker auf die Folgen des Klimawandels, wie etwa Dürren und Starkregen, vorbereitet zu sein.

M 5 Verwendung von Fördergeldern in Digitalisierung und Infrastruktur

Rumänien hat die größten Gebiete in Europa, auf denen ein von Menschen noch unberührter Urwald wächst. Im Jahr 2007 wurden die Urwälder durch die UNESCO als Weltnaturerbe anerkannt und unterliegen seitdem einem besonderen Schutz. Allerdings wurden seit 2005 ca. 45 % der Urwälder durch illegale Abholzung, vor allem durch ausländische Unternehmen, zerstört. In den EU-Fördergeldern ist daher auch Geld vorgesehen, um die Wälder zu schützen und wieder aufzuforsten. Zudem versucht die EU, durch die Fördergelder Druck auszuüben, damit die rumänische Politik die illegale Abholzung stärker kontrolliert und bestraft.

M 6 Rumäniens einzigartiger Naturschatz

AUFGABEN

1. *Beschreibe die Entwicklung der Wirtschaft Rumäniens und der EU und beziehe dafür auch das BIP pro Kopf (2019) ein.*

2. *Beurteilt in Gruppenarbeit die Förderung der Entwicklung Rumäniens durch die EU anhand der Nachhaltigkeitsdimensionen.*

3. * *Erstellt einen Flyer, der sich den Problemen der Kleinbauern in Rumänien widmet.*

M 7 Urwälder in Rumänien

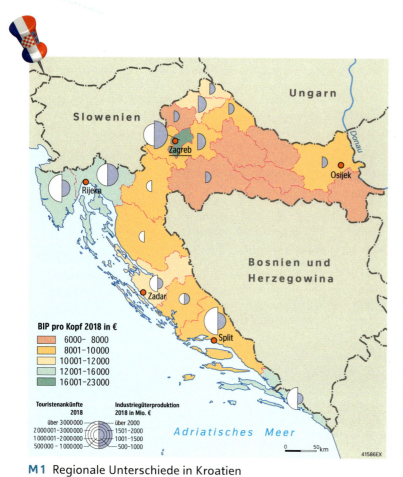

M1 Regionale Unterschiede in Kroatien

Slowenien

Ungarn

Zagreb

Osijek

Rijeka

Bosnien und
Herzegowina

Zadar

Split

BIP pro Kopf 2018 in €
- 6000– 8000
- 8001–10000
- 10001–12000
- 12001–16000
- 16001–23000

Touristenankünfte 2018
- über 3000000
- 2000001–3000000
- 1000001–2000000
- 500000–1000000

Industriegüterproduktion 2018 in Mio. €
- über 2000
- 1501–2000
- 1001–1500
- 500–1000

Adriatisches Meer

0 ____ 50 km

41586EX

M3 Nationalpark Plitvicer Seen

M4 Im Hafen von Dubrovnik

EU-geförderter Tourismus in Kroatien

Die Europäische Union fördert auch den Tourismus in den Mitgliedsstaaten. Als drittgrößter Wirtschaftszweig der EU hat der Tourismus erheblichen Einfluss auf das Wirtschaftswachstum, die Beschäftigung und die gesellschaftliche Entwicklung.

So auch in Kroatien: Mit jährlich rund 17 Millionen Touristen ist das Land an der Adriaküste eines der beliebtesten Reiseziele Europas. Die Einnahmen aus den Urlaubsreisen spülen jedes Jahr mehr als zehn Milliarden Euro in die Staatskasse – fast ein Fünftel des Bruttoinlandsprodukts. Das macht den Tourismus zu einem wichtigen Wirtschaftszweig für das Land.

Damit Europa als Urlaubsziel auch in Zukunft attraktiv bleibt, wird der Tourismussektor finanziell unterstützt.

Jahr	Touristenzahl	Einnahmen	Anteil am BIP	Einnahmen pro Tourist
1995	1,49 Mio.	0,99 Mrd. Euro	–	666 Euro
2000	5,83 Mio.	3,11 Mrd. Euro	14,7 %	533 Euro
2005	7,74 Mio.	6,13 Mrd. Euro	24,5 %	792 Euro
2010	9,11 Mio.	6,26 Mrd. Euro	20,3 %	687 Euro
2015	12,68 Mio.	8,13 Mrd. Euro	23,4 %	641 Euro
2018	16,65 Mio.	10,22 Mrd. Euro	24,9 %	614 Euro

M2 Tourismuszahlen in Kroatien

Seit dem EU-Beitritt im Jahr 2012 erhält Kroatien eine Tourismusförderung von der Staatengemeinschaft. Unterstützt werden beispielsweise der Ausbau von Bahnstrecken oder Flughäfen zugunsten internationaler Verbindungen. Zudem können von Tourismusunternehmen öffentlich geförderte Kredite für den Bau von Gebäuden, Schiffen und anderen Fahrzeugen beantragt werden.

Dafür benutzt die EU verschiedene Fördermittel, die kleine und mittlere Tourismusunternehmen unterstützen sowie die Nutzung regenerativer Energien und die Energieeffizienz fördern sollen. Mit weiteren Fördermitteln wird etwa die kroatische Müllproblematik angegangen, um dadurch auch die Attraktivität Kroatiens als Urlaubsziel zu steigern.

M 5 Fördermöglichkeiten

Wettbewerb um EU-Fördermittel im Tourismus

Sie vertreten eine Kommune, die ihr touristisches Potenzial ausschöpfen will? Oder Sie besitzen ein Unternehmen im touristischen Sektor und wollen auch in Zukunft wettbewerbsfähig sein? Dann bewerben Sie sich um Fördermittel aus dem „Europäischen Fonds für regionale Entwicklung" (EFRE)!

Welche Kriterien gibt es, um gefördert zu werden?

- Ihre Kommune oder Ihr Unternehmen liegt in einer strukturschwachen Region.
- Sie beachten bei Ihrem Vorhaben die Nachhaltigkeitsdimensionen Ökonomie, Ökologie und Gesellschaft.
- Ihr zu förderndes Projekt muss klar umrissen und konkret sein (siehe Inhalte rechts).

Was muss Ihr Förderantrag beinhalten?

- Kurzbeschreibung Ihrer Kommune bzw. Ihres Unternehmens (z. B. Lage)
- Begründung der Förderwürdigkeit
- konkrete Beispiele für die Verwendung der Gelder (z. B. für den Ausbau / Umbau der Infrastruktur)

M 7 Anforderungen an einen Förderantrag

„Wir haben Angst vor weiteren Abwasserskandalen, da keine Investitionen in die mangelhafte Abwasser-Infrastruktur getätigt werden."

„Das Land kann dem Tourismus-Boom nicht standhalten."

„Parkplätze und Strandliegen sind völlig überteuert."

„Die Städte sind mehr und mehr überfüllt. Sie sind nicht für so viele Touristen ausgelegt."

„Kroatische Mieter müssen den besser zahlenden Touristen weichen."

M 6 Sorgen der Kroaten

M 8 Fäkalien im Meer bei Peroj (Istrien)

Kroatien landete in den letzten Jahren mehrmals wegen Verschmutzungen des Meeres mit Fäkalien in den Schlagzeilen. In einigen Fällen war die Ursache, dass ungeklärtes Abwasser direkt ins Meer eingeleitet wurde. In anderen Fällen wurden Abwässer durch Starkniederschläge ins Meer gespült. Teilweise sollen auch Schiffsabwässer die Quelle sein.

In manchen beliebten Urlaubsorten, wie beispielsweise an der kroatischen Adriaküste bei Dubrovnik, wurde wegen krankheitserregender Bakterien im verseuchten Meerwasser das Baden teilweise für einen bestimmten Zeitraum verboten.

M 9 Meeresverschmutzung in Kroatien

AUFGABEN

1 a) Stelle die Vor- und Nachteile des Tourismus für Kroatien dar.
b) Beurteile Chancen und Risiken des Tourismus für die Entwicklung Kroatiens.

2 * Verfasst in Kleingruppen einen Förderantrag für ein Projekt zum nachhaltigen Tourismus in Kroatien (M 7) an einem geeigneten Standort.

Hafen von Hongkong

M1 Start von Chinas Marsmission Tianwen-1 im Jahr 2020 (Orbiter und Rover zur Erforschung von Atmosphäre und Oberfläche)

M3 In traditioneller Medizin geschulter Roboter, vorgestellt in Peking (2020)

China – eine neue Weltmacht?

China ist ein Land der Superlative: Es beheimatete 2020 die meisten Menschen. Es hat die größte Industrie- und Landwirtschaftsproduktion und ist größter Güterexporteur der Welt. Zudem hat China die zweitgrößte Volkswirtschaft der Welt.

Der wirtschaftliche Aufstieg wurde durch einen politischen Wandel möglich. China öffnete sich von der Planwirtschaft hin zur sozialistischen Marktwirtschaft. Diese erlaubt es, dass Unternehmen privat geführt werden dürfen und dass – wenn auch streng kontrolliert – ausländisches Kapital ins Land kommt. Dies erfolgt insbesondere in sogenannten Sonderwirtschaftszonen entlang der Küste.

Vom wirtschaftlichen Aufschwung profitiert zunehmend auch die Bevölkerung. So hat sich eine finanzkräftige Mittelschicht ausgebildet. Dieser wachsende Wohlstand und die Corona-Krise bremsten zuletzt das chinesische Wachstum, denn die Angestellten stellen höhere Lohnforderungen. Steigende Gehälter sind jedoch gleichbedeutend mit niedrigeren Gewinnen, wenn die Preise nicht erhöht werden sollen.

Deutschland zum Vergleich:

zhong   gua

Die Worte zhong und gua (gesprochen: dschung gua) bedeuten Mitte und Land, sie stehen für China, das Reich der Mitte.

0   500   1000 km

© Westermann 41567EX

M2 Das Reich der Mitte

	China	Deutschland
BIP (in Mrd. US-$)	14 343	4 029
BIP / Kopf (in US-$)	10 262	44 550
Export (in Mrd. US-$)	2 157	1 204
Import (in Mrd. US-$)	1 731	955
Bevölkerung (in Mio.)	1 400	83
Fläche (in Mio. km²)	9,4	0,4

M4 China und Deutschland (2020)

M 5 Einige der neu angeschafften knapp 800 Elektrobusse in Bengbu (2017)

M 7 Die weltweit erste Passagier-Drohne, präsentiert in Guangzhou (2020)

Im Oktober 2006 befuhr ein Konvoi mit dem 300 Meter langen US-Superträger Kitty Hawk an der Spitze das Ostchinesische Meer zwischen Südjapan und Taiwan, als ohne Vorwarnung ein U-Boot der chinesischen Marine inmitten der Gruppe auftauchte. [...]
Das war Kanonenbootdiplomatie in umgekehrter Reihenfolge [...]. Während die Briten mit einem Kriegsschiff vor der Küste einer unbedeutenden Seemacht aufzukreuzen pflegten [...], kreuzten die Chinesen vor ihrer eigenen Küste mit einer deutlichen Botschaft auf: „Wir sind jetzt eine Seemacht, unsere Zeit ist gekommen und das ist unser Meer." Es hat 4000 Jahre gedauert, aber die Chinesen sind jetzt in Häfen – und auf Seewegen – in eurer Nähe.

(Tim Marshall: Die Macht der Geographie. Übersetzung: Birgit Brandau, dtv-Verlag, München, 2017, S. 50 f)

M 6 Seemacht China?

M 8 Naturräumliche Gliederung Chinas

AUFGABEN

1 Beschreibe das Foto auf den Seiten 172/173 sowie die Fotos auf dieser Doppelseite.

2 * a) Beschreibe die naturräumliche Gliederung Chinas (M 8).
b) Beurteile die modellhafte Einteilung in Weißes, Braunes, Gelbes und Grünes China (siehe auch Anhang S. 204/205).

3 Anhand der Verteilung von Lichtern (vorderer Bucheinband) kann man Rückschlüsse auf die Besiedlung ziehen. Erläutere die Bevölkerungsverteilung unter Berücksichtigung von M 4 und M 8.

4 Nimm Stellung zu der Frage in der Überschrift.

Wir gestalten ein Portfolio

Ein Portfolio ist eine gegliederte Sammlung von Arbeiten, welche die Ergebnisse einer Untersuchung zu einem Thema beinhaltet. Es kann verschiedenste Materialien enthalten (M3). Ursprünglich kommt der Begriff aus dem Lateinischen und setzt sich aus portare „tragen" und folium „Blatt" zusammen.

Arbeitsschritte

Schritt 1: Vorbereitung und Planung
- Bildet eine Kleingruppe mit zwei oder drei Schülerinnen und Schülern.
- Legt eine Sammelmappe an.
- Schaut euch die folgenden Themenseiten an, um einen Überblick über das Land China zu gewinnen.
- Wählt eine sinnvolle Leitfrage zum Thema „China" (M1). Ihr könnt auch eine eigene Leitfrage formulieren.
- Überlegt euch anschließend Teilfragen, um einzelne Aspekte des Themas aufzugreifen.
- Stellt in der Klasse Kriterien für ein gelungenes Portfolio auf (M2).

Schritt 2: Durchführung und Auswertung
- Sammelt individuell Informationen entsprechend eurer Teilfragen (Tipp).
- Recherchiert eventuell weitere Informationen und Materialien (M3).
- Stellt euer Portfolio mit euren Ausarbeitungen zusammen. Achtet dabei auf zuvor festgelegte Kriterien.
- Beantwortet zum Schluss eure Leitfrage, zum Beispiel mit einer Concept-Map.

Schritt 3: Präsentation
- Gestaltet ein ansprechendes Titelblatt.
- Präsentiert euer Portfolio der Klasse.
- Gebt euch gegenseitig Feedback unter Beachtung der Kriterien. Nutzt konstruktive Kritik („Besser gemacht werden könnte ...") und vergesst das Lob nicht („Gut war ...").

TIPP

Nutzt das digitale kollaborative Arbeiten (S. 165), um eure Ergebnisse zusammenzutragen und euren Arbeitsfortschritt zu protokollieren.
Auch das gemeinsame Erstellen einer digitalen Präsentation ist möglich.

Die Leitfrage zur Raumanalyse China sollte Themen anschneiden, die bisher im Geographieunterricht behandelt wurden. Das können beispielsweise sein: Bevölkerungsentwicklung, Verstädterung, Wirtschaft, Globalisierung, Digitalisierung.

Beispiele für mögliche Leitfragen sind:

- Ist China eine neue Weltmacht?
- Welche wirtschaftlichen Veränderungen haben in China im Zuge der Globalisierung stattgefunden?
- Wie hat die wirtschaftliche Entwicklung die chinesischen Städte verändert?
- Wie verändert die Digitalisierung die Wirtschaft Chinas?
- Mit welchen Strategien soll Chinas zukünftige Bedeutung gestärkt werden?

M1 Mögliche Leitfragen zur Raumanalyse Chinas

Werden die Teilfragen inhaltlich aufgegriffen und präzise geklärt?

Wird die zentrale Fragestellung (Leitfrage), die zu Beginn aufgestellt wurde, beantwortet?

Ist die gewählte Gliederung optimal?

Sind alle Details notwendig für die Beantwortung der Leitfrage?

Fehlen wichtige Materialien und sind vorhandene Materialien aussagekräftig genug?

Wird eine sachliche und angemessene Sprache verwendet?

Sieht man dem Portfolio an, dass viel Fleiß und Engagement investiert wurden?

Wie gut gelingt es, Fehler in der Rechtschreibung zu vermeiden?

Wurden Zusatzmaterialien passend ausgewählt und eingearbeitet?

Hat das Portfolio eine optisch ansprechende Form?

M2 Mögliche Kriterien für ein gelungenes Portfolio

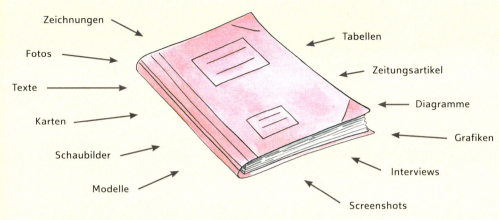

M 3 Mögliche Materialien für ein Portfolio

*Seidenstraße lockt Investoren
ins Reich der Mitte*

China drosselt Exporte:
Seltene Metalle sollen im Land bleiben

**China hat Geld und
sucht Einfluss**

Arbeiter werden in China
zunehmend von Robotern
verdrängt

M 4 Schlagzeilen zu China

*Fach: Geographie
Thema: Raumanalyse China*

Portfolio

Leitfrage: ....
....

Name: ....
Klasse: ....
Schule: ....
Datum: ....

M 5 Beispiel für ein Portfolio-Titelblatt

AUFGABEN

1 *Diskutiert die Schlagzeilen zu China.
Was verraten sie über das Land?*
2 *Erarbeitet in den kommenden Stunden
zu einer von euch gewählten Leitfrage
ein Portfolio zum Thema China. Orientiert euch an der Schrittfolge.*
3 *Räume lassen sich unterschiedlich wahr-
nehmen und darstellen. Berücksichtigt in
eurem Portfolio bei jedem Thema eines
der vier Modelle der Raumkonzepte
(siehe S. 45).*

M1 Schwimmbad in Hangzhou (August 2020)

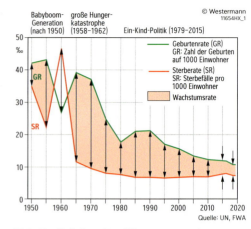

© Westermann
11654HX_1

Babyboom-Generation (nach 1950) große Hungerkatastrophe (1958–1962) Ein-Kind-Politik (1979–2015)

Geburtenrate (GR)
GR: Zahl der Geburten auf 1000 Einwohner

Sterberate (SR)
SR: Sterbefälle pro 1000 Einwohner

Wachstumsrate

Quelle: UN, FWA

M4 Natürliches Bevölkerungswachstum

Bevölkerungssituation in China

Jahr	Einwohner
1950	0,56 Mrd.
1960	0,65 Mrd.
1970	0,82 Mrd.
1980	0,98 Mrd.
1990	1,15 Mrd.
2000	1,27 Mrd.
2010	1,33 Mrd.
2020	1,40 Mrd.
2030*	1,42 Mrd.
2050*	1,35 Mrd.

M2 Bevölkerungsentwicklung (* Prognose)

China ist das bevölkerungsreichste Land der Erde (Stand 2021). Mit ungefähr 1,4 Milliarden Menschen lebt dort knapp ein Fünftel der Weltbevölkerung. Jahrhundertelang wuchs die Bevölkerungzahl nur langsam, bedingt durch Kriege, Hungersnöte und Seuchen.

Doch nach 1950 setzte ein starkes Bevölkerungswachstum ein. Dieses stellte die Regierung vor das Problem, die Ernährung der Bevölkerung langfristig zu sichern. Die Regierung entschied sich daher, das Bevölkerungswachstum durch ein Gesetz zu bremsen und gleichzeitig die Nahrungsmittelproduktion zu steigern. Wäre die Entwicklung so weitergegangen, würden in China heute weit mehr als 1,6 Milliarden Menschen leben.

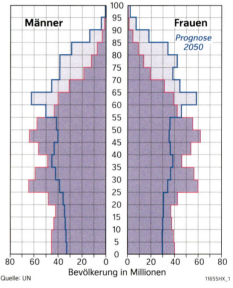

Quelle: UN

M5 Altersstrukturdiagramm Chinas (2017)

„Um das Bevölkerungswachstum zu begrenzen, gab es ab 1979 die Ein-Kind-Politik. Familien mit einem Kind erhielten viele Vergünstigungen, z.B. eine höhere Altersvorsorge und kostenlose medizinische Versorgung oder Bevorzugung in Kindergarten und Schule. Wurde ein zweites Kind geboren, musste die Familie mit Strafen rechnen (z.B. Geldstrafen, Kürzung des Arbeitslohnes, Rückzahlung aller beim ersten Kind erhaltenen Vergünstigungen). Aufgrund dieser Maßnahmen sank die Geburtenzahl deutlich. Experten schät-

M3 Eine Mutter aus Peking erzählt.

zen, dass ohne die Ein-Kind-Politik heute 300 Mio. Menschen mehr in China leben würden. Als Folge gibt es immer weniger junge Menschen. In einigen Jahrzehnten wird China mehrere Hundert Mio. Senioren versorgen müssen. Seit 1980 wurden in ländlichen Regionen mehr Jungen als Mädchen geboren. Heute kommen auf 100 neugeborene Mädchen 117 Jungen. Der Grund ist, dass nach Ansicht vieler Chinesen nur ein Sohn die Altersversorgung der Eltern gewährleisten kann. Mädchen werden hingegen häufiger abgetrieben."

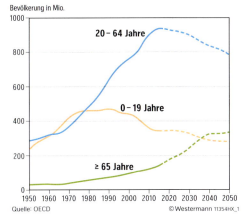

Quelle: OECD © Westermann 11354HX_1

M 6 Altersgruppen in China

M 8 Unterkunft von Wanderarbeitern in Peking

Mit dem wirtschaftlichen Aufschwung seit 1980 ist die Zahl an Migranten innerhalb Chinas stark angestiegen. Deren Menge entspricht gegenwärtig einem Drittel der weltweiten Binnenmigranten.

Ursachen für die Migration sind die Entstehung vieler Arbeitsplätze durch die Exportorientierung der Wirtschaft, ausländische Direktinvestitionen, der Bauboom und die Belebung des tertiären Sektors in den Städten an der chinesischen Ostküste. Diese wurden zum Ziel für Arbeiter aus ländlichen Gebieten angesichts dürftiger Einkünfte in der Landwirtschaft.

Die Neuankömmlinge sind jedoch konfrontiert mit Vorurteilen der städtischen Bürger, die sie als Kriminelle fürchten, gleichzeitig aber ihre Dienstleistungen in Anspruch nehmen. Die Mehrheit der Migranten arbeitet im informellen Sektor ohne vertragliche Absicherung. Ihre Unterkunft richtet sich nach ihrem Job: Bauarbeiter übernachten in Wohncontainern auf der Baustelle, Fabrikarbeitskräfte sind überwiegend in firmeneigenen Wohnheimen geschlechtergetrennt untergebracht, Inhaber kleiner Geschäfte übernachten in ihren Lager-, Produktions- oder Geschäftsräumen, denn bezahlbarer Wohnraum ist knapp und findet sich nur in Außenbezirken.

Eine Besonderheit sind Chinas auf mehr als 280 Mio. geschätzte Wanderarbeiter, die als niedrig entlohnte Arbeitskräfte zeitweise in den Wirtschaftszentren zur Verfügung stehen, dort aber nicht dauerhaft leben, sondern immer wieder in ihre Herkunftsregionen zurückkehren.

M 7 Binnenwanderung in China

Wanderarbeiter – so heißt in den glitzernden Millionenmetropolen an Chinas Ostküste die Unterschicht. [...] Für durchschnittlich 3572 Yuan (umgerechnet 453 Euro) im Monat putzen sie [...] die Straßen, kochen in Restaurants, schneiden Haare, fahren Taxi, ziehen Wolkenkratzer hoch und bauen am Fabrikband das neue iPhone zusammen. [...]

Der rasante Aufstieg der chinesischen Wirtschaft ist auch der Tatsache geschuldet, dass Chinas Wanderarbeiter heute noch immer sehr billige Arbeitskräfte sind. Ihnen geht es nicht viel besser als [...] am Anfang von Chinas wirtschaftlichem Aufstieg. Auch wenn sie das Registrierungssystem als „Arbeiter vom Lande" zählt, sind sie oft in den Städten an der Ostküste aufgewachsen oder dort sogar geboren. Doch die „Landarbeiter" sind Menschen zweiter Klasse geblieben, die für die Schulbildung ihrer Kinder anders als die Stadtbürger bezahlen müssen.

(Hendrik Ankenbrand: China geht brutal gegen seine Unterschicht vor. FAZ online, Frankfurt a. M., 03.12.2017)

M 9 Situation der Wanderarbeiter

11355HX_1
© Westermann
Quelle: The Center for Geographic Analysis 2018

M 10 Bevölkerungsverteilung und Binnenmigration

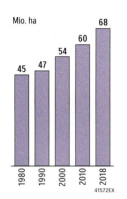

Mio. ha

45 47 54 60 68
1980 1990 2000 2010 2018

41572EX

M1 Bewässerte
Agrarfläche

M4 Braunes Nordwestchina (links) und Grünes Südchina (rechts)

Nahrung für 1,4 Milliarden Menschen

Wirtschaftlich ist China innerhalb weniger Jahre in die Weltspitze vorgedrungen. Aber noch immer besitzt die Landwirtschaft eine große Bedeutung und ein Großteil der Menschen lebt in Armut. Hinzu kommt die wachsende Bevölkerungszahl. Die Regierung steht vor der schwierigen Aufgabe, ihre Bevölkerung zu ernähren.

	städtische Haushalte		ländliche Haushalte	
	2013	2018	2013	2018
Getreide	121,3	110,0	178,5	148,5
Schweinefleisch	20,4	22,7	19,1	23,0
Hähnchen	8,1	9,8	6,2	8,0
Eier	9,4	10,8	7,0	8,4
Gemüse	103,8	103,1	90,6	87,5
Fisch	14,0	14,3	6,6	7,8

M2 Lebensmittelverbrauch (in kg pro Kopf)

Zeitraum	Anteil an Gesamt-bevölkerung (in %)
1990 – 1992	23,9
2000 – 2002	16,0
2010 – 2012	11,7
2014 – 2016	9,3
2016 – 2018	8,8

M6 Unterernährte Menschen in China

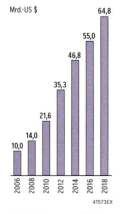

Mrd.-US $

10,0 14,0 21,6 35,3 46,8 55,0 64,8
2006 2008 2010 2012 2014 2016 2018

41573EX

M3 Lebensmittel-
importe Chinas

- schlechtes Image heimischer Produkte, z. B. durch Lebensmittelskandale
- begrenzte Kapazität der chinesischen Agrarwirtschaft
- vereinfachter Kauf ausländischer Güter durch Internethandel (E-Commerce)
- schnell wachsende städtische Mittelschicht mit höherer Kaufkraft
- Snacks und hochwertige Produkte als Geschenke beliebt
- Interesse an internationalen Trends, daher Konsum westlicher Lebensmittel
- gesteigertes Gesundheitsbewusstsein und höhere Ansprüche

M5 Gründe für steigende Importe

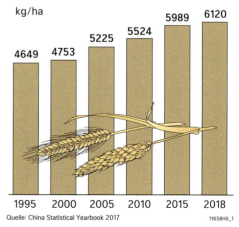

kg/ha

4649 4753 5225 5524 5989 6120
1995 2000 2005 2010 2015 2018

Quelle: China Statistical Yearbook 2017   11658HX_1

M7 Getreideertrag in China

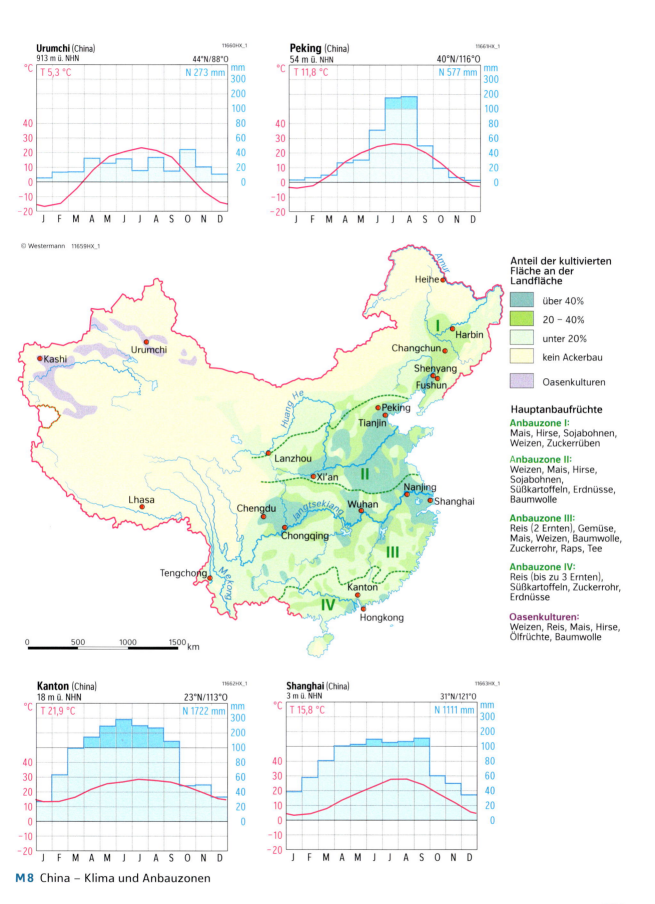

Urumchi (China)
913 m ü. NHN   44°N/88°O
°C T 5,3 °C   N 273 mm mm

Peking (China)
54 m ü. NHN   40°N/116°O
°C T 11,8 °C   N 577 mm mm

© Westermann 11659HX_1

Heihe
Amur
Kashi
Urumchi
Harbin
I
Changchun
Shenyang
Fushun
Huang He
Peking
Tianjin
Lanzhou
Xi'an
II
Nanjing
Shanghai
Lhasa
Chengdu
Jangtsekiang
Wuhan
Chongqing
III
Tengchong
Mekong
Kanton
IV
Hongkong

Anteil der kultivierten Fläche an der Landfläche

über 40 %

20 – 40 %

unter 20 %

kein Ackerbau

Oasenkulturen

Hauptanbaufrüchte

Anbauzone I:
Mais, Hirse, Sojabohnen, Weizen, Zuckerrüben

Anbauzone II:
Weizen, Mais, Hirse, Sojabohnen, Süßkartoffeln, Erdnüsse, Baumwolle

Anbauzone III:
Reis (2 Ernten), Gemüse, Mais, Weizen, Baumwolle, Zuckerrohr, Raps, Tee

Anbauzone IV:
Reis (bis zu 3 Ernten), Süßkartoffeln, Zuckerrohr, Erdnüsse

Oasenkulturen:
Weizen, Reis, Mais, Hirse, Ölfrüchte, Baumwolle

0   500   1000   1500 km

Kanton (China)
18 m ü. NHN   23°N/113°O
°C T 21,9 °C   N 1722 mm mm

Shanghai (China)
3 m ü. NHN   31°N/121°O
°C T 15,8 °C   N 1111 mm mm

M 8 China – Klima und Anbauzonen

M1 Der Bezirk Pudong (Bildhintergrund) im Jahr 1987 (links) und heute (rechts)

Chinas Städte im Wandel – Beispiel Shanghai

Vom wirtschaftlichen Aufstieg Chinas profitierten vor allem die Küstenregionen im Osten des Landes. Insbesondere Shanghai sollte zum führenden Wirtschafts- und Finanzzentrum ausgebaut werden. Dazu wies die Regierung 1990 den Stadtteil Pudong als Sonderwirtschaftszone aus. Von da an setzte ein rasanter Aufschwung ein, der bis heute andauert und das Stadtbild grundlegend verändert hat.

Getragen wurde der Aufschwung auch von zahlreichen Wanderarbeitern. Nach Schätzungen der Stadtverwaltung leben bis zu sechs Millionen von ihnen in Shanghai. Da sie sich oft illegal in der Stadt aufhalten, leben sie meist unter ärmlichen Bedingungen.

Shanghais östlich gelegener Bezirk Pudong ist das Wahrzeichen der aufstrebenden Metropole. Seit 1990 hat sich die ehemals landwirtschaftlich geprägte Region zum international bedeutendsten Zentrum Chinas entwickelt.

Pudong selbst besteht aus vier Teilen auf 522 km² Fläche: dem Finanz- und Handelszentrum Lujiazui, dem Exportgebiet Jinqiao, der Handelszone Waigaoqiao und dem Hightechpark Zhangjiang. Mit der Innenstadt ist Pudong über sechs Brücken und zehn Tunnel verbunden.

Pudong genießt als Sonderwirtschaftszone zahlreiche politische und wirtschaftliche Vorteile. So kann der Stadtteil durch Steuervergünstigungen ausländische Investoren anlocken und kapitalintensive Branchen ansiedeln, wie z.B. Bereiche der Automobilindustrie, Biotechnologie, Computer- und Mikroelektronik sowie Telekommunikation. Das BIP von Pudong stieg von ungefähr acht Millionen Euro im Jahr 1990 auf etwa 12 Milliarden Euro im Jahr 2019. Investiert wurde vor allem im tertiären Sektor. Dennoch hat der sekundäre Sektor mit seiner langen industriellen Tradition in Shanghai immer noch eine enorme Bedeutung. Inzwischen ist die Sonderwirtschaftszone stark erweitert worden. Mit 1 210 km² ist sie größer als die eigentliche Innenstadt Shanghais.

M2 Wanderarbeiter auf einer Baustelle

M3 Wirtschaftliches Zentrum Pudong

M4 Yangshan-Hafen

M7 Abriss für den Aufschwung

Die Häfen Shanghais an der Mündung des Jangtsekiang werden von den Gezeiten beeinflusst. Nur bei Flut können Schiffe anlegen. Da jedoch die Fracht- und Containermenge in Shanghais Häfen steigt, hat die Regierung den Bau eines neuen, gezeitenunabhängigen Tiefwasserhafens beschlossen. Dieser wurde mitten in der Hangzhou Bucht bei den Yangshan-Inseln gebaut. Ein Teil wurde 2005 bereits eröffnet. Seit der Fertigstellung im Jahr 2020 können an der elf Kilometer langen Kaianlage 50 Containerschiffe gleichzeitig festmachen. Die Verladung der Container erfolgt weitgehend automatisiert. Der Hafen von Yangshan liegt etwa 80 Kilometer südlich von Shanghai und ist mit dem Festland über die 32,5 Kilometer lange, sechsspurige Donghai-Brücke verbunden.

M5 Der neue Hafen Yangshan

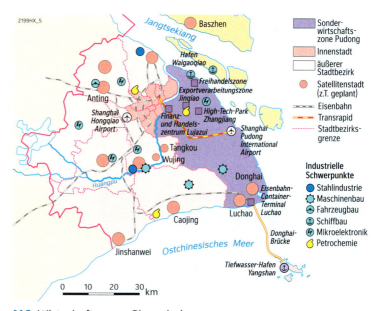

M8 Wirtschaftsraum Shanghai

„Seit Generationen wohnen wir hier in Shanghai. Doch vor drei Monaten kam ein Brief der Stadtverwaltung, dass unser Haus abgerissen werden soll. An der Stelle soll ein neues Bürogebäude errichtet werden. Als hätten wir nicht schon genug davon. Als ich mich beschwerte, wurde ich für eine Woche verhaftet. Die Stadt bietet uns zwar eine Entschädigung an, aber die ist viel zu gering. Davon können wir kein neues Haus kaufen. Meine Familie und ich wissen nicht, wo wir wohnen werden."

M6 Eine Bewohnerin berichtet.

M9 Einwohnerentwicklung Shanghais

M2 In einer Fabrik für Elektronikprodukte

© Westermann 41569EX

Arbeitskosten im sekundären Sektor
pro Arbeitnehmer und geleistete Stunde (in Euro)

Schweiz	51,5
Deutschland	41,0
USA	33,5
Japan	24,4
Kroatien	9,9
China	7,0
Philippinen	1,7

M4 Arbeitskosten im Vergleich (2018)

Von der Werkbank zum modernen Industriestaat

Kein anderes Land der Welt exportiert so viele Waren wie China. Zwei Drittel aller DVD-Rekorder und Fernseher, jede zweite Digitalkamera und jedes dritte Handy weltweit stammen aus China. Dazu kommen Computer, Notebooks, Haushaltsgeräte, Möbel und Sportartikel. Chinas Textil- und Spielzeugindustrie sind weltweit führend. China gilt zu Recht als „Werkbank der Welt". Ursache dafür sind die Wirtschaftsreformen seit Ende der 1970er-Jahre und die Einrichtung von Sonderwirtschaftszonen.

Diese führten zu einem beispiellosen Wirtschaftsaufschwung. Internationale Unternehmen wurden durch die sehr niedrigen Produktionskosten (z. B. geringe Löhne und Steuern sowie preiswerte Baugrundstücke) und durch die guten Exportmöglichkeiten (siehe auch M 3) in alle Welt angelockt. Textilien, Sportschuhe, Spielwaren, Fernseher und Unterhaltungselektronik können daher bei uns zu niedrigen Preisen angeboten werden. Allerdings gehen dadurch bei uns auch viele Arbeitsplätze verloren.

Exportgut	Anteil (in %)	Importgut	Anteil (in %)
Elektronik	26,9	Elektronik	24,0
Maschinen, mech. Geräte	16,7	mineralische Brennstoffe	16,6
Möbel, vorgefertigte Gebäude	4,0	Maschinen, mech. Geräte	9,2
Kunststoffe, Kunststoffprodukte	3,4	Erze	7,9
Zugmaschinen, Kraftwagen	3,0	fotograf. Apparate, Prüfinstrumente	4,8
Gesamtexport: 2500 Mrd. US-$		Gesamtimport: 2070 Mrd. US-$	

M1 Exporte und Importe Chinas (2019)

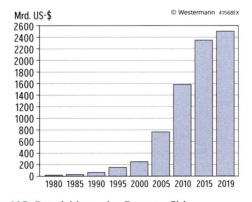

M3 Entwicklung der Exporte Chinas

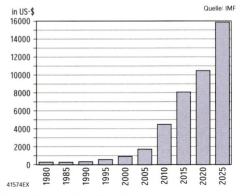

M5 BIP pro Kopf in China

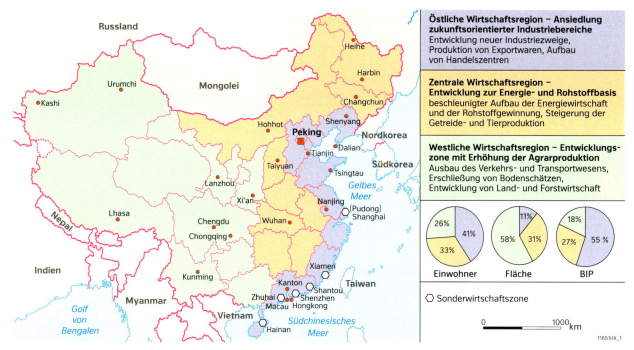

M6 Wirtschaftsregionen und Sonderwirtschaftszonen

China ist nicht nur als Produktionsstandort für internationale Unternehmen wichtig, sondern auch als Absatzmarkt. Das Land ist der größte Binnenmarkt der Welt. Die Chinesen verdienen immer mehr Geld und können sich daher auch immer mehr leisten. Inzwischen verkauft die deutsche Autoindustrie in China mehr Autos als in den USA oder in Deutschland. Dies bedeutet, dass bei uns viele Arbeitsplätze erhalten bleiben oder sogar neu entstehen.

Um weiterhin ihre Waren in China verkaufen zu können, bauen viele internationale Unternehmen wie Volkswagen, Siemens oder BASF in China Fabriken. Die chinesische Regierung fordert nämlich immer öfter, dass ein großer Teil der Waren in China gefertigt wird. So konnte das Luftfahrtunternehmen Airbus einen sehr großen Auftrag gegen einen Konkurrenten erst gewinnen, nachdem es dem Aufbau einer Fabrik in China zugestimmt hatte. Die chinesische Regierung möchte auf diese Art nicht nur Arbeitsplätze im Land schaffen, sondern vor allem technisches Wissen bekommen, das später zum Aufbau eigener moderner Industrien genutzt wird.

M7 China: Produktionsstandort und Absatzmarkt

M8 Erwerbstätige (links) und BIP (rechts) nach Wirtschaftssektoren in China (2019/2020)

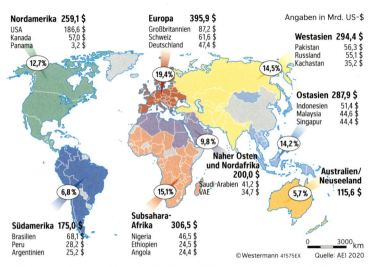

M1 Zielregionen chinesischer Investitionen und Bauvorhaben

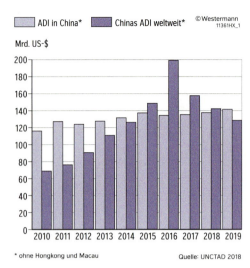

M3 Investitionen in und von China

Chinas Strategien zur Stärkung der Wirtschaft

Unternehmen aus China gehen in Europa so häufig wie nie zuvor auf Shoppingtour. Eingekauft werden europäische Marken- und Traditionsfirmen. Beispiele sind der Kauf von Volvo durch den chinesischen Autobauer Geely, die Übernahme des Computerherstellers Medion durch den chinesischen Computerriesen Lenovo oder der Kauf des Augsburger Roboterherstellers Kuka durch den chinesischen Haushaltsgerätekonzern Midea (2016). Doch die chinesischen Aktivitäten auf dem europäischen Markt bringen für die ansässige Wirtschaft nicht nur Vorteile sondern bergen auch Risiken, zum Beispiel die Konkurrenz durch Plagiate.

M4 Zielbranchen chinesischer Investitionen

Mitte 2015 verabschiedete die chinesische Regierung ein Programm für die Modernisierung der chinesischen Industrie: „Made in China 2025". Im Zentrum dieser staatlichen Technologiepolitik steht die Devise „Qualität statt Quantität". „Made in China" soll dann für Qualität stehen und nicht nur für den Export von billiger Massenware. China hat bereits heute sein Image als bloße „Werkbank der Welt", die nur Waren, wie z.B. Spielzeug, für den Export herstellt, abgelegt. Der Standort China wird teurer und der Schritt von der Produktion industrieller Güter hin zu Forschung und Entwicklung ist in vielen Bereichen vollzogen. Wenn chinesische Produkte mit hochwertiger Qualität überzeugen, wird das Land im Spitzentechnologiebereich, wie z.B. Flug-, Solar- und Medizintechnik, Telekommunikation, Hybridtechnologie etc. zu einem Konkurrenten, der beim Erwerb von Know-how auch auf Unternehmensaufkäufe im Ausland setzt. Und „Made in China 2025" ist nur eine Etappe.

Bis zum 100. Geburtstag der Volksrepublik im Jahr 2049 will das Land zur führenden Industrienation aufsteigen.

M2 Made in China 2025

M5 Ein Roboter wird programmiert.

M7 Ein Kuka-Roboter macht einen per App bestellten Kaffee.

Für den Zoll ist es Routine. Im vergangenen Jahr haben seine Mitarbeiter bundesweit 5 066 261 Fake-Produkte beschlagnahmt: Uhren, Schuhe, Kleidung, Kopfhörer, Taschen, Parfüms, Tabletten, Potenzpillen. Insgesamt waren es 50 Prozent mehr als im Jahr zuvor. Die meisten kamen per Post [...]. Dahinter steckt ein grundlegender Wandel der Fälscher-Industrie. [...] Das Geschäftsmodell hat sich digitalisiert. Die Fälscher ködern ihre Käufer in sozialen Netzwerken und verschicken ihre Produkte in Kleinsendungen, direkt an den Endkunden.

Laut einer Studie der OECD werden pro Jahr gefälschte Waren im Wert von über 500 Milliarden Dollar gehandelt. Die Fake-Economy macht so viel Umsatz wie Apple und Amazon zusammen. Und sie wird immer globaler. 2013 betrug ihr Anteil am Welthandel 2,5 Prozent. Drei Jahre später waren es schon 3,3 Prozent. Das US-Magazin Forbes hält das Geschäft mit den Fakes für einträglicher als den Drogen- oder Menschenhandel. Es sei die „größte kriminelle Unternehmung der Welt". Verantwortlich sind vor allem Anbieter aus einem Land: China. Laut OECD stammen 63 Prozent der Fälschungen aus der Volksrepublik. Andere Schätzungen gehen von bis zu 80 Prozent aus. Das ist auch ein Grund für den Handelskrieg zwischen den USA und China. Denn den größten Schaden richten die Fakes dort an, wo die meisten Markenhersteller ihren Sitz haben: in den USA und in Europa.

(Felix Rohrbeck, Christian Salewski: Die Fake-Industrie. Zeit online, Hamburg, 21.08.2019)

M6 Vorwürfe an China

Erstmals geben die beiden Midea-Chefs Paul Fang und Andy Gu mit Kuka-Chef Till Reuter ein Interview. [...]

Wer steckt hinter Midea? Wird das Unternehmen wie andere chinesische Konzerne staatlich beeinflusst?

Fang: „Midea ist ein in China börsennotiertes, privates Unternehmen. Rund 20 % unserer Aktien befinden sich sogar im Besitz ausländischer Investoren. Wir sind also nicht staatlich beeinflusst. [...]

Kuka steht für Hochtechnologie. Wie sieht es hier bei Midea aus? Kühlschränke und Waschmaschinen sind ja nicht unbedingt High-Tech.

Fang: Aber wir haben auch mehr als 20 Leute, die im amerikanischen Silicon Valley sitzen und sich mit künstlicher Intelligenz beschäftigen. Wir arbeiten intensiv daran, Haushaltsgeräte „smart" zu machen – stellen Sie sich beispielsweise vor, Ihr Kühlschrank sendet Ihnen eine Nachricht auf dem Weg nach Hause [...].

Dennoch: Warum haben sie als Haushaltsgeräte-Konzern ausgerechnet einen Roboterbauer gekauft?

Gu: Der chinesische Markt für Haushaltsgeräte ist stark gesättigt. Wir sehen hier für die Zukunft nicht so große Wachstumschancen. Deshalb wollen wir uns mit Kuka ein neues Standbein mit enormen Wachstumschancen aufbauen.

Warum wächst der chinesische Robotermarkt so rasant?

Gu: Weil es einen enormen Nachholbedarf an Automatisierungslösungen gibt. Die Arbeitskosten sind in China massiv gestiegen, vom Jahr 2000 bis heute um unglaubliche 700 Prozent. [...]

Reuter: An Kuka hat Midea vor allem fasziniert, dass Kuka für deutsche Hochtechnologie steht, exzellente Facharbeiter und Ingenieure hat sowie über ein gutes Management verfügt. Daneben sehen die Midea-Verantwortlichen ein großes Potenzial in unserer Firma, das es zu heben gilt. Schließlich ist China weltweit der größte Markt für Automatisierung.

(Stefan Stahl: Deshalb haben die Chinesen Kuka gekauft. Augsburger Allgemeine online, Augsburg, 20.01.2017)

M8 Kuka – ein begehrtes Unternehmen aus dem Roboterbau

M1 Erster Containerzug von Weihai nach Duisburg (15.09.2017)

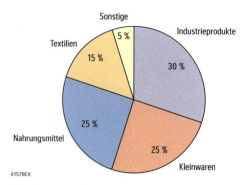

Welche Güter werden auf den neuen Seidenstraßen mit der Eisenbahn transportiert?

Sonstige 5 %
Textilien 15 %
Nahrungsmittel 25 %
Kleinwaren 25 %
Industrieprodukte 30 %

41578EX

M3 Transportierte Waren (2019)

Die neuen Seidenstraßen

Schon in der Antike verband ein als Seidenstraße bezeichnetes Wegenetz China mit Zentral- und Südostasien sowie den arabischen Staaten und Europa. Unter dem Namen Belt and Road Initiative (BRI) bauen in der Gegenwart chinesische Fachleute Häfen, Airports, Eisenbahnen, Telekommunikationseinrichtungen, Pipelines und weitere Infrastruktureinrichtungen.

Die chinesische Regierung hat bisher über 800 Milliarden US-Dollar zur Verfügung gestellt, um den Handel mit 65 Ländern zu ermöglichen beziehungsweise zu intensivieren. Weitere vier Billionen US-Dollar sollen folgen. Die chinesischen Pläne erstrecken sich auf einen Raum, in dem etwa zwei Drittel der Weltbevölkerung leben. Viele sehen darin auch einen neuen Machtanspruch Chinas auf der politischen Weltbühne.

Seit fünf Jahren endet die neue Seidenstraße in Duisburg. [...] 35 Züge kommen jede Woche an. [...] Fast 6000 Container aus dem riesigen asiatischen Land, die Textilien, Elektrogeräte, Industriebedarf und Spielzeug nach Europa bringen, kurz alles, was sich dort preiswert herstellen und hier gut verkaufen lässt. [...] Dann geht es nonstop zurück Richtung China: 11000 Kilometer durch Polen, Kasachstan, Weißrussland und fast ganz China. 13 Tage dauert die Tour jedes Mal. [...] Von Duisburg aus werden die Waren per Binnenschiff oder Bahn in Europa weiterverteilt, ein kleinerer Teil landet dann doch noch auf dem Lkw [...]. Doch es gibt gleich mehrere Haken in der schönen neuen Handelswelt. Zum einen: Die randvoll beladenen Züge fahren meist leer zurück. Ein Zug hatte nur einen beladenen Container in dieser Woche [...]. Da bleibt noch viel zu tun, auch um die dadurch schlechte Ökobilanz zu verbessern.

Der zweite Haken ist der des wachsenden Einflusses [...]. Den klammen Staaten an der Strecke hat China mit Krediten unter die Arme gegriffen, um den Schienenweg instand zu setzen und zu halten. 90 Milliarden Euro sollen geflossen sein, genaue Zahlen gibt es nicht. Und wer Kredite nimmt, ist dem Kreditgeber verpflichtet. [...] Und: Die Chinesen investieren in Europa. Viele Firmen werden aufgekauft oder es gibt Mehrheitsbeteiligungen.

(Thomas Münten: Wie Duisburg von der neuen Seidenstraße profitiert. ZDF online, Mainz, 26.04.2019)

M4 Neue Wege – ein Gewinn für alle?

INFO

Von April 2020 bis April 2021 wurden während der Corona-Pandemie über 466 Container per Zug von China nach Duisburg transportiert. Darin waren z. B. auch Schnelltests im Wert von 45 Mio. US-Dollar.

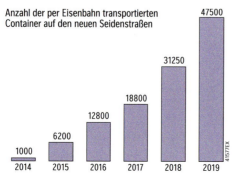

Anzahl der per Eisenbahn transportierten Container auf den neuen Seidenstraßen

2014	2015	2016	2017	2018	2019
1000	6200	12800	18800	31250	47500

41577EX

M2 Containertransport per Eisenbahn

M5 Neue Wirtschaftskorridore zwischen China, Afrika und Europa (Auswahl)

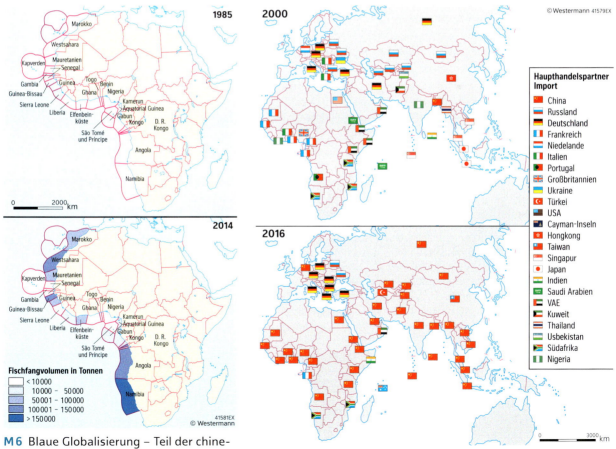

M6 Blaue Globalisierung – Teil der chinesischen Wirtschaftsstrategie

M7 Veränderungen im Welthandel

189

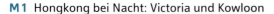

M1 Hongkong bei Nacht: Victoria und Kowloon

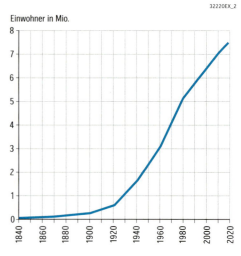

Einwohner in Mio.

M3 Bevölkerungsentwicklung in Hongkong

32220EX_2

Hongkong – ein historisch-politischer Sonderfall

Die Region um Hongkong wurde sehr früh besiedelt, die ältesten Funde sind 6000 Jahre alt. Im 15. Jahrhundert begannen Europäer, sich für die Region zu interessieren. Grund dafür waren Produkte wie Tee und Seide. Wegen der günstigen Lage wurde Hongkong als Handelsstützpunkt intensiv genutzt, zunächst von Portugiesen, dann von den Briten. Nach dem 1. Opiumkrieg (1839 – 1842) musste das chinesische Kaiserreich Hongkong an die Briten abgeben.

Hongkong gewann unter britischem Einfluss an wirtschaftlicher Bedeutung gegenüber dem international weiterhin abgeschotteten China. Als 1949 die Kommunisten die Macht in China übernahmen, flohen Tausende Menschen nach Hongkong, um dem kommunistischen System zu entkommen.

In den 1980er-Jahren verlangte der chinesische Staatschef Deng Xiaoping eine Rückgabe von ganz Hongkong an die Volksrepublik China. Als Kompromiss bot er Sonderrechte für die Region an, was unter dem Namen „Ein Land, zwei Systeme" bekannt wurde. Seit 1997 steht Hongkong wieder unter chinesischer Verwaltung. Währung ist jedoch immer noch der Hongkong-Dollar.

Vor einem Jahr hatten viele Hongkonger große Hoffnungen auf eine demokratische Zukunft. Noch Anfang Dezember 2019 gingen Hunderttausende auf die Straße – demonstrierten gegen den wachsenden Einfluss der autoritären chinesischen Regierung im eigentlich autonom regierten Hongkong, für mehr Demokratie und gegen das als brutal empfundene Vorgehen der Polizei bei den vielen, manchmal gewalttätigen Protesten 2019. Auch Anfang 2020 gab es noch Demonstrationen, wenn auch mit weniger Teilnehmern als zuvor. [...]

Als Reaktion auf die monatelangen Massenproteste von 2019 erließ der Nationale Volkskongress in Peking – das einmal im Jahr tagende Scheinparlament Chinas – im Mai das umstrittene Sicherheitsgesetz für Hongkong. [...] Das Gesetz erlaubt es den chinesischen Behörden erstmals auch, eigene Sicherheitsstrukturen in Hongkong aufzubauen – an den Hongkonger Behörden und den bisherigen rechtsstaatlichen Strukturen vorbei. Es ist der bislang tiefste Eingriff Pekings in die Autonomie Hongkongs, die der Region per völkerrechtlichem Vertrag mit Großbritannien bis 2047 zugesichert worden war.

(Ruth Kirchner: Mehr Repression statt mehr Demokratie. Deutschlandfunk online, Köln, 23.12.2020)

M2 Politische Situation in Hongkong heute

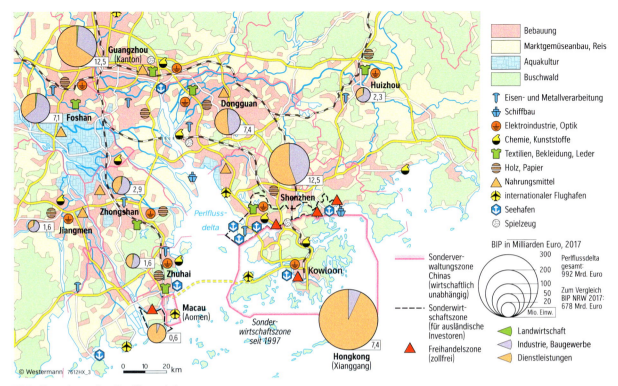

M4 Hongkong im Perlflussdelta

In Hongkong haben selbst die Wohnhäuser 60 Stockwerke. Ein Apartment reiht sich an das andere. In den unteren Etagen gibt es Supermärkte und Restaurants, sogar Postämter und Kindergärten finden sich. „Vertikale Dörfer" nennen Architekten diese Bauten, in denen auch Liang Lu lebt. Die 24-Jährige wohnt seit zwei Jahren hier und fühlt sich wohl, selbst wenn sie sich mit 15 Quadratmetern begnügen muss. Sie hat ein Mobiltelefon und ein Fernsehgerät, doch die meisten Produkte, für die überall in Hochglanzprospekten geworben wird, kann sie sich nicht leisten. Ihr kleiner Wohlstand ist hart erarbeitet. Sie arbeitet meist 70 Stunden pro Woche, bei einem Monatsverdienst von umgerechnet 700 Euro.

Den Job als Facharbeiterin in einem IT-Betrieb zu verlieren, wäre für sie eine Katastrophe. Denn Hongkong gehört zu den teuersten Städten der Welt und Arbeitslosengeld wird hier nicht gezahlt. Dennoch möchte Liang Lu nicht woanders wohnen. „Wir Chinesen sind es gewohnt, eng aufeinander zu leben", beteuert sie. Dass das Zusammenleben in diesen Wohnsilos so gut funktioniert – meist gibt es nicht einmal Graffiti an den Wänden – führt sie darauf zurück, dass hier einfach nichts unbemerkt bleibt. „Außerdem leben wir nach den religiösen Grundsätzen des Konfuzianismus, der Achtung vor dem Staat und fremdem Eigentum gebietet und in dem die Familie das Wichtigste im Leben darstellt."

M5 Frau Liang aus Hongkong

M6 Wohnen in Kowloon

M7 Markt in Kowloon

191

Starthilfen

Kapitel 1 – Weltbevölkerung

Seite 9, Aufgabe 1a/b:
Beziehe z. B. Merkmale des Reliefs, des Klimas, der Wasserversorgung, der Lage bei der Entscheidung ein.

Seite 9, Aufgabe 5:
Recherchiere die Fläche Mallorcas (Atlas, Internet) und rechne die Fläche in Quadratmeter um (1 000 000 m² = 1 km²). Wie viele Menschen müssten sich 1 m² teilen?

Seite 13, Aufgabe 4:
Beziehe auch die Prognosen zur Weltbevölkerung ein (S. 10, M 1).

Seite 14, Aufgabe 1a:
Überlege, welche Bevölkerungsgruppen auf Unterstützung angewiesen sind.

Seite 17, Aufgabe 3:
Gehe in drei Schritten vor:
1. Beschreibe die Karikatur möglichst genau. Achte auf Einzelheiten.
2. Erkläre die einzelnen Bildelemente: Was bedeuten Sie? Auf welche Probleme wird aufmerksam gemacht? Was soll bei den Betrachtenden erreicht werden?
3. Beurteile die Karikatur und nimm Stellung zum Thema: Ist die Aussage gelungen? Stimmst du mit der Aussage der Karikatur überein?

Seite 21, Aufgabe 5:
Orientiere dich dabei an folgenden Punkten:
- Ursache von Kinderehen
- Folgen für die Mädchen, die in Kinderehen leben müssen
- Verbreitung von Kinderehen auf der Erde
- Folgen von Kinderehen für die Fertilitätsrate

Seite 23, Aufgabe 5:
Nutze für deine Stellungnahme die Concept-Map aus Aufgabe 4.

Seite 24, Aufgabe 1b:
Deinen ökologischen Fußabdruck kannst du z. B. auf einer der folgenden Seiten (Stand Juni 2021) bestimmen:
- www.fussabdruck.de
- www.footprintcalculator.org
Ein Vergleich der Ergebnisse beider Seiten bietet sich an.

Kapitel 2 – Globale Disparitäten

Seite 31, Aufgabe 2b:
Um die unterschiedlich großen Zahlen zwischen BIP und BIP pro Kopf in einem Diagramm vergleichbar darstellen zu können, wurden die Werte für das Basisjahr 1980 auf 100 % gesetzt. Die Werte für die Folgejahre beziehen sich jeweils auf das Basisjahr. Das BIP gesamt hat sich z. B. Ende der 1980er-Jahre gegenüber dem von 1980 verdoppelt.

Seite 37, Aufgabe 2a:
Diskutiert, welche Grenzen ihr für die drei Kategorien niedrig, mittel und hoch wählt. Ihr könnt auch zwei verschiedene Karten erstellen und untersuchen, wie sich die Aussage über den Entwicklungsstand der Welt ändert.

Seite 39, Aufgabe 2:
Bedenke dabei, dass es in jedem Land eigene kulturelle Entwicklungen gab und dass die Menschen verschiedene Wertmaßstäbe (materieller Wohlstand, Glück usw.) haben können.
(Chile kennst du aus der Raumanalyse in Klasse 8. Australien kennst du vielleicht aus dem Englisch-Unterricht. Über Südafrika erfährst du etwas in M 18 bis M 22 auf S. 49.)

Seite 41, Aufgabe 3a:
Überlegt in eurer Kleingruppe Stichpunkte für eure Rollenkarte. Vertreter/-innen verschiedener Siedlungsformen („normale" Wohnsiedlung, Favela, Gated Community) können zum Beispiel auch gegen ihre Siedlungen sein. Beachtet auch die Sichtweisen von Menschen verschiedener Altersgruppen. Am Rollenspiel nimmt je eine Person jeder Kleingruppe teil. Die anderen bilden die Zuschauer/-innen der Stadtratssitzung.

Seite 44, Aufgabe 1:
Die ausgewählte Leitfrage dient als Überschrift deiner problemorientierten Analyse. Sichte erst alle Materialien der nächsten beiden Doppelseiten und erstelle einen kurzen Schreibplan, welche Materialien du für welche der vier Raumkonzepte nutzen kannst. Beispiel:
- Raumkonzept Container in M 4, M 5, M 7, …

Kapitel 3 – Migration

Seite 61, Aufgabe 2a:
Du kannst bei der Analyse folgendermaßen vorgehen:

1. Legende studieren: Das gibt dir einen ersten Überblick über die Inhalte der Karte.
2. Differenzierte Beschreibung: Beschreibe die verschiedenen Elemente der Karte, die sich aus der Legende ergeben.

Seite 63, Aufgabe 3:
Du solltest zusätzlich zwischen ökonomischen, politischen und sozialen Folgen differenzieren.

Seite 67, Aufgabe 3:
Bedenke, was das Verfahren eigentlich aussagt: Der Asylantrag kann nur in dem europäischen Land gestellt werden, das als erstes betreten wird. Wo betreten Flüchtlinge zwangläufig hauptsächlich zum ersten Mal europäischen Boden? Berücksichtige dazu deine Ergebnisse aus Aufgabe 1.

Seite 69, Aufgabe 3:
Gehe auf positive und negative ökonomische, politische und soziale Folgen ein.

Seite 72, Aufgabe 6:
Ein Kampagnenposter sollte folgende Kriterien erfüllen:
• spannender / interessanter Titel oder Werbeslogan
• Übersicht über die positiven Aspekte (Pull-Faktoren)
• angemessene Sprache für die vorgesehene Zielgruppe
• attraktives Layout und Design

Seite 74, Aufgabe 2:
Du solltest die Bewertung aus der Sicht Kanadas und aus der Sicht eines potenziellen Einwanderers vornehmen. Gehe dabei jeweils auf positive und negative Aspekte ein.

Seite 77, Aufgabe 2:
Nutze die Informationen aus dem Wirkungsgefüge aus Aufgabe 1b. Welche Wechselwirkungen gibt es zwischen Tragfähigkeit, Ernährungssicherung und Migration?

Kapitel 4 – Verstädterung

Seite 83, Aufgabe 1a:
Achte z. B. auf Art und Anlage der Gebäude bzw. der Straßen, auf Gewerbe- bzw. Industrieflächen oder auf Hinweise zur Landschaft.

Seite 85, Aufgabe 1b:
Mögliche Städte könnten sein Hamburg, München, Frankfurt, Wien, Paris.

Seite 85, Aufgabe 2b:
Nordamerikanische Städte sind in der Regel viel jünger als orientalische und mitteleuropäische. Sie besitzen daher kein jahrhundertealtes historisches Zentrum.

	Gemeinsamkeiten	Unterschiede
Anlage des Zentrums		
Straßennetz		
religiöse Bauten		
Lage der Wohnviertel		
Gewerbe/ Industrie		
...		

Seite 89, Aufgabe 3:
Achtet besonders auf die ungewöhnliche Anordnung der Kreisdiagramme. Beginnt mit dem untersten Kreis, der Darstellung für das Jahr 1800. Der überwiegende Teil ist durch eine ländliche Bevölkerung geprägt. Der städtische Anteil liegt hier unter 10 %.

Seite 91, Aufgabe 3:
Beispiele für die Positionen könnten sein: Regierungsmitglied, Industriearbeiterin, Jugendlicher, Stadtgeographin, Handwerker, Besitzer eines Industriebetriebs, Studentin usw.

Seite 93, Aufgabe 1:
Für die Lagebeschreibung kommen politische (z. B. Bundesstaat), topographische (z. B. Lage zum Meer, zu Gebirgen) und physisch-geographische (z. B. Klima, Vegetation) Aspekte in Frage.

Seite 93, Aufgabe 3:
Mögliche Orte für die Erkundung per Street View sind das Gebiet westlich der Polizeistation von Malabar Hill, die Larmington Road (z. B. Ecke MS Ali Road) oder die Avenue 3 (z. B. Ecke Street Numer 10). Beachte dabei, dass es an vielen Orten nur 360°-Fotos gibt.
Vergleiche z. B. Bebauungsdichte, Straßen / Wege, Grundstücksgrößen, Grünflächen bzw. Gärten usw.

Seite 94, Aufgabe 1b:
Recherechiere im Internet Informationen zur Geschichte von Görlitz.

Kapitel 5 – Stadtentwicklung

Seite 103, Aufgabe 2:
Beispiele gibt es in Wuppertal, Hamburg, Berlin, München, Wien, New York, Chicago usw. Geht auf Bauzeit, Streckenlänge, beförderte Personenzahl, Kosten, technische Probleme usw. ein.

Seite 104, Aufgabe 3:
Gehe auf Städte, Streckenlänge, Kreisverkehre usw. ein. Außerdem bietet sich ein Vergleich zu Deutschland an. Du kannst auch eigene Karten gestalten.

Seite 111, Aufgabe 3:
Recherchiere dabei z. B. zur Nutzung von Freiflächen, Industriebrachen, usw. sowie zu Festlegungen zur zukünftigen Verteilung der Flächen.

Kapitel 6 – Globalisierung

Seite 119, Aufgabe 3a:
Erstelle eine Tabelle mit den Kategorien Lebensmittel, Kleidung, Verkehrsmittel, technische Geräte (z. B. Smartphone, Laptop, TV) und Medien (z. B. Serien, Musik).

Seite 119, Aufgabe 4:
Überlege, welche Vorteile günstiger Transport und günstige Kommunikation für die globale Produktion besitzen.

Seite 121, Aufgabe 3b:
Nutze dein Wissen über die Globalisierung von den Seiten 118/119. Wie kann eine globale Vernetzung gelingen?

Seite 123, Aufgabe 3:
Bezieht bei euren Überlegungen unter anderem folgende Stichpunkte mit ein: Attraktivität für Touristen, Veränderungen der Mietpreise, Attraktivität für Global Player, Veränderung des Stadtbildes durch neue Gebäude.

Seite 125, Aufgabe 3:
Der Begriff tri stammt aus dem lateinischen und bedeutet „drei". Mit dem Begriff Handelstriade wird daher eine Dreiecksbeziehung im Handel angedeutet.

Seite 132, Aufgabe 4:
Bezieht in eure Überlegungen z. B. folgende Aspekte mit ein: Herkunftsländer der Touristen sowie Attraktivität durch Landschaft, Klima und Kultur.

Kapitel 7 – Digitalisierung

Seite 147, Aufgabe 5c:
Welchen Einfluss hat die industrielle Entwicklung auf Produktion und Beschäftigte? Wie könnte sich die Situation in Polen bzw. in Niederschlesien entwickeln (M1, M3)?

Seite 154, Aufgabe 3:
Mögliche Ansatzpunkte der Analyse sind die Aspekte Verkehr, digitale Infrastruktur, Arbeitsplätze und Unternehmen.

Seite 154, Aufgabe 5:
Als deutsche Smart Citys gelten z. B. Aachen, Berlin, Darmstadt, Hamburg, Heidelberg, Karlsruhe, Köln, München, Osnabrück und Stuttgart.

Kapitel 8 – Räume in Europa

Seite 169, Aufgabe 3:
Stellt in dem Flyer Forderungen auf, die eurer Meinung nach für eine Verbesserung der Situation sorgen würden.

Seite 171, Aufgabe 2:
Euer Projektantrag kann z. B. aus der Sicht eines Tourismusunternehmens oder einer Kommune, die die Infrastruktur verbessern will, verfasst werden. Für die Standortsuche solltet ihr auch das Internet und Dienste wie Google Maps bzw. Google Earth nutzen.

Kapitel 9 – Raumanalyse China

Seite 175, Aufgabe 2a:
Bei einer naturräumlichen Gliederung sollten Naturgegebenheiten wie geologische Merkmale, Oberflächenformen, Klima, Gewässer und Vegetation beschrieben werden.

Operatoren und Formulierungshilfen

Dein Seydlitz-Erdkundebuch enthält viele verschiedene Aufgaben mit unterschiedlichen Arbeitsanweisungen. Damit du sicher bist, was von dir erwartet wird, werden die wichtigsten Arbeitsanweisungen hier genau erklärt: Außerdem findest du ab Anforderungsbereich 2 einige Formulierungshilfen.

Anforderungsbereich 1

Beschreiben heißt, du sollst Eigenschaften und Beziehungen von Gegenständen bzw. Vorgängen darstellen, z.B.: *Beschreibe die Entwicklung der Schiffsgrößen.*

Charakterisieren heißt, du stellst etwas mit seinen typischen Merkmalen vor, z.B.: *Charakterisiere den Onlinehandel in Deutschland.*

Nennen heißt, du sollst etwas aufzählen, ohne es zu erklären, z.B.: *Nenne Gründe für Teenagerschwangerschaften.*

Anforderungsbereich 2

Begründen heißt, dass du für einen bestimmten Sachverhalt Argumente herausfinden und aufschreiben sollst, z.B.: *Begründe, warum Mumbai als Metropole bezeichnet wird.*
Formulierungshilfen: *Zuerst kann erwähnt werden, dass… Aus diesem Grund… Daher kann man sagen… Das ist wichtig, weil…*

Erklären heißt, du stellst einen Sachverhalt so dar, dass Voraussetzungen, Gründe und Folgen deutlich werden, z.B.: *Erkläre das Prinzip der Layer, auf dem GIS beruhen.*
Formulierungshilfen: *Zuerst werden… Dann erfolgt… Danach wird… Deshalb ist… Zum Schluss gelangt…*

Erläutern heißt, du beschreibst mit Beispielen Gesichtspunkte, sodass Beziehungen klar werden, z.B.: *Erläutere Ursachen für die weltweiten Mobilitätsprobleme in Großstädten.*
Formulierungshilfen: *Es gibt verschiedene Merkmale, damit… Außerdem wirkt sich die… positiv aus. Weiterhin trägt… dazu bei, dass… Durch die Eigenschaften…*

Vergleichen heißt, du sollst Unterschiede und Gemeinsamkeiten zwischen zwei oder mehreren Sachverhalten oder Räumen erfassen und verdeutlichen, z.B.: *Vergleiche das Wanderungssaldo der Bundesländer.*
Formulierungshilfen: *Gemeinsamkeiten gibt es z.B.… Dagegen sind folgende Punkte unterschiedlich… Ähnlich sind aber… Insgesamt gibt es also mehr…*

Anforderungsbereich 3

Beurteilen heißt, du bildest dir eine begründete Meinung auf der Grundlage vieler Informationen, die du vorher gegeneinander abwägst, z.B.: *Beurteile Chancen und Risiken des Tourismus für die Entwicklung Kroatiens.* Beim **Bewerten** ist darüber hinaus eine persönliche Stellungnahme erforderlich.
Formulierungshilfen: *Für die Maßnahmen spricht… Ein weiterer Grund ist die Tatsache… Außerdem gibt es… Schließlich kann man noch ergänzen… Das alles spricht dafür, dass…*

Diskutieren heißt, du stellst die Gründe für und gegen einen Sachverhalt einander gegenüber, dabei kannst du mit deiner Klasse verschiedene Meinungen austauschen mit dem Ziel, ein gemeinsames Ergebnis zu erhalten, z.B.: *„Die Begrenzung des Bevölkerungswachstums Pakistans wird auf dem Land entschieden“. Diskutiere diese Aussage.*
Formulierungshilfen: *Auf der einen Seite spricht… dafür, dass… Andererseits muss man beachten, dass… Wegen der… bin ich der Meinung, dass… dagegen spricht aber… Wenn man die Gründe für und gegen die Maßnahme / Regelung / Tatsache vergleicht / abwägt komme ich zu dem Ergebnis, dass…*

Erörtern heißt, du betrachtest eine Frage oder ein Problem von vielen Seiten und fällst ein begründetes Urteil durch das Abwägen von Pro- und Kontra-Argumenten, z.B.: *Erörtere den Einsatz digitaler Unterstützung in der Landwirtschaft.*
Formulierungshilfen: *Das Problem des / der… kann man von mehreren Seiten betrachten, z.B. muss man festhalten, dass… Man muss aber auch berücksichtigen, dass… Schließlich spielt auch noch eine Rolle, dass…*

Stellung nehmen heißt, du formulierst eine eigene, begründete Meinung oder eine Beurteilung, z.B.: *Nimm Stellung zu der Situation der Flüchtlinge.*
Formulierungshilfen: *Ich bin der Meinung / vertrete den Standpunkt / beurteile die Frage…, weil in der Karte / im Material / im Text…*

Geo-Lexikon

absolute Armut (S. 32)
Mit weniger als 1,90 US-$ pro Tag gilt man als absolut arm. Das Überleben ist kaum möglich, da unausgewogene Ernährung und fehlende Kleidung als Schutz zu Krankheiten führen. Auch Arztbesuche sind z. B. meist nicht möglich.

Altersstruktur (S. 14)
Die Altersstruktur beschreibt die Zusammensetzung der Bevölkerung eines Raumes nach gewissen Altersklassen. Eine gängige Klasseneinteilung lautet: unter 15 Jahre, 15 bis unter 65 Jahre, 65 Jahre und älter.

Anökumene (S. 8)
Die Gebiete der Erde, die für den Menschen aufgrund topographischer und klimatischer Bedingungen nicht langfristig bewohnbar sind, werden als Anökumene bezeichnet. Ausnahmen sind z. B. Forschungs- oder Wetterstationen.

Asylantrag (S. 67)
Unter Asyl versteht man die zeitlich begrenzte Aufnahme von Menschen, die in ihrem Land verfolgt werden. Sie können in einem anderen Land Asyl beantragen, um dort Schutz zu finden.

Bad Governance (S. 62)
Als Bad Governance wird die schlechte Regierungsführung eines Landes bezeichnet. Sie ist durch wenig Transparenz und Mitspracherecht sowie fehlenden Rechtsschutz für die Bevölkerung und Korruption gekennzeichnet.

Bebauungsplan (S. 111)
Der Bebauungsplan legt fest, was wo gebaut werden darf, ohne dabei aber alle konkreten Nutzungen enthalten zu müssen. Bebauungspläne werden von Gemeinden aufgestellt und sind für alle verbindlich. Bauvorhaben müssen daher vor Baubeginn genehmigt werden.

Bevölkerungsdichte (S. 8)
Die Bevölkerungsdichte zeigt an, wie viele Menschen durchschnittlich auf einer bestimmten Fläche leben. Sie kann z. B. für eine Stadt oder für ein Land berechnet werden. Meistens wird die Bevölkerungsdichte in Einwohner pro km² angegeben.

Binnenmigration (S. 72)
Die Migration (Wanderung) innerhalb eines Staates oder einer Region heißt Binnenwanderung. Gemeint ist z. B. der Umzug eines Menschen von der Ost- an die Westküste der USA, um einen neuen Job anzutreten. Die Binnenwanderung setzt sich aus Zuzügen und Fortzügen zusammen.

Braindrain (S. 63)
Der Prozess der Abwanderung qualifizierter Arbeitskräfte wird Braindrain (engl.: Brain = Gehirn, drain = Abfluss) genannt. Die Emigranten (Auswanderer) sind oftmals Fachkräfte bzw. Menschen mit einem höheren Bildungsabschluss, wie z. B. Wissenschaftler, Computerspezialisten oder Ärzte. Wenn diese ihr Heimatland verlassen, fehlen sie dort als wichtige Arbeitskräfte.

Braingain (S. 63)
Der Begriff Braingain beschreibt die Vorteile, die durch Zuwanderung hoch qualifizierter Menschen im Zielland entstehen. Solche Vorteile sind etwa die Reduzierung des Fachkräftemangels und die Einsparung der Ausbildungskosten.

Bruttoinlandsprodukt (S. 30)
Das Bruttoinlandsprodukt gibt den Wert aller Produkte und Dienstleistungen an, die in einem Jahr hergestellt beziehungsweise geleistet wurden. Für das Bruttoinlandsprodukt pro Kopf wird dieser Wert durch die Einwohnerzahl des Landes dividiert.

CBD, Central Business District (S. 85)
Der CBD ist das (Geschäfts-)Zentrum nordamerikanischer Großstädte und ähnelt der City in Deutschland. Es umfasst zahlreiche und vielfältige Einzelhandelsangebote sowie ein hochwertiges Dienstleistungsangebot (u.a. im Finanzwesen). Auch kulturelle und öffentliche Einrichtungen, wie z. B. Theater und Behörden, finden sich hier.

demographisch (S. 10)
Die Demographie ist die Wissenschaft, die sich mit der Entwicklung sowie der Zusammensetzung einer Bevölkerung beschäftigt. Fachbegriffe, die mit dem Adjektiv demographisch versehen sind, stehen folglich immer im Zusammenhang mit der Bevölkerung.

demographischer Übergang (S. 12)
Das Modell des demographischen Übergangs ist eine Darstellung der Bevölkerungsentwicklung von Staaten oder Gesellschaften. Es beschreibt vor allem die Bevölkerungsentwicklung von Staaten in Nordamerika und Europa in fünf Phasen. Das Modell beginnt in der vorindustriellen Zeit mit hohen Geburten- und Sterberaten und endet in der heutigen Zeit mit niedrigen Geburten- und Sterberaten.

demographischer Wandel (S. 16)
Der demographische Wandel beschreibt Veränderungen der Bevölkerungsstruktur in einem Land. Dabei geht es um Veränderungen von Geburten- und Sterberaten, Altersstruktur, bei Zu- und Fortzügen sowie bei den Anteilen von Inländern, Ausländern und Eingebürgerten in einem Land.

Digitalisierung (S. 140)
Der Begriff Digitalisierung beschreibt einerseits den technischen Aspekt der computergestützten Erfassung, Bearbeitung, Speicherung und Übermittlung von Informationen. Die Digitalisierung stützt sich dabei auf technische Neuerungen bei Computern, Software und sonstiger Infrastruktur (z. B. Internetzugang). Andererseits umfasst der Begriff Digitalisierung in einem weiteren Sinne den Einfluss der digitalen Technologien auf unseren Alltag, auf die Gesellschaft und auf den Raum. Das spiegelt sich etwa in veränderten Verhaltensweisen, z. B. Homeschooling, oder auch im Sinne der Raumwirksamkeit durch einen erhöhten Energieverbrauch wider.

Disparitäten (S. 30)
Disparitäten bezeichnen die Unausgeglichenheit der Lebensbedingungen und der Entwicklungsmöglichkeiten in verschiedenen Regionen der Erde.

Entwicklungszusammenarbeit (S. 54)
Darunter werden Maßnahmen zur Unterstützung des wirtschaftlichen Wachstums und der sozialen Entwicklung in Entwicklungsländern verstanden.

eurozentrisch (S. 38)
Der Eurozentrismus ist eine Sichtweise, bei der andere Länder und Kulturen aus einer europäischen Perspektive heraus eingeordnet und bewertet werden. Die vor allem geschichtliche Entwicklung Europas sowie daraus hervorgegangene Normen und Werte werden als Maßstab genutzt, um andere Länder und Kulturen zu vergleichen und zu beurteilen.

Fachkräftemangel (S. 72)
Man redet von einem Fachkräftemangel, wenn eine bedeutende Anzahl von Arbeitsplätzen für Arbeitnehmer mit bestimmten Qualifikationen nicht besetzt werden kann, weil auf dem Arbeitsmarkt keine entsprechend qualifizierten Fachkräfte zur Verfügung stehen.

Favela (S. 40)
Als Favela wird in Brasilien ein Elendsviertel bezeichnet, dessen Hütten ohne Genehmigung errichtet wurden.

Meistens befinden sich die Favelas am Rand großer Städte. Teilweise verfügen Favelas sogar über Strom- oder Wasseranschlüsse.

Fertilitätsrate (S. 11)
Das ist die Anzahl der Lebendgeborenen, die eine Frau zur Welt bringt.

Gated Community (S. 41)
Als Gated Community wird eine Wohnanlage der wohlhabenderen Bevölkerung bezeichnet, die z. B. durch Sperrzäune und Wachdienste von der Umgebung getrennt ist. Häufig ist der Grund dieser Abschottung die Furcht vor Verbrechen.

Geburtenrate (S. 11)
Unter Geburtenrate versteht man die Zahl der Lebendgeborenen pro 1 000 Einwohner in einem Jahr.

Gender Development Index, GDI (S. 34)
Wie der HDI zeigt dieser Index Ungleichheiten in den Ländern der Erde auf, allerdings mit Fokus auf die Geschlechtergerechtigkeit. In die Berechnungen fließen Indikatoren zur Gesundheit, zu Wissen und zum Lebensstandard ein.

Geographisches Informationssystem, GIS (S. 36)
Ein GIS ist eine datenbankbasierte IT-Anwendung, mit der räumliche Daten erfasst, verwaltet und ausgewertet werden können. Es können beispielsweise alle Straßen einer Stadt erfasst und mit Informationen zur zulässigen Geschwindigkeit und zu Ampeln ergänzt werden, um den schnellsten Weg zwischen zwei Orten zu berechnen.

Global City (S. 120)
Eine Global City ist eine Stadt mit weltweiter Bedeutung vor allem in den Bereichen Wirtschaft, Politik, und Kultur. In ihr leben Menschen aus vielen verschiedenen Ländern. Als Global Citys der heutigen Zeit gelten vor allem New York, London, Paris und Tokio.

Global Governance (S. 134)
Um Probleme zu lösen, die nicht nur lokal, sondern global auftreten, braucht es mehrere weltweite Institutionen, die zusammenarbeiten. Es werden gemeinsam Prinzipien, Gesetze und Regeln formuliert. Die Global Governance versucht, diese aufrechtzuerhalten, um gemeinsam Lösungswege zu finden.

Global Player (S. 126)
Ein Unternehmen, das seine Waren auf der ganzen Welt produziert beziehungsweise verkauft, wird Global Player

genannt. Aber auch Firmen der Informationstechnologie oder aus der Finanzwirtschaft können Global Player sein, wenn sie global vertreten sind. Beispiele sind Apple, Nestlé, Alphabet oder die Deutsche Bank.

Globaler Süden (S. 38)
Dieser Begriff ist als neutrale, wertfreie Alternative für sonst als Entwicklungs- und Schwellenländer bezeichnete Staaten gedacht. Zugleich soll die Benachteiligung in den Bereichen Politik und Wirtschaft auf einer globalen Ebene in den Vordergrund gerückt werden, anstatt auf nationale Entwicklungsprobleme zu fokussieren.

Globalisierung (S. 118)
Globalisierung meint den Prozess der weltweiten Verflechtung der Staaten der Erde untereinander, der durch moderne Kommunikationsmittel gefördert wird. Der Begriff wird vor allem bezüglich der Wirtschafts- und Handelsbeziehungen verwendet, gilt aber auch für Bereiche wie Kultur und Politik.

Homeoffice (S. 148)
Personen, die in ihren privaten Räumlichkeiten ständig oder gelegentlich einer Erwerbstätigkeit nachgehen können, befinden sich im Homeoffice, also im „Büro zu Hause". Dies erfordert meist die Ausstattung mit einem Telefon oder Smartphone, einem Computer oder Laptop und einem Internetzugang.

Human Development Index, HDI (S. 134)
Der HDI (deutsch: Index der menschlichen Entwicklung) ist ein Maß für den Entwicklungsstand von Staaten. Neben dem Bruttoinlandsprodukt (pro Kopf) fließen der Bildungsstand und die Lebenserwartung der Bevölkerung in den Index ein. Daraus ergibt sich ein Wert, der zwischen 0 und 1 (höchste Entwicklung) liegt.

Immobilie (S. 110)
Häuser, die fest mit dem Untergrund verbunden sind, sowie Grundstücke zählen zu den Immobilien. Man kann sie nicht bewegen (lat.: immobilia = Unbewegliches), weshalb auch von unbeweglichem Sachgut gesprochen wird.

Internet der Dinge (siehe Info S. 154)
Der Begriff beschreibt den Austausch von Informationen zwischen Geräten, die zum Teil global miteinander über das Internet vernetzt sind. Damit können die Geräte voneinander lernen und Prozesse verbessert werden.

just in sequence (S. 146)
Die Just-in-sequence-Produktion ist eine Erweiterung der Just-in-time-Produktion. Die angelieferten Teile werden in der Reihenfolge, in der sie montiert werden sollen, bereits vorsortiert. Das mit der Endmontage betraute Unternehmen informiert daher die Zulieferer über die benötigten Einzelteile.

just in time (S. 146)
Die Just-in-time-Produktion ist eine bestimmte Art der Herstellungsweise von Waren, z. B. von Autos. Dabei werden zugelieferte Teile genau zur richtigen Zeit und in passender Menge geliefert und weiterverarbeitet. Damit wird unter anderem eine enorme Verkürzung des Arbeitsprozesses sowie eine Einsparung teurer Lagerkapazitäten erreicht.

Lebenserwartung (S. 15)
Die Lebenserwartung ist das durchschnittliche Alter, das ein Mensch eines bestimmten Geburtsjahres erreichen kann. Entscheidend für die Höhe der Lebenserwartung sind das Geschlecht sowie der Zugang zu Lebensmitteln und zu medizinischer Versorgung.

Lieferkette (S. 134)
Der Begriff Lieferkette beinhaltet alle Lieferanten, die einen Beitrag daran haben, dass ein Produkt oder eine Dienstleistung beim Kunden ankommt. Bei der Produktion eines Smartphones würden z. B. die Lieferanten der Erze oder der einzelnen Bauteile einen Teil der Lieferkette darstellen.

Luftschadstoff (S. 108)
Luftschadstoffe nennt man gefährliche Bestandteile der Luft. Sie schaden nicht nur der menschlichen Gesundheit, sondern gefährden auch Tiere, Pflanzen, Gewässer und Böden. Zu den Schadstoffen gehören z. B. Stickoxide und Schwefeloxide. Sie entstehen u. a. bei Verbrennungsprozessen (Industrie, Verkehr, Haushalte, Landwirtschaft).

Mangelernährung (S. 22)
So wird die unzureichende Ernährung infolge fehlender oder in nicht ausreichender Menge vorhandener lebensnotwendiger Stoffe, z. B. Eiweiß und Vitamine, genannt.

Megacity (S. 86)
Als Megacity bezeichnet man im Allgemeinen große Städte mit mehr als zehn Millionen Einwohnern. 2020 existierten weltweit 33 Megacitys bzw. Agglomerationsräume (siehe S. 88 M1).

Metropole (S. 90)
Eine Metropole ist ein Zentrum der Politik, der Wirtschaft, der Kultur, der Bildung und des Verkehrs. Sie hat daher eine überragende Bedeutung für die Region,

das ganze Land oder gar weltweit. In ihr befinden sich z. B. große Banken und Versicherungen, internationale Unternehmen und kulturelle Einrichtungen.

Migration (S. 60)
Migration beschreibt einen dauerhaften oder zeitweiligen Wohnsitzwechsel aus einer Herkunftsregion in eine Zielregion.

Migrationshintergrund (S. 68)
Mit Migrationshintergrund ist gemeint, dass eine Person oder deren Vorfahren nicht in dem Land geboren wurden, in dem die Person lebt.

Mobilität (S. 102)
Die Beweglichkeit von Personen oder Gruppen heißt Mobilität. Mobilität drückt eine große Bereitschaft aus, aus beruflichen oder privaten Gründen, den Wohnort zu wechseln, also z. B. vom Land in die Stadt zu ziehen. Auch die Bereitschaft, als Pendler weite Strecken zwischen Wohnort und Arbeitsplatz zurückzulegen oder in entfernte Länder zu reisen, kann man als Mobilität bezeichnen.

multinationaler Konzern (S. 142)
Wenn ein Unternehmen in verschiedenen Ländern sowohl Produkte herstellt als auch verkauft (bzw. Dienstleistungen anbietet), wird es als multinationaler Konzern bezeichnet. (Ein Unternehmen, das nur in einem Land produziert und dann in verschiedene Länder exportiert, wird als internationales Unternehmen bezeichnet. Entscheidend ist also das Vorhandensein von Tochterfirmen in verschiedenen Ländern, in die auch investiert wird.)

natürliches Bevölkerungswachstum (S. 11)
Das natürliche Bevölkerungswachstum ist die Differenz zwischen der Anzahl der Lebendgeburten und der Anzahl der Sterbefälle in einem bestimmten Zeitraum. Die Migration wird dabei nicht berücksichtigt.

NGO, Non-Governmental Organisations (S. 134)
NGOs (deutsch: Nicht-Regierungs-Organisationen) sind staatsunabhängige Interessenverbände und Vereinigungen aus der Zivilgesellschaft, die sich insbesondere zu sozial- und umweltpolitischen Themen (z. B. zu Umweltschutz, Menschenrechten) engagieren. Sie arbeiten in demokratischen Strukturen und sind nicht gewinnorientiert.

ökologischer Fußabdruck (S. 24)
Der ökologische Fußabdruck ist eine Messgröße, um den Verbrauch an natürlichen Ressourcen (Nahrungsmitteln, Energie, Wasser usw.) durch den Menschen zu berechnen. Er beziffert die Fläche, die nötig ist, um einen einzelnen Menschen in einem bestimmten Raum ein Jahr lang mit allen Gütern und Dienstleistungen zu versorgen.

Ökumene (S. 8)
Die Ökumene umfasst den Teil der Erde, der dauerhaft oder zumindest zeitweise von Menschen besiedelt ist. Dort müssen Bedingungen herrschen, die ein Leben ermöglichen, dazu zählt z. B. die landwirtschaftliche Nutzbarkeit des Gebietes. Die Grenzen zur Anökumene sind etwa aufgrund der Nutzbarkeit neuer Technologien oder Landschaftsveränderungen im Zuge des Klimawandels fließend.

Onlinehandel (S. 142)
Der Onlinehandel umfasst den Kauf und Verkauf von Produkten und Dienstleistungen über das Internet.

orientalisch (S. 85)
Der Orient beschreibt einen Kulturraum, der ungefähr den Nahen Osten und teilweise den Mittleren Osten umfasst. Diesen Kulturraum kennzeichnen Gemeinsamkeiten im religiösen, sprachlichen und auch städtebaulichen Bereich. Eine orientalische Stadt zeichnet sich unter anderem durch das Vorhandensein eines Basars sowie zahlreicher Moscheen und einen unregelmäßigen Grundriss mit vielen Sackgassen und Innenhofgebäuden aus.

Outsourcing (S. 148)
Outsourcing bedeutet, dass ein Unternehmen Arbeiten, die bisher Festangestellte erledigt haben, an andere Firmen vergibt. Diese können die Arbeiten besser oder meistens kostengünstiger erledigen.

perforierte Stadt (S. 95)
Die perforierte Stadt ist ein Modell der Stadtenwicklung für schrumpfende Städte. Ziel der Stadtentwicklung sollte sein, diese Städte so zu gestalten, dass z. B. punktuell unbewohnte Gebäude abgerissen werden, um mehr Freiraum zu schaffen. Die Stadt soll weniger dicht bebaut sein und Freiflächen bieten, um damit wieder attraktiver für die Bewohner zu werden und neue anzulocken.

Pull-Faktor (S. 60)
Als Pullfaktoren bezeichnet man Gründe, die bewirken, dass Menschen in eine Region ziehen. Dies können z. B. höhere Löhne oder eine bessere Lebensqualität sein.

Push-Faktor (S. 60)
Pushfaktoren sind solche Aspekte, die die Menschen dazu bewegen, ihre Heimat zu verlassen, wie z. B. hohe Arbeitslosigkeit oder geringe Bildungsmöglichkeiten.

relative Armut (S. 32)

In sogenannten Wohlstandsgesellschaften wie Deutschland gibt es praktisch keine absolute Armut, es sei denn, man verzichtet auf staatliche Hilfe oder kann sie nicht beanspruchen (ohne Wohnsitz). Hier begegnet uns relative Armut: Menschen, die im Vergleich zu anderen arm sind, gelten als relativ arm. In Deutschland wird die Grenze bei 60 % des mittleren Einkommens gezogen – der Familienstand spielt auch eine Rolle.

Segregation (S. 92)

Oft spalten sich einzelne soziale Gruppen, vor allem in Siedlungseinheiten, auf und grenzen sich anschließend in bestimmten Fällen voneinander ab. Die einzelnen Gruppen haben häufig Gemeinsamkeiten. Sie sprechen die gleiche Sprache, kommen aus dem gleichen Land oder haben eine gemeinsame Kultur. In manchen Fällen ist die Segregation erzwungen, z. B. wenn eine soziale Gruppe von anderen ausgeschlossen wird. Teils kann die Segregation auch erwünscht sein (Gated Communitys).

Slum (S. 93)

Ein Slum ist ein städtisches Armutsviertel, das oft ungeplant und aufgrund von Wohnungsnot durch die Bewohner angelegt wurde. Der Begriff stammt aus dem Englischen und bedeutet schmutzige Gasse oder Elendsviertel. Oft befinden sich Slums an Orten, die für Wohnbebauung ungeeignet sind, wie z. B. an Berghängen oder in Überschwemmungsgebieten.

Smart City (S. 154)

Der Begriff Smart City fasst technologische Veränderungen und Innovationen in Städten zusammen. Er wird für Städte verwendet, die versuchen, fortschrittlicher, nachhaltiger und sozialer zu werden.

sozialer Wandel (S. 106)

Unter sozialem Wandel versteht man Veränderungen von gesellschaftlichen Strukturen. Dazu gehören Arbeitsverhältnisse, die soziale Schichtung, Familienformen, religiöse Vorstellungen, Traditionen, aber auch Veränderungen von Sprache, Bildung, Moden und vielem mehr.

Stadt (S. 82)

Eine Stadt ist eine Siedlung mit einer je nach Land unterschiedlichen Mindestzahl an Einwohnern. Außerdem ist sie Versorgungs- und Verwaltungszentrum für das Umland.

Sterberate (S. 11)

Sie ist die Zahl der Gestorbenen pro 1 000 Einwohner in einem Jahr.

Tragfähigkeit (S. 24)

Die Tragfähigkeit eines Lebensraumes ist gegeben, wenn die Organismen, wie z. B. die Menschen, in diesem Lebensraum so leben, dass sie dort unbegrenzt lange existieren können, ohne Schaden zu verursachen. Ist ein Lebensraum so sehr geschädigt, dass dort kein Leben mehr möglich ist, ist die Tragfähigkeit ausgeschöpft.

Unterernährung (S. 22)

So wird die unzureichende Versorgung mit Nahrungsmitteln genannt. Der tägliche Energiebedarf kann nicht gedeckt werden. Auf Dauer führt dies zu einer erheblichen Schwächung des Körpers, zu Krankheit oder gar zum Tod.

Vereinte Nationen (S. 10)

Die Vereinten Nationen (engl.: United Nations, abgekürzt UN; manchmal auch UNO von United Nations Organization) sind eine 1945 gegründete, weltumspannende Vereinigung von Staaten zum Zweck der Zusammenarbeit und der Sicherung des Friedens.

Verstädterung (S. 88)

Verstädterung (Urbanisierung) meint das Anwachsen und die Ausbreitung von Städten nach Anzahl, Einwohner und Fläche. (Der Begriff Urbanisation beschreibt dagegen die Ausbreitung städtischer Lebens- und Verhaltensweisen.)

Wachstumsrate (S. 11)

Sie ist die Differenz von Geburten- und Sterberate. Ist die Geburtenrate höher als die Sterberate, erfolgt ein natürliches Bevölkerungswachstum.

Welthandel (S. 124)

Der Welthandel umfasst den zwischenstaatlichen Handel von Gütern und Dienstleistungen auf der Welt.

Welthandelsorganisation, WTO (S. 52)

Die WTO (englisch: World Trade Organization) wurde 1995 gegründet und hatte im Jahr 2021 164 Mitgliedsstaaten. Sie ist ein Teil der Vereinten Nationen und soll einen gesetzlichen Rahmen für die weltweiten Wirtschafts- und Handelsbeziehungen schaffen.

Wohnraumverfügbarkeit (S. 110)

In bestimmten Gebieten, wie z. B. Städten, gibt es auf einer begrenzten Fläche manchmal nicht genug Wohnungen für alle, die eine Wohnung brauchen. Oder die Wohnungen sind zu teuer, sodass sich nicht alle eine Wohnung leisten können. Der Wohnraum ist also nicht für alle Einwohner verfügbar.

AKTIV-REGISTER

Disparitäten auf der Erde darstellen 31
Wir planen einen Fahrradschnellweg 105
Wie global lebe ich? 130

METHODEN-REGISTER

Wir werten Altersstrukturdiagramme aus 15
Wir recherchieren Informationen über ein Land 25
Wir arbeiten mit einem Geographischen Informationssystem 36
Wir erstellen ein Lebensliniendiagramm 64
Wir werten Medien aus und bilden uns eine Meinung 70
Wir gliedern Städte mithilfe von Modellen 84
Wir arbeiten mit dem Wertequadrat – Entwicklungen kritisch bewerten 133
Wir erstellen eine Mental-Map 141
Wir gewichten Argumente mit einer Argumentationswippe 149
Wir bearbeiten kollaborativ Aufgaben 165
Wir gestalten ein Portfolio 176

SPANNEND-REGISTER

Kritik am Modell des demographischen Übergangs 13
Kanada – Vorbild für die Gestaltung von Zuwanderung? 74
Indien – Fachkräfte für die Welt? 75
Megacitys: Herausforderungen für die Zukunft 96
Masdar City – Ökostadt der Superlative? 112
Verändertes Reiseverhalten durch soziale Netzwerke 152
Wirtschaftsbericht zu Süditalien 163

Erde – physische Karte

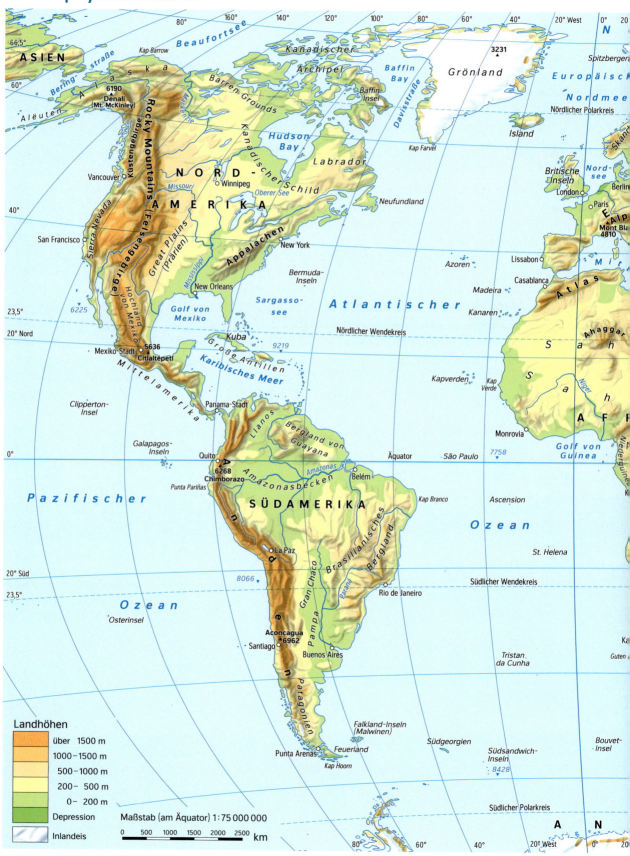

Landhöhen

- über 1500 m
- 1000 – 1500 m
- 500 – 1000 m
- 200 – 500 m
- 0 – 200 m
- Depression
- Inlandeis

Maßstab (am Äquator) 1 : 75 000 000

0   500   1000   1500   2000   2500   km

China – physische Karte

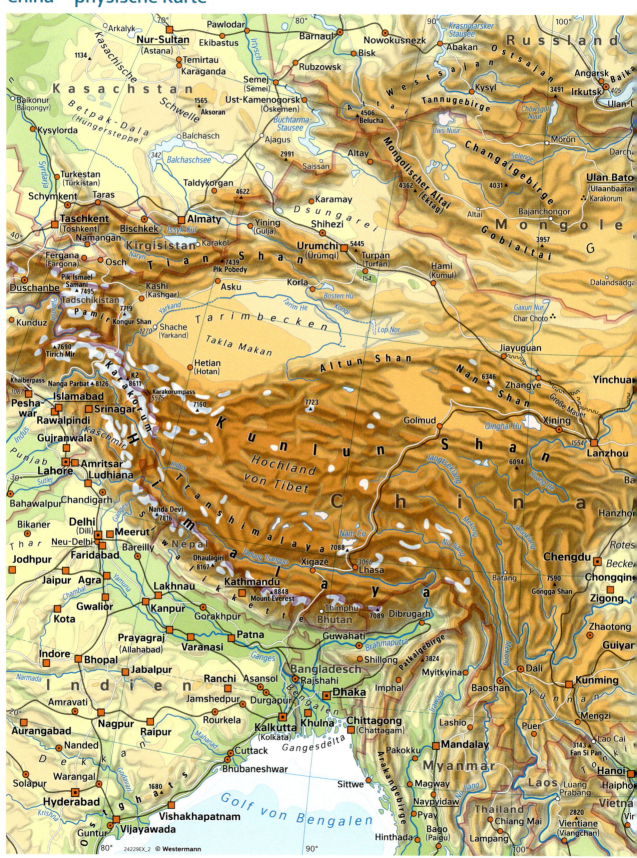

24229EX_2 © Westermann

Landhöhen
(in Meter)

	Gletscher
	über 5000
	3000 – 5000
	1500 – 3000
	1000 – 1500
	500 – 1000
	200 – 500
	100 – 200
	0 – 100
	unter 0

8848 ▲ Berghöhe

Meerestiefen
(in Meter)

	0 – 200
	200 – 2000
	2000 – 4000
	4000 – 6000
	unter 6000

7507 ▽ Tiefen-angabe

Gewässer

〰 Fluss ┅ Kanal

◠ See ◠ Salzsee

Verwaltung

━━ Staatsgrenze

╌╌ umstrittene Staatsgrenze

Peking Hauptstadt

Orte (Einwohner)

▣	über	5 000 000
◼	1 000 000 –	5 000 000
◉	500 000 –	1 000 000
●	100 000 –	500 000
○	20 000 –	100 000
○	unter	20 000

Verkehr

━━ Eisenbahn

┈┈ Fernstraße

0   200   400   600 km

Erde – politische Karte

Bildnachweis

|123RF.com, Hong Kong: 191.1; Hakala, Tero 98.2. |Aerophoto-Schiphol b.v., Schiphol: Marco van Middelkoop 110.1. |Alamy Stock Photo, Abingdon/Oxfordshire: Dinodia Photos 3.3, 29.1; FreeProd 129.2; Gargasz, Norma Jean 62.2. |Alamy Stock Photo (RMB), Abingdon/Oxfordshire: Babii, Anatolii 151.4; Dagnall, Ian 151.3. |Baaske Cartoons, Müllheim: 17.1. |BPW Bergische Achsen KG, Wiehl: Stretz, Jockel 147.1. |Bronder, Frank, Trier: 4.6, 4.7, 116.1, 117.1. |Diercke WebGIS: 36.1, 37.1, 37.2, 99.1. |fotolia.com, New York: 45.3; derejeb 45.6; Dollars 118.1; lexaarts 145.5; majivecka 14.1, 14.2, 14.3; Papa Bravo 45.2; Renate W. 49.6; Schafer, Rudolf 30.5. |Getty Images, München: Filippo Romeo 108.1. |Google Maps: 171.2. |Güttler, Peter - Freier Redaktions-Dienst, Berlin: 189.1. |Güttler, Peter - Freier Redaktions-Dienst (GEO), Berlin: 123.1, 175.3, 183.3. |Haitzinger, Horst, München: 79.2. |HüttenWerke, Klaus Kühner, Hamburg: 85.2. |Imago, Berlin: Boethling, Joerg 64.2; China Foto Press 129.1; Xinhua/Tang Ke 188.1, 188.3. |iStockphoto.com, Calgary: Creative-Family 180.3; Deepak Sethi 156.2; dietrichherlan 153.2; DjelicS 89.1; EdStock2 49.1; FatCamera 3.5, 59.1; fazon1 191.2; Givaga 4.1, 80.1; gustavofrazao 41.2; ioseph 128.2; luxizeng 182.2; MangoStar_Studio 161.3; Marcus Lindstrom 89.2; Meinzahn 137.1; nesneJkraM 86.2; Nikada 183.2; NNehring 3.6, 58.2; Nordroden 4.2, 81.1; peeterv 86.1; PeopleImages 132.4; Photo Beto 62.1, 144.2; pigphoto 177.2; pius99 180.2; Rafael_Wiedenmeier 106.1; RichLegg 3.2, 7.1; RightFramePhotoVideo 121.2; Rostislavv 115.2; SDI Productions 44.1; searagen 95.3; Sky_Blue 183.1; Stocktrek Images Titel; superjoseph 177.1; Thomas_EyeDesign 105.1; trekandshoot 96.2; wmaster890 160.2; wonry 182.3; yangna 124.1; zbruch 4.8, 4.9, 4.10, 4.11, 4.12, 4.13, 4.14, 4.15, 4.16, 4.17, 4.18, 4.19, 4.20, 4.21, 4.22, 4.23, 4.24, 4.25, 4.26, 4.27, 4.28, 4.29, 4.30, 4.31, 4.32, 4.33, 4.34, 4.35, 4.36, 4.37, 4.38, 4.39, 4.40, 4.41, 116.2, 116.3, 116.4, 116.5, 116.6, 116.7, 116.8, 116.9, 116.10, 116.11, 116.12, 116.13, 116.14, 116.15, 116.16, 117.2, 117.3, 117.4, 117.5, 117.6, 117.7, 117.8, 117.9, 117.10, 117.11, 117.12, 117.13, 117.14, 117.15, 117.16, 117.17, 117.18, 117.19, 117.20; zodebala 160.1. |Karto-Grafik Heidolph, Dachau: 9.1, 9.2, 10.2, 11.1, 15.1, 15.2, 16.1, 18.1, 18.2, 20.1, 22.1, 23.1, 23.3, 26.5, 27.1, 27.2, 27.3, 32.3, 40.2, 45.1, 53.1, 54.2, 54.4, 63.1, 66.2, 70.1, 70.2, 70.3, 70.4, 72.1, 72.2, 73.1, 75.1, 76.4, 85.1, 87.1, 92.2, 94.3, 94.4, 95.1, 118.2, 118.4, 119.1, 120.1, 121.1, 125.2, 127.1, 127.2, 128.1, 130.1, 131.1, 132.2, 132.3, 136.6, 145.1, 146.1, 146.2, 146.3, 146.4, 148.1, 149.1, 150.1, 151.1, 151.2, 152.2, 152.3, 153.3, 155.1, 161.1, 163.2, 166.2, 166.3, 170.2, 178.2, 180.1, 180.4, 180.5, 181.1, 181.2, 181.3, 181.4, 183.4, 184.2, 185.1, 185.2, 185.3, 186.1, 188.2, 188.4. |Kartographie Michael Hermes, Hardegsen Hevensen: 55.2, 108.2. |Kindernothilfe e.V., Duisburg: Konzept & Design GUTE BOTSCHAFTER GmbH, copyright Kindernothilfe 43.1. |laif, Köln: Rosenthal, Daniel 50.1; Torfinn, Sven 129.3. |Mithoff, Stephanie, Ahorn: 26.4, 42.1, 42.2, 42.3, 42.4, 141.1, 156.1. |Morgeneyer, Frank, Leipzig: 31.1. |Müller, Bodo, Bartensleben: 34.1. |NASA, Washington: https://earthobservatory.nasa.gov/features/NightLights/page3.php 211.1. |Picture-Alliance GmbH, Frankfurt a.M.: AA/Stringer 175.2; abaca 112.1; AP Photo 71.1; Bildagentur-online/Blend Images/Isakson, Erik 5.2, 139.1; blickwinkel/Blossey, H. 126.1; dpa-infografik GmbH 125.1; dpa/Ali_Haider 113.1; dpa/dpa-Zentralbild/Schutt, Martin 167.1; dpa/dpaweb/epa Reynolds, Michael 76.3; dpa/HPIC/Guoqing, Lian 178.1; dpa/lnw/Gambarini, Federico 142.2; dpa/Sheehan, Michael 47.1; dpa/Stratenschulte, Julian 187.2; EPA/Hong, Wu 179.1; Newscom/CHINA NATIONAL SPACE ADMINISTRAT 174.1; Pacific Press/Sasso, Fabio 163.1; Photoshot 30.1, 175.1; REUTERS/China Stringer Network 182.1; REUTERS/ERIK DE CASTRO 10.1; REUTERS/Pfaffenbach, Kai 64.1; Vorwerk, Marc/SULUPRESS.DE 23.2; Waelischmiller, Anke/SVEN SIMON 68.1; XinHua/Cai Yang 174.2; XinHua/Eskinder Debebe/UN Photo 121.3; ZUMA Press/Coleman, Ernest 118.3. |Shutterstock.com, New York: 88studio 38.1; Artinescu, Ilie-Adrian 169.1; Avatar_023 76.1; Babakin, Roman 122.2; bodnar.photo 129.4; Brester, Irina 103.2; Bromberg, Klaus Oskar 102.2; canyalcin 76.2; Cavalleri, Richard 49.3; clicksabhi 57.1; Dozier, Mark 35.1; Economou, Nicolas 3.4, 58.1; Fernandes, Costa 40.1; fizkes 136.1; Hilario Junior 50.2; Jaxons 49.9; Jazzmany 78.1; Kalinichenko, Oleksandr 49.4; Kanokratnok 48.1; Kitiphong Pho30 4.5, 101.1; Larina Marina 136.2; LMspencer 113.2; Lukas Bischoff Photograph 5.5, 159.1; MaraZe 136.3; meunierd 45.5, 46.1; Moshe EINHORN 168.2; nexus 7 134.1; Palenque 49.5; Rohde, Gabriele 136.4; roibu 168.1; Stock, Pit 132.1; sunsinger 103.1; Teguh Jati Prasetyo 38.2; Tohuwabohu1976 73.2; Tynik, Marina 78.2; Ververidis Vasilis 102.1; waupee08 136.5; Yapasphoto StefClement 57.3; Yatra 77.2. |stock.adobe.com, Dublin: 2xSamara.com 110.2; AA+W 5.4, 139.2; Abugrafie 145.4; Adams, Andrew 57.2; Alexakis 153.1; Alexander 8.1; alexandra 166.1; alexdndz 154.4; andreykr 90.1; annacovic 104.1, 105.2; Anthony 95.2; anzebizjan 3.1, 6.1; AS Photo Project 19.1; Bittner, Gerhard 49.2; BlinkingDogProd. 8.2; Blue Planet Studio 5.3, 138.2; Burlingham 108.3; contrastwerkstatt 61.1; Dabravolskas, Donatas 78.3; David 98.1; Delphotostock 26.3; Doloh 4.4, 81.2; Ernst, Daniel 41.1; Es sarawuth 5.1, 138.1; Everett, Bart 89.3; Fernandes, Davi 4.3, 80.2; fotoak80 30.2; Garau, Stefano 3.7, 59.2; girafchik 157.1; Gorodenkoff 187.1; Gropp, Gerd 94.1; gui yong nian Titel; HeiSpa 155.2; Horst 94.2; Ignatova, Marina 170.4; K.C. 114.2; Kadmy 184.1; Kamber, Ajdin 66.1; kanzefar 49.8; Kröger, Bernd 122.1; LaCatrina 145.6, 145.7, 145.8, 145.9, 145.10; leungchopan 5.6, 173.1; luna1904 26.1; markus thoenen 45.4; markus_marb 170.1, 171.1; mitifoto 114.1; msl33 109.1; MZaitsev 12.2; Nicolai 152.1; nicoletaionescu 93.1; nirutft 78.4; Novikov, Sergey 96.1; PACO COMO 49.7; Paulussen, Claudia 17.2; Pauschert, Christian 26.2; penofoto.de 30.4; Philip 77.1; pigprox 190.1; Popov, Andrey 142.1, 145.3; Prescott, Paul 129.5; Renar 144.1; rotem 93.2; Rozhnovsky, Denis 151.5; Rukhlenko, Dmitry 92.1; saiko3p 93.3; scharfsinn86 145.2; SeanPavonePhoto 177.3; sompong_tom 140.1; Steinbach, Manfred 115.1; Sundry Photography 60.1; Supinskaya, Mila 49.10; Tarik GOK 161.2; twinsterphoto 140.2; Wefers, Renate 21.1; windei1337 170.3; Wirch, Eduard 30.3; Yesil, Can 151.6; Yuriy 154.1, 154.2, 154.3, 154.5, 154.6, 154.7, 154.8. |Strebe, Sandro, Wiehl: 150.2. |Technisch-Grafische Abteilung Westermann: 168.3. |Tomicek/www.tomicek.de, Werl: 79.1. |toonpool.com, Berlin, Castrop-Rauxel: besscartoon 39.1; Essner, Timo 115.3; HSB-Cartoon 115.4. |ullstein bild, Berlin: Imagno 12.1. |United Nations: https://www.un.org/sustainabledevelopment/ "The content of this publication has not been approved by the United Nations and does not reflect the views of the United Nations or its officials or Member States" 55.1, 164.1, 164.2, 164.3, 164.4, 164.5, 164.6, 164.7, 164.8, 164.9, 164.10, 164.11, 164.12, 164.13, 164.14. |www.awa-viersen.de, Viersen: 54.1, 54.3. |www.gapminder.org, Stockholm: Photo: Johan Eriksson for Dollar Street 2015 32.1, 32.2, 33.1, 33.2.

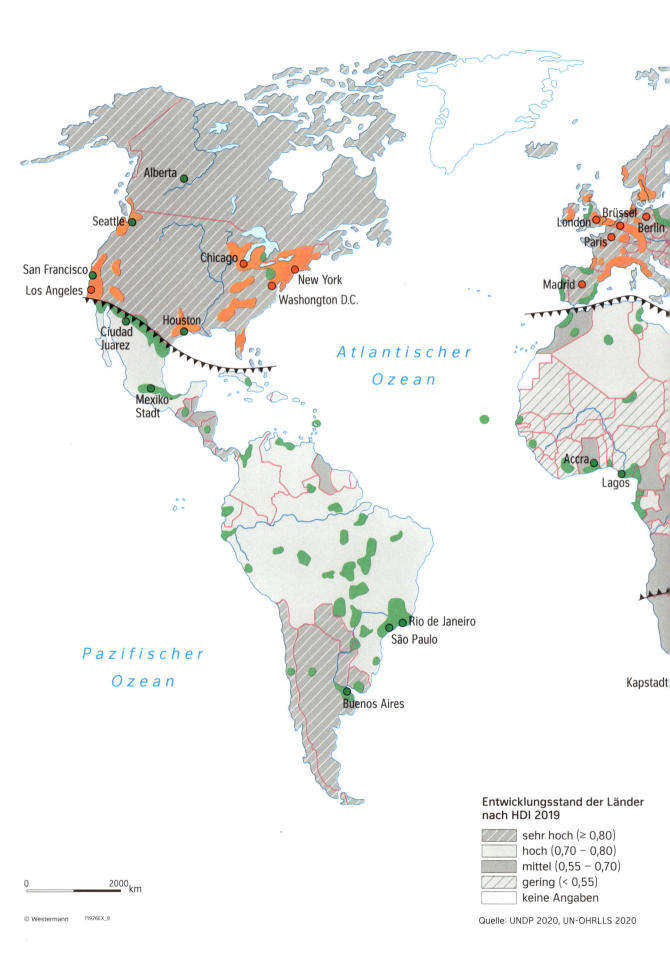

Alberta

Seattle

San Francisco
Los Angeles

Chicago

New York
Washongton D.C.

Houston

Ciudad
Juarez

Mexiko-
Stadt

London Brüssel
Berlin
Paris

Madrid

Accra
Lagos

Atlantischer

Ozean

Pazifischer

Ozean

Rio de Janeiro
São Paulo

Buenos Aires

Kapstadt

Entwicklungsstand der Länder
nach HDI 2019

	sehr hoch (≥ 0,80)
	hoch (0,70 – 0,80)
	mittel (0,55 – 0,70)
	gering (< 0,55)
	keine Angaben

0   2000 km

© Westermann   11926EX_9

Quelle: UNDP 2020, UN-OHRLLS 2020